spero

말이 되는 글
글이 되는 말

이 책은 방일영문화재단의 지원을 받아 저술·출판 되었습니다.

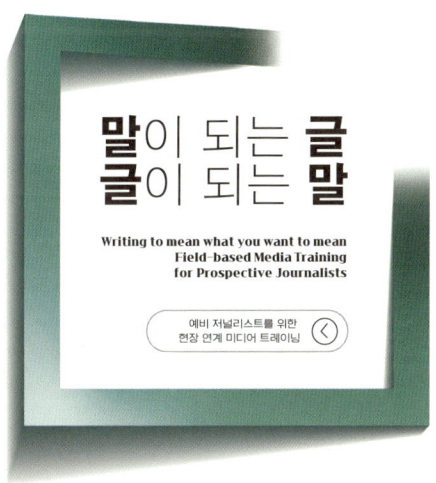

# 말이 되는 글
# 글이 되는 말

Writing to mean what you want to mean
Field-based Media Training
for Prospective Journalists

예비 저널리스트를 위한
현장 연계 미디어 트레이닝

일파소

김호성 지음

## 프롤로그

 기자는 '말이 되는 글'을 쓰는 사람이다. 앵커는 '글이 되는 말'을 하는 사람이다. 그런 저널리스트가 되고 싶었다. 대학시절 학보사 편집장을 지냈다. 졸업 후 기자가 되겠다고 결심했다. 1987년 6월 8일 원주MBC 보도국 기자가 되었다. 민주화를 염원하는 6월 항쟁의 함성이 전국에 메아리칠 때였다. 9시 뉴스를 모니터한 뒤 보도국장에게 물었다. "왜 우리는 시위 관련 뉴스를 다루지 않습니까?" 수습기자의 당돌한 질문에 한 선배가 말했다. "그들은 불법시위를 하는 범법자야!" 다시 질문을 던졌다. "그렇다면 왜 법을 어기고 거리로 나왔는지 알려야지요?" 봄날은 가고 여름이 시작되던 87년 어느날이었다.

 1995년 3월 나는 한국의 CNN을 기치로 내걸고 출범한 YTN의 개국 멤버 대열에 합류했다. 땡~ 하는 9시 시보와 함께 시작되던 방송 뉴스는 뉴스전문채널 YTN의 등장과 함께 새로운 국면을 맞이했다. 삼풍백화점 붕괴 현장을 24시간 라이브로 시시각각 전하는 뉴스채널의 영향력은 압도적이었다. 온 국민이 24번을 주목했다. 시청자들은 대형 사건사고 현장의 소식을 보고 듣기 위해 더 이상 뉴스시간을 기다릴 필요가 없었다. 하지만 뉴스전문채널의 화양연화, 그 시간은 그리 길지 않았다.

IMF 구제금융 사태로 대한민국이 휘청거렸다. YTN도 예외는 아니었다. 반년 동안 월급을 받지 못했다. 경영책임론이 제기됐고 노조가 결성됐다. 나는 YTN의 초대노조위원장이 되었다. 노조원의 권익보호보다 회사를 살리는 일이 급선무였다. 노사불이勞使不二를 선언했다. 체불임금을 출자전환했다. 우여곡절 끝에 회사가 기사회생했다.

밥 먹기 위해 할 수 있는 일이 있는 사람은 행복하다. 일하면서 꿈꿀 수 있는 사람은 더 행복하다. 언론 현장은 내가 밥을 먹는 일터였고, 내가 꿈꾸는 일터였다. 저널리스트로서의 34년은 부분적으로 불편했으나, 전체적으로 행복했다. 그 행복의 중심에 '뉴스'가 있었다.

퇴임 후 나는 대학에서 저널리즘을 강의하고 있다. 미래의 저널리스트를 꿈꾸는 학생들을 만나는 것은 커다란 즐거움이었다. 아카데믹한 이론은 내 역량 밖이었다. 강의는 실무 위주로 진행했다. 교과목명은 '미디어 트레이닝', 내용은 기사작성법, 리포팅, 인터뷰, 앵커 실습, 가짜뉴스 분별법 등이었다. 가급적 이론은 배제했다. 현장을 우선순위에 두었다. 스트레이트 기사 작성법과 관련해 결론부터 쓰고, 개요와 원인을 쓴다, 하는 원론적인 설명은 짧게 끝냈다. 대신 드라마 '오징어 게임'의 파출소 씬을 보여주었다. 내가 기자라면 이 상황에서 스트레이트를 어떻게 쓸까, 하는 강의 방식이었다. 강의실의 열기는 뜨거웠다. 가르치면서 배울 수 있었던 소중한 시간이었다.

이 책은 34년 언론인 생활을 통해 축적한 나의 현장 경험, 그 경험을 전달하는 과정에서 학생들이 보여준 피드백, 그 쌍방향 소통을 통해 거둬들인 시너지의 결과물이다. 가급적 취재 현장을 바탕으로 말과 글을 풀어 나가려고 했다. 하지만 내 경험치에만 의존하지 않으려 애썼다. 저널리즘에 대한 이해를 돕기 위해 문학, 영화, 음악 등 다양한 분야의 에피소드들을 끌어들였다. 책 내용이 지나치게 엄숙하지 않았으면 좋겠다. 즐겁지 않으면 지속가능하지 않기 때문이다.

책을 내는데 많은 분들로부터 도움을 받았다.
각 부별 내용을 한눈에 느낄 수 있도록 한 AI 일러스트레이션은 존경하는 후배 서정호 교수의 챗GPT DALL-E 3를 활용한 작품이다. 책의 영어 제목 'Writing to mean what you want to mean-Field based Media Training for Prospective Journalists'는 호주 NSW 대학 신기현

교수님의 조언에 따랐다. 영문 취재기 'Autumn in New York'은 필자의 시드니대학 연수 시절 은사였던 호주 저널리스트 마크 모듀 교수의 도움을 받았다. 기획에서부터 편집, 교정에 이르기까지 실무를 챙겨 준 최홍규 후배의 도움이 없었다면 이 책의 출간은 지금까지도 진행 중이었을 것이다. 출판 과정에서 가족같은 은혜를 주신 분들께 진심으로 감사드린다. 가족은 나의 처음이고 끝이다.

**차례**

프롤로그     4

## 제 1부   뉴스

### 태초에 스토리가 있었다     16
문자가 없었던 시대의 스토리
인간, 스토리의 중심으로 들어오다
열리는 기록의 시대

### "나는 위대한 신, 뉴스를 경배했다"     20
호기심은 뉴스를 낳는다
뉴스는 발라드였다
신들의 황혼 vs. 인간의 새벽

### "인간은 본능적으로 알고 싶어한다"     27
"Be the first to know"
팩트 저널리즘
단신은 어떻게 쓰는가

### 팩트 조각을 맞추면 진실이 드러날까?     36
'오징어 게임'을 제보하러 왔습니다
팩트라는 퍼즐 조각
스트레이트를 이끄는 힘

## 제 2부   기사

### 뭣이 중헌디?... 비야? 우산이야?     48
사건사고 기사... 스트레이트의 전형

멍청아! 간단하게 쓰라고!
잘 쓴 7가지 단신 사례

### "그래서 '야마'가 뭐냐구"    57
　문장이 길면 단신이 아니다
　리드는 함축적이어야 한다
　시간 장소보다 사건이 더 중요하다
　스트레이트는 스케치가 아니다

### 나는 네가 지난여름에 한 일을 알고 있다    69
　세 문장에 담긴 수많은 팩트들
　단신에 긴 스토리를 모두 담을 수 없다
　비교를 통해 본 단신과 리포트

### '발'과 '머리'... 단신과 리포트    76
　'글세稅'... 글에도 세금이 붙는다
　스트레이트는 발, 리포트는 머리
　기계적 중립은 확증적 편향보다 낫다

### 평양의 여름, 뉴욕의 가을    86
　평양, 그해 여름
　홀몸으로 만난 딸
　뉴욕, 그해 가을
　테러리스트인가, 자유를 위한 투사인가

### 마늘밭 110억 원은 무슨 돈일까?    98
　나비효과의 시작
　마늘밭에서 캔 노다지

**차례**

　　드러나는 사건의 전모
　　속보의 힘은 새로운 팩트로부터 나온다

## "이게 재판입니까? 개판이지"　　112
　　부메랑이 된 '부러진 화살'
　　해직교수, 험난한 복직의 길
　　속보는 진실을 확인하는 과정

## 단순화 능력이 전부가 아니다　　118
　　세 줄짜리 명쾌한 문장(?)
　　"오늘 엄마가 죽었다."
　　피처스토리의 종류

## 결론부터 쓸까? 서론부터 쓸까?　　124
　　글쓰기에는 왕도가 따로 없다
　　확인 검증하라
　　첫째도 중립! 둘째도 중립!

## 디테일의 힘　　130
　　잘 쓴 피처스토리에 담겨 있는 6가지 디테일
　　학생이 쓴 A⁺ 피처스토리

# 제 3부　인터뷰

## '팩트'는 사람으로부터 나온다　　148
　　질문을 한다는 것
　　인터뷰는 속을 들여다 보는 것

### 인터뷰를 어떻게 할 것인가  152
- 인터뷰는 '왜?'를 통해 답을 찾는 것이다
- 엄홍길 대장 인터뷰 사례
- 인터뷰 준비에서부터 검토까지

### 인터뷰이 앞에서 하지 말아야 할 열 가지  160
- 5천 명 인터뷰를 통해 배운 노하우
- 프로필 인터뷰를 위한 열 가지 팁

## 제 4부  앵커

### '위대한 신, 뉴스'의 얼굴, 앵커  168
- "사망 선고는 뉴스가 하는 게 아니야"
- 뉴스 콘텐츠의 최종 전달자
- 미국의 앵커 시스템
- 우리나라의 앵커 시스템

### 뉴스에 개입하는 앵커의 시선  179
- 앵커는 앵무새가 아니다
- 앵커가 주도하는 뉴스 룸
- 사실 전달과 논평의 경계

### 앵커멘트와 에디토리얼  186
- "그게 이렇지요~"... "And that's the way it is~"
- 누가 뉴스를 판단하는가
- 앵커는 스타가 아니다

**차례**

### 앵커를 꿈꾼다면 이렇게     195
나는 대한민국 뉴스채널 YTN 앵커팀장이었다
앵커의 자질 7가지
비디오 킬드 더 라디오 스타
오디오는 비디오보다 강하다

## 제 5부   가짜뉴스

### "사진만 보내 전쟁은 내가 만들게"     208
바바리맨과 피핑 톰 사이에서
보는 것이 믿는 것? Seeing is Believing?
옐로 저널리즘

### 이런 것이 가짜뉴스     213
잘못된 연결과 문맥
풍자와 패러디
조작·호도·사기·날조 콘텐츠

### 가짜뉴스 찾기     218
대표적 팩트체크 단체들

## 제 6부   저널리스트

### '차이의 계곡'에 다리를 놓는 일     224
다리를 건너자 다리가 무너졌다
교황, 다리를 놓는 사람
기자, 다리가 되는 사람

### '기레기'를 위한 변명     229

받아쓰기식 보도
비윤리적, 자극적, 선정적 보도
본질 희석식 보도
국가는 나를 지켜줄 수 있는가?

### 다른 의견을 가질 권리 240
열린 언로, 닫힌 소통
소피스트와 파워 유튜버
'익명에의 열정'... 저널리즘 정신

## 취재기

### 평양, 2000년 8월 248
조선은 하나다
아내는 말이 없었다
한눈에 밟히는 평양 시가지
헤어지기 위한 만남

### 2001년 9월 11일 '뉴욕의 가을' 266
"America under Attack"
"한인 실종자를 찾아라"
'미국, 보복을 말하다'
'소수민족들의 불안'
'밀려오는 피로와 자괴감'
'Ground Zero · Ground Hero'

### 9.11 Memoir_ Autumn in New York 278

에필로그 286
찾아보기 288

제 1부 뉴스

스토리
# 태초에 스토리가 있었다

### 문자가 없었던 시대의 스토리

지구 나이가 대략 45억 살이라고 할 때, 인류가 지구상에 출현한 시기는 지금으로부터 약 300~150만 년 전, 오스트랄로피테쿠스가 바로 그 주인공이다. 생각하는 인간 네안데르탈인 '호모 사피엔스'는 약 20만 년 전에 출현했다.

현생 인류의 직접적인 조상으로 추정되는 호모 사피엔스 사피엔스는 지금으로부터 약 4만 년 전에 등장했다. 이들은 직립원인 호모 에렉투스로부터 진화한 것으로 추정된다. 유럽의 크로마뇽인, 그리말디인과 중국의 상동인이 바로 그들이다.

호모 에렉투스, 직립원인, 앞을 보고 걸어가는 인간, 이들의 신체구조는 오늘날 현대인과 거의 비슷했다. 과거에 머물지 않고 직진! 이들이 있었기에 세상은 진보할 수 있었지 않았을까? 앞서간 자에 대한 믿음이 길을 만든다.

새로운 인류에 의해 새로운 세상이 펼쳐졌고, 새로운 세상에서 새로운 스토리가 만들어졌다. 스토리, 이야기는 무엇을 말하는가? 스토리는 인류의 출현 이래 장강의 물줄기처럼 이어졌을 것이다. 일찌감치 인류는 자신들의 일상 스토리를 기록으로 남겼다. 문자가 없었던 시절에도 그림으로 스토리를 남겼다.

알타미라 동굴벽화는 인류의 가장 오래된 구석기시대 그림이다. 동굴벽화에는 온갖 야생동물이 등장한다. 들소, 말, 사슴, 멧돼지… 특히 붉은색과 검은색, 보라색이 어우러진 들소는 당장이라도 동굴을 박차고 들판 한복판으로 나올 것만 같은 모습이다. 비슷한 시기의 라스코 동굴벽화 가운데 하나인 '들소 사냥' 그림에는 원시인들이 어마어마한 크기의 들소와 싸우는 모습이 생생하게 묘사되어 있다.

굳이 먼 곳까지 갈 필요없다. 우리나라 울산에 있는 반구대 암각화는 인간의 상상력을 더욱 자극한다. 7천 년 전, 이 땅에 살던 우리 선조들은 다이내믹한 고래사냥 현장을 태화강 지류 대곡천 계곡에 생동감 있게 기록해 놓았던 것이다.

암각화 앞에 서면 "반드시 고래를 잡고야 말거야" 하는 선사시대 우리 선조들의 목소리가 들리는 듯하다. 바로 이 시점에 즈음해 도구를 만들어 사냥하던 인류는 그림같은 문자를 만들기 시작했다.

### 인간, 스토리의 중심으로 들어오다

문자의 기원은 호모 사피엔스 사피엔스의 출현 이후 B.C. 1만 년 경 회화문자·그림문자 pictogram의 등장으로 시작된다. 중국에서는 원시문자시대 이전에 매듭을 통해 사건을 기록했다. 큰 사건은 큰 매듭으로, 작은 사건은 작은 매듭으로 하는 식이다. 중국 고대기록에 따르면 "옛날에는 매듭을 매어서 다스렸는데, 뒤에 성인의 서계書契로 바뀌었다"라는 기

록이 나온다.tip

어느 용맹한 원시인이 자신이 살기 위해, 가족을 먹여 살리기 위해 들짐승과 격투했고, 그 과정에서 사망했고, 그를 애도하는 사람들이 그를 묻고 비석을 세웠을 것이다. 비명에 기록된 내용은 문자의 시대가 도래했음을 뜻한다. 이집트의 상형문자, 중국의 갑골문자가 대표적인 사례이다.

호모 사피엔스, 생각하는 인간이 자신들의 기억을 기록하기 시작했다. 사피엔스는 왜 기록했을까? 잊지 않기 위해서였다. 기록은 그림을 통해 스토리를 만들었고, 스토리는 구전되었다. 입에서 귀로 들어온 정보는 대대손손 이어졌고 문자의 발명으로 눈을 통해 머릿속으로 들어왔다. 스토리가 차근차근 쌓였다. 그리고 스토리의 중심에 인간이 등장하기 시작했다.

### 열리는 기록의 시대

알파벳의 기원은 이집트 문자와 수메르 문자의 영향을 받아서 B.C. 3천 년 경 페니키아인이 만들었다는 것이 정설이다. 비슷한 시기 이집트의 상형문자, 인도의 인더스 문자, 중국이 갑골문자 등도 출현했다.

문자가 만들어진 이후부터 역사는 기록의 형태로 전수되기 시작했다. 마침내 인류는 기록의 역사를 갖게 된 것이다.

흔히 호메로스의 서사시 '일리아스' B.C. 8세기를 서양 문학의 효시로 본

**Tip**
중국의 《역경(易經)》 계사전(繫辭傳)에 의하면 '상고에는 결승(結繩)에서 시작하여 후세의 성인이 이것을 서계(書契)로 바꾸었다.(上古结绳记事, 后世圣人易之以书契)'라는 기록이 있다.

다. 하지만 이것은 서구적 시각일 뿐이다. 인도의 고대 서사시 마하바라타는 이보다 3백 년은 더 앞선다. 인류 최초의 영웅 서사시로 일컬어지는 '길가메시 서사시'기원전 2,500년경는 일리아스보다 약 1,700년 앞선 기록이다. 고대 그리스 이전 시대인 바빌로니아 문학작품 중 가장 오래된 것이다. 길가메시가 현존했던 인물이란 주장도 있지만 작품 속에 등장하는 모습은 반신반인이다. 반은 신이고 반은 사람인 주인공은 전체가 사람인 주인공의 등장을 예고하는 것이기도 하다. 일리아스 서사시가 갖는 중요한 의미는 스토리를 이끌어가는 중심이 사람이었다는 것이다. 서사의 중심에 본격적으로 사람들이 주인공으로 등장하기 시작한 것이다. '신'으로부터 '인간'이 중심이 되는 이야기가 비로소 펼쳐지기 시작하는 것이다.

그럼에도 르네상스 이전까지 사람이 사는 공동체는 여전히 '신의 나라'였지 '인간의 나라'가 아니었다. 신들에 의탁한 인간의 삶이 인간 스스로에 의해 영위되기 위해서는 "나는 생각한다. 고로 존재한다"는 '데카르트적 개인'의 출현을 기다려야 했다.

뉴스
# "나는 위대한 신, 뉴스를 경배했다"

**"나는 생각한다. 고로 존재한다"**

근대 철학의 아버지 데카르트 1596~1650 의 출현은 '인간', 그 가운데 '나'란 존재의 인식을 새롭게 정립하는 이정표가 되었다. 근대 철학의 포문을 연 이 명제는 신 중심의 사고에서 인간 중심의 사고로 전환을 알리는 계몽의 메시지였다.

그는 진실을 알려면 의심해야 한다고 생각했다. 눈앞에 보이는 사실이 진실이 되려면 또 다른 사실을 통해 검증해야 한다고 생각한 사람이었다. 팩트 속에 감춰진 가짜를 크로스 체크를 통해 구분해 내고 수많은 팩트 이면에 숨어 있는 진실을 찾는 저널리즘의 정신과 일맥상통하는 대목이다.

인간을 어둠으로부터 빛으로 나아가게 한 계몽의 시대 enlightenment 를 거치며 J.S 밀 1806~1873 은 이렇게 썼다.

> "전 인류가 한 사람을 제외하고 모두 동일한 의견을 갖고 있고
> 한 사람만 이것에 반대 의견을 갖고 있는 경우,
> 인류에게는 그 한 사람을 침묵시킬 권리가 없다.

그것은 만일 그 한 사람이 인류를 침묵시킬 힘을 갖고 있더라도
그에게 인류를 침묵시킬 권리가 없는 것과 마찬가지다."

_자유론

표현의 자유, 알 권리에 대한 권리장전과 같은 이 메시지는 이렇게 인류 앞에 선언된 것이다. J.S 밀보다 앞서 "신문 없는 정부보다 정부 없는 신문을 택하겠다"고 한 미국의 제3대 대통령 토마스 제퍼슨1743~1826의 선언 역시 같은 맥락이라고 할 수 있다. 현대 저널리즘의 창시자로 일컬어지는 조셉 퓰리처1847~1911는 이렇게 말했다.

"가난한 사람들에 대한 연민을 가져라. 항상 대중의 복지에
헌신하라. 뉴스를 단순히 인쇄하는 것만으로 만족해서는 안
된다. 잘못된 일을 공격하는 걸 결코 두려워해서는 안 된다."

약자 편에 서는 저널리즘 정신은 기계적 균형에서 진일보한 오늘날 BBC의 '적절한 공정성'Due Impartiality의 정신과도 맥을 같이 한다. 이 부분에 대해서는 나중에 자세히 설명하겠다.

### 호기심은 뉴스를 낳는다

"인간은 천성적으로 알기를 원한다"라고 아리스토텔레스는 말했다. 고대 그리스의 석학은 이미 기원전에 인간이 뉴스를 선호한다는 사실을 간파하고 있었던 것이다.

미국신문편집인협회ASNE는 저널리즘의 목적과 관련해 "시민들에게 정보를 제공함으로써 국민의 복지에 기여하는 것이다"라는 강령을 채택하고 있다.

NEWS란 North, East, West, South의 앞 알파벳을 조합한 것이란 주장도 있다. 공간적 함의를 담은 설득력 있는 정의이다. 하지만 속설일 뿐 정설은 아니다. News는 New things, 새로운 사실들을 말한다. 프랑스 고어인 nouvelles, 중세 라틴어 nova로부터 유래했다. 1560년대에 이르러 영어에서 new라는 단수가 등장하기 시작했다. news라는 복수가 쓰이기 시작한 것은 17세기 들어서부터이다. 1616년 영국의 제임스 1세[1566~1625]는 "No news is better than evil news"라고 말했다는 기록이 있다. tip

## 뉴스는 발라드였다

고대 그리스 시대 호메로스가 전한 영웅들의 무용담이 일리아스를 만들어 낸 것처럼 뉴스의 초창기 형태는 음유시인들이 전하는 사람 사는 이야기였다. "제가 본 그곳의 아무개는 이런 사람인데, 그에게 이런 일이 있었습니다."라는 식의 스토리텔링이었다. 이른바 뉴스 발라드 형식이었다.

> **Tip**
>
> 16~17세기에 쓰여진 셰익스피어의 대표작 '햄릿' 4막7장에는 다음과 같은 대사가 등장한다. 클라우디우스는 자신의 형이자 조카(햄릿)의 아버지를 살해하고 왕위에 오른 뒤 항상 불안에 떨며 지낸다. 전령이 올 때마다 그는 깜짝 놀라며 묻는다. 무슨 소식인가?(What news?) 당시의 영국사회 귀족들은 산책을 하다가 만나는 사람들끼리 "어찌 지내시는지요? 뭐 새로운 소식이라도…"(How now? What news?)라는 대화를 일상 속에서 친숙하게 주고받았다.

발라드란 무엇인가? 중세시대 음유시인들이 불렀던 시와 노래의 형식을 말한다. 시와 노래는 대부분 서정을 노래하지만 그것이 서사의 성격을 띨 때 현실성을 갖는다. 2016년 대중가수로서 첫 번째 노벨문학상 수상자가 된 밥 딜런<sup>Bob Dylan</sup> 의 노래를 들어보자.<sup>tip</sup>

> ... something is happening
> And you don't know what it is
> 지금 여기서 무언가가 벌어지고 있어
> 그런데 당신은 그게 무엇인지 모르지
>
> _Bob Dylan, 'Ballad of a thin man'

세상에는 무수히 많은 일이 벌어지고 있는데 정작 우리는 그것이 무엇인지 모르고 살아가고 있다. 뉴스는 바로 이 무슨 일이 벌어지고 있는지를 모르는 사람들에게 어떤 일이 벌어지고 있음을 알리는 행위다. 위대한 철학자이면서 수학자, 반전운동가였던 버트란트 러셀은 자서전 『나는 무엇을 위해 살았는가』<sup>What I have lived for</sup>에서 다음과 같이 밝혔다.

> **Tip**
>
> 밥 딜런은 사회성이 강한 노래를 불러온 포크가수다. 60년대 데뷔 초기 반전 메시지를 전하는 'Blowing in the wind'라는 곡으로 세계적인 명성을 얻었다. UN은 2009년 덴마크 코펜하겐에서 열린 유엔 기후 변화 정상회의 때 밥 딜런의 'A Hard Rain's A-Gonna Fall'을 행사 홍보용 음악으로 선정했다. UN은 부조리한 사회를 비판하는 그의 노래를 소개하며 노래시(song-poem)란 표현을 썼다. 메시지를 전하는 수단으로서 시-발라드-뉴스의 연결고리를 연상할 수 있는 대목이다.

내 인생은 단순하지만 압도적인 세 가지 열정에 지배당했다. 그것은 사랑에 대한 갈망, 지식에 대한 탐구, 고통받는 인류에 대한 참을 수 없는 연민이었다.
Three passions, simple but overwhelmingly strong, have governed my life: the longing for love, the search for knowledge, and unbearable pity for the suffering of mankind.

달콤한 발라드에 담긴 새로운 세상에 대한 궁금증, 그 호기심에 부응하는 새로운 소식들, 뉴스 속에는 그 모든 것이 담겨 있었다. 그러나 많은 사람에게 빨리 소식을 전하는 '뉴스의 시대'는 19세기 초 인쇄술이 혁명적인 발전을 이룰 때까지 기다려야만 했다.

### 가짜뉴스는 옛날부터 있었다

1836년 마침내 프랑스의 에밀 드 지라르댕은 「프레스」를 창간한다. 「프레스」는 초창기 신문 매체를 뜻하는 보통명사를 뛰어넘어 지금은 라디오, 텔레비전, 뉴 미디어까지 아우르는 말 그대로 언론, 즉 '저널리즘'이 되었다. 미국에서는 1860년대 후반부터 1900년까지 '뉴 저널리즘'new journalism 시대가 만개한다. 사람들은 이제 1페니만 있으면 세상 돌아가는 소식을 언제 어디서나 사 볼 수 있는 저널리즘의 세상에 풍덩 빠질 수 있게 된 것이다. 그러나 빛이 있으면 어둠이 존재하는 법, 뒤에서 다루게 될 '가짜뉴스'의 폐해 또한 이 시대에 이미 싹트고 있었다. 실제로 「프레스」가 창간되었던 프랑스에서는 동시대에 「라 리브르 파롤」 같은 신문도 있었다. 무고한 군인을 반역죄로 몰았던 '드레퓌스 사건'을 특종이란 미명으로 왜곡보도를 했던 바로 그 신문이다.[tip]

프랑스 작가 알랭 드 보통은 그의 저서 『뉴스의 시대』를 통해 "교육에 대해 별의별 소리를 떠들어대면서도, 현대사회에는 자신의 구성원들을 가르치고 있는 가장 영향력 있는 수단뉴스을 검토하는 데 참으로 무심하다"라고 개탄하고 있다.

이 지점, 바로 우리가 '뉴스의 시대'를 생각하며 깊이 우려해야 할 대목이다. 신문이 주도하던 미디어 시장은 20세기 들어 전파를 매개로 한 방송이 등장하면서 판도가 바뀌기 시작한다.

## 신들의 황혼 vs. 인간의 새벽

방송은 영어로 Broadcast, "넓게"broad, "던진다"cast는 의미다. 불특정 다수의 대중에게 흥미로운 스토리를 전파하는 것이 방송의 주요 역할 가운데 하나다. 사람들은 새로운 소식에 귀를 기울인다. 반복되는 신화는 새롭지 않다. 신들의 이야기는 더 이상 사람들의 관심사가 아니다. 사람들은 이야기에 열광하기 시작했다. 그 중심에 뉴스가 있다.

한국언론진흥재단이 1984년 이래 매년 발표하고 있는 '언론수용자 조사'에 따르면 종이신문 구독률은 급격한 하향세를 보이고 있다. 1996

> **Tip**
> '뉴스의 탄생'(The Invention of NEWS)을 쓴 앤드루 페티그리는 13장 '저널의 시대'에서 다음과 같은 통찰로 18세기 당시 미디어의 폐해를 지적한다. "진실에 대한 논쟁이 있었다는 것은 뉴스 보도의 권위가 위기를 맞이했음을 의미한다. 정치적 환경이 점차 적대적으로 변하면서 뉴스 보도도 어떤 면에서는 퇴보한 것으로 보였다."

년 63.9%였던 종이신문 구독률은 2022년에는 8.4%로 10% 아래로 뚝 떨어졌다. 열 가구 가운데 한 가구도 신문을 보지 않는다. 1인 가구의 경우, 그 절반인 4%에 그친다. 물론 매체의 다변화에 따라 종이신문 콘텐츠는 인터넷과 SNS 등 다양한 플랫폼을 통해 나름대로 확장성을 펼쳐 나가고 있다. 하지만 종이신문의 시대는 이제 저물었다. 신문은 가고 방송의 시대가 왔다. 미디어 수용자들은 신문보다 방송을 신뢰한다.*

뉴스의 시대 앵커의 원조격인 미국 CBS 뉴스 월터 크롱카이트는 자서전 A Reporter's Life을 통해 이렇게 말했다.

I had worshiped the great god, News.
나는 위대한 신, 뉴스를 경배했다.

'신들의 황혼'을 뒤로 하고 '인간의 새벽'을 알리는 '방송의 시대'가 온 것이다.

---

* 한국언론진흥재단의 '2022 언론수용자조사'에 따르면 '가장 신뢰하는 한국 언론사/매체사'〈표75〉설문조사에서 1위 KBS, 2위 MBC, 3위 YTN, 4위 네이버, 5위 JTBC, 6위 SBS, 7위 TV조선, 8위 조선일보, 9위 연합TV뉴스, 10위 다음(포털) 순으로 나타났다.

**스트레이트**
# "인간은 본능적으로 알고 싶어한다"

## "Be the first to know"

올림픽 피날레를 장식하는 마라톤은 그 유래가 드라마틱하다. 마라톤 전투로 불리는 제2차 페르시아 전쟁 B.C. 490에서 그리스는 병력으로는 페르시아에 열세였다. 하지만 뛰어난 전술로 페르시아 대군을 대파한다. 그리스의 용사 페이디피데스는 승전보를 전하기 위해 마라톤 전장에서 아테네까지 약 40km를 달린다. "아테네가 페르시아 대군을 물리쳤습니다!"라는 1보를 전한 뒤 절명한다. 승전보를 전한 최초의 리포터였던 셈이다.

로마시대에도 신속 정확한 소식을 전하는 전령 서비스 제도가 있었다.<sup>tip</sup> 이 시스템을 통해 '모든 길은 로마로 통한다'고 했던 로마의 평화, 팍스 로마나 Pax Romana 시대가 열렸다. 임페리얼 포스트 Imperial Post라 불리는 로마의 우편 제도는 아우구스투스 황제 B.C. 63 ~ AD 14 치세 때 확립되었다. 아우구스투스가 임페리얼 포스트를 설립한 것은 로마 제국

> **Tip**
> 라틴어로 cursus publicus는 영어로 the public way, '공공의 길'을 뜻한다. 오늘날의 우편, 택배 시스템이다. 바로 이 길(시스템)을 통해 팍스 로마나가 실현됐다. 팍스 몽골리카(Pax Mongolica)를 구현한 역참제도, G2 중국의 일대일로(一帶一路) 정책 역시 같은 맥락이다. 길은 교류이고, 소통이고, 네트워크다.

의 행정력을 중앙집권화하기 위한 것이었다. 로마의 우편제도는 속도speed보다 합리적이고 예측 가능한reasonable and calculable 전달arrival을 더 중요시하는 시스템이었다.* 이는 '뉴스'의 가치를 논할 때, '속보성'보다 '정확성'에 무게 중심을 두는 것과 크게 다르지 않다. '속도' 보다 '방향'인 것이다.

"최초로 아는 사람이 되세요."Be the first to know 세계 최초의 24시간 뉴스채널 CNN은 이 모토로 글로벌 뉴스 시장을 석권한다. 인간의 본성이 호기심에 있다고 한 기원전 아리스토텔레스의 정의에 기원후 2천 년이 지난 오늘날의 화답이었다. 24시간 지구촌 곳곳의 소식을 라이브로 알리는 미디어, 그것은 방송뉴스의 시대가 시작됨을 알리는 것이었다.

우리나라는 1995년 YTN이 24시간을 상징하는 채널 24번으로 뉴스의 시대를 열었다. 그해 6월 국민들은 삼풍백화점 붕괴 현장을 24시간 내내 생중계로 진행하는 뉴스채널로부터 눈을 돌리지 못했다. 사고 현장에서 중계차 타고 전화 연결하던 당시의 열기가 지금도 생생하다. 최초로 뉴스를 접하는 사람이 세상이 어떤 방향으로 나아가고 있는지를 보고 어떻게 나아가야 하는지를 판단한다. 농경사회에서 산업사회를 거쳐 정보사회로 나아가는 제1, 제2, 제3의 물결은 뉴스를 통해 미래에 다다른다. 이제 정보는 더 이상 '빅 부라더'의 전유물이 아닌 시대가 되었다.

---

* A. M. Ramsay, 'The speed of the Roman Imperial post', The Journal of Roman Studies, Volume 15 (1925) pp.60~74. 해당 영문 원문은 다음과 같다. "Two points must be borne in mind. The first of these is that the object chiefly aimed at was not speed, but the certainly of arrival within a reasonable and calculable time."

## 팩트 저널리즘

방송기사는 크게 두 가지로 나뉜다. 하나는 스트레이트 기사, 다른 하나는 리포트 기사다. 형식은 달라도 내용은 팩트다. 스트레이트는 리포트에 비해 팩트의 중요성이 더욱 크다. 리포트에는 인터뷰가 들어가고 스케치가 들어간다. 주관적 묘사나 설명을 통한 전달의 여지가 스트레이트에 비해 크다. 스트레이트에는 묘사가 필요없다. 형용사가 필요 없다. 있는 그대로, 발생한 그대로, 팩트만 쓴다. 팩트만 Fact only, 팩트를 최선 Fact first 으로 쓴다. 첫째도 팩트, 둘째도 팩트다.

뉴스는 상상하는 것이 아니다. 보도하는 것이다.tip 저널리즘 전공 학자들 가운데 일부는 뉴스의 영역을 스트레이트 Straight와 피처 Feature로 나누기도 한다. 스트레이트 뉴스를 제외한 리포트, 특집, 기획 기사 등을 통칭해 피처스토리로 부르기도 한다.

스트레이트 뉴스는 팩트로 이루어진 단신短信, 짧은뉴스를 의미한다. 스트레이트 뉴스 가운데 가장 높은 비중을 차지하는 것은 발생뉴스다.

언론사에 입사한 수습기자들은 기사 작성의 기본이 되는 발생뉴스 취재와 기사작성 트레이닝을 받는다. 80년대까지만 해도 언론사 수습기간은 짧게는 반년, 길게는 일 년이었다. 최근 들어 수습 기간이 많이 줄어들긴 했다. 이 기간에 수습기자들은 경찰서, 소방서, 종합병원, 관공

**Tip**
세계 제 1의 인구 대국 인도의 뉴스전문채널 '인디아 투데이'는 SB(Station Break, 방송 프로그램과 프로그램 사이에 내보내는 광고)를 통해 'News can't be imagined. It must be reported.'라는 카피를 내보내고 있다. .

서 등을 취재하며 팩트를 챙긴다. 발생뉴스 쓰기에 전력투구한다. 밤잠을 설치고 새벽을 깨우며 발생뉴스를 챙긴다. 뉴스채널 YTN의 개국 초기 슬로건은 '살아 있는 방송 깨어있는 뉴스'였다.

수습을 거치면서 신참 기자들은 육하원칙에 입각한 혹독한 기사쓰기 트레이닝을 받는다. 발생뉴스의 종류에는 화재사고, 교통사고, 강력사건(살인, 강도), 자살·변사 사건, 일반사고(붕괴, 폭발, 침수 등) 등 실로 다양하다. 발생뉴스의 기본은 핵심 내용을 함축적으로 전달하는 리드 쓰기, 리드를 뒷받침하는 개요 쓰기, 사건 사고의 원인 쓰기, 목격담이나 향후 수사의 방향 등으로 이루어진다.<sup>tip</sup>

## 단신은 어떻게 쓰는가

주관적 판단을 배제하고 육하원칙5W1H에 의거해 팩트 위주 단문으로 쓰는 것이 스트레이트 기사다. 다음과 같은 세 가지 원칙에 의거해 기사를 작성한다.

첫째, 리드를 쓴다.
둘째, 리드를 뒷받침하는 개요를 쓴다.
셋째, 개요를 뒷받침하는 원인을 쓴다.

> **Tip**
>
> 리드란 기사 전체를 함축하는 첫 문장이다. 캠브리지 사전은 이렇게 정의하고 있다. Lede: The first sentence or paragraph of a news article that gives the main point or point of the story. 이야기의 요점이나 요점을 제공하는 뉴스 기사의 첫 번째 문장 또는 단락. 리드에 대한 얘기는 앞으로도 곳곳에서 자주 등장할 것이다. 명심하자. 기사작성에 있어서 리드는 처음이자 끝이다.

일찍이 아리스토텔레스는 스토리 구성 방법론을 통해 시초-중간-종말의 3단계를 제시한 바 있다. 이른바 서론-본론-결론의 3단계 스토리 구성 방식이다. 기사 작성은 이와는 다르게 결론부터 쓴다. 결론을 먼저 쓴 뒤, 디테일을 제시하고, 원인을 부연 설명하는 방식이다.

교통사고 기사의 예를 들어보자.

> ▶ **기사 사례**
>
> 리드 → 추석 성묫길 교통사고로 3명이 사망하고 5명이 크게 다쳤습니다.
>
> 개요 → 어젯밤 10시쯤 경부고속도로 하행 50Km 지점 신갈IC 부근에서 화물차와 승용차가 충돌해 운전자 김모씨와 함께 타고 있던 승객 2명이 사망하고 화물차 운전자 이모씨와 승용차 동승자 등 2명이 크게 다쳤습니다.
>
> 원인 → 이날 사고는 서울 방향으로 운행하던 화물차 운전기사가 과속으로 빗길에 미끄러지면서 가드레일을 넘어 맞은편에서 하행 중이던 승용차를 덮치면서 일어난 것으로 경찰 조사결과 밝혀졌습니다.

첫 번째 문장은 리드, 두 번째 문장은 개요, 세 번째 문장은 사고 원인을 보여준다. 이것이 전형적인 단신뉴스, 스트레이트 기사 작성법이다. 조목조목 짚어가며 설명해보겠다.

### 3S & KISS, KISS, KISS!

아리스토텔레스는 수사학 제9장에서 이렇게 말했다.

"간단하고 간결하게 끝나는 문장이란 전체가 한꺼번에 눈에 들어올

정도로 길지 않은 데다가 그 자체에 처음과 끝이 있어서 완성된 문장을 의미한다."

이것은 레오나르도 다빈치의 다음과 같은 정의와 일맥상통한다.

"단순함이란 궁극적으로 가장 세련됨을 의미한다."

현대 저널리즘의 창시자로 불리는 조지프 퓰리처는 이렇게 말했다.

"짧게 써라. 그러면 읽힐 것이다."

스트레이트 기사를 쓸 때는 항상 3S를 생각하자. 간단하게 Simple, 짧게 Short, 똑바로 Straightforward. 그리고 늘 KISS 하자. 고인이 된 미국의 저명한 외교관 헨리 키신저는 이름 그대로 키스하는 사람 Kissinger 이었다. 기자는 시시때때로 키스하는 사람이 되어야 한다.

▶ Keep It Simple and Straightforward
▶ Keep It Simple and Short
▶ Keep It Simple, Stupid!
　간단하게, 똑바로
　간단하게, 짧게
　간단하게 쓰라고 멍청아!

> **Tip**
>
> 어니스트 헤밍웨이의 '노인과 바다' 첫문장을 보자. "그는 걸프 해류에서 조각배를 타고서 혼자 낚시하는 노인이었다. 고기를 단 한 마리도 잡지 못한 날이 이제 84일째 다."(He was an old man who fished alone in a skiff in the Gulf Stream and ha had gone eighty-four days now without taking a fish). 이 문장 안에는 언제, 어디서, 누가, 무엇을, 어떻게가 모두 들어 있다. '왜?'가 궁금한 독자로 하여금 끝까지 읽지 않을 수 없게 만들고 있다. 저널리스트 출신 노벨문학상 수상 작가의 필력이다.

## 5W1H... 팩트체크!

기사 작성의 기본은 팩트체크다. 팩트체크는 여섯 가지로 축약된다. 언제 When, 어디서 Where, 누가 Who, 무엇을 What, 어떻게 How, 왜 Why가 그것이다. 기사의 종류에 따라 여섯 가지 팩트 가운데 어느 하나가 가장 중요한 포인트로 부각될 수 있다. 기사의 핵심 요소라 할 수 있는 리드에 어느 것을 배치하느냐 하는 중요한 요소다. 기자 출신 김훈 작가는 한 인터뷰에서 이렇게 말한 바 있다.

"저널리즘 글쓰기의 원칙은 육하원칙에 있습니다. 누가, 언제, 어디서, 무엇을, 어떻게, 왜. 육하원칙이라는 것은 인간이 사실을 객관적으로 언어화하기 위해서 고안한 매우 뛰어난 언어적 장치입니다."

어니스트 헤밍웨이도 10대 때 지방신문 기자를 거쳐 특파원과 종군기자를 지낸 전형적인 저널리스트 출신 작가였다.<sup>tip</sup>

## 리드 Lede 쓰기... 결론이 뭐야?

수습시절 데스크로부터 가장 많이 들었던 말 가운데 하나가 "리드 썼어?"였다. 이 질문은 "너 야마핵심 잡았어?"라고 묻는 것과 같은 것이다.<sup>tip</sup> 스트레이트에 대한 이 질문은 리포트일 경우, "앵커멘트 썼어?" 하는 것과 같다. 리드를 쓰지 못했다는 것은 곧, 취재가 덜 됐다는 뜻이

> **Tip**
> 언론사에서 데스크란 부장급을 지칭한다. 사회부데스크는 사회부장, 정치부데스크는 정치부장을 의미한다. 좀 더 세분화할 경우 경찰출입기자들이 쓴 기사를 1차로 보는 역할을 사건 데스크가 하는데, 이 경우 부장이 아닌 차장급 기자일 경우가 많다. 출입처에 나가 있는 일선 기자들이 쓴 기사를 수정, 보완, 최종 송고하는 역할을 담당한다. "데스크를 봤다"라는 말은 뉴스를 내보내기 위한 점검을 끝냈다는 말과 동일하다.

인간은 본능적으로 알고 싶어한다

다. 취재가 끝났다고 해도 아직 기사의 방향을 잡지 못했다는 뜻이다. 리드를 쓰지 못하면 결론을 쓸 수 없다.

결론부터 보여주는 문장이 바로 리드다. 따라서 리드만 읽어도 무슨 내용인지 알 수 있도록 써야 한다. 거듭 강조하지만 기사는 서론-본론-결론의 순이 아니다. 결론-본론-서론의 순으로 써야 한다. 역피라미드 Inverted Pyramid 방식이다. 결론이 곧 리드다.

### 개요 쓰기... 좀 더 자세히!

개요는 리드를 뒷받침한다. 개요에는 5W1H의 요소를 적절하게 배치해야 한다. 언제, 어디서, 누가, 무엇을, 어떻게의 디테일이 담겨야 한다. 디테일은 구체적이어야 한다. 고속도로의 경우 상행인지, 하행인지, 차량의 경우 화물차인지 승용차인지, 평범한 도로였는지, 빗길 도로였는지, 정상주행이었는지 과속이었는지 등이 담겨야 한다. 이때 주관적 판단은 금물이다. 있는 그대로, 발생한 그대로, 팩트 지상주의 원칙을 잊지 말아야 한다.

### 원인 쓰기... 왜?

원인에는 왜?라는 궁금증에 대한 답이 실려야 한다. 팩트를 뒷받침하는 수사기관의 조사 결과, 인터뷰이의 목격담이나 증언, 전문가의 분석 등을 인용하는 것이 필수적이다. 크로스 체크는 반드시 필요하다. 제보자의 말만 듣고 기사를 쓰는 것은 위험하다. 공신력 있는 전문가, 기관의 코멘트가 필요하다. 충분한 원인 파악이 된 다음, 리드와 개요를 뒷받침할 수 있는 원인 문장을 완성한 뒤 단신 기사를 최종 마무리한다.

위 스트레이트 작성법을 참고해서 기사 작성을 해보자. K-드라마의 세계화에 기여한 '오징어 게임' 드라마를 소재로 5W1H 원칙에 입각해 스트레이트 기사를 직접 써보기로 하자. 학생들이 직접 쓴 스트레이트 기사 고쳐쓰기를 통해 하나하나 점검해 보도록 하겠다.

스트레이트 맛보기
# 팩트 조각을 맞추면 진실이 드러날까?

## '오징어 게임'을 제보하러 왔습니다

나는 경찰출입 기자다. 오늘도 사건사고 기사 취재를 위해 출입처인 경찰서에 갔다. 때마침 제보자와 경찰이 대화를 나누는 현장을 목격했다. 아래 '오징어 게임' 경찰서 상황 씬 스크립을 참고해 사건사고 발생 기사 쓰기 원칙5W1H에 따라 스트레이트단신 기사를 써보자. 편의상 학생기자가 쓴 기사는 '수습기자', 이를 고쳐 쓰기한 기사는 '데스크'로 표기한다.

### ▶ '오징어 게임' 경찰서 상황 씬

기훈: 경찰관님 지금 사태의 심각성을 아직 잘 이해를 못하시는 것 같은데요.

경찰: 예 선생님, 저.. 그러니까 이상한 사람들이 모르는 사람들 수백 명을 운동장에 몰아놓고 게임을 하라고 하고 총으로 막 쏴 죽였다 그거죠?

기훈: 예 이게 한두 명도 아니구요. 2백 명이 넘게 그냥 막 쏴 죽였다니까요.

경찰: 그 게임이 뭐라구요?

기훈: '무궁화 꽃이 피었습니다'요.

경찰: 그... 애들이 하는... '무궁화 꽃이 피었습니다'?

기훈: 예

경찰: 어른들한테 그걸 시켰다는 거요?

기훈: 아 그렇다니까요.

경찰: 그래서 걸리면 총으로 막 쏴 죽였구요?

기훈: 아 몇번이나 말합니까!

경찰: 그래서 거기가 어디예요? 그 사람들 죽였다는 데가?

기훈: 그건 제가 마취를 당하고 끌려가 가지고 어딘지 모른다니까요.

경찰: 그럼 그걸 시킨 사람들은요?

기훈: 걔네들은 마스크를 써 가지고... 가면을....

경찰: (말 자르며) 그럼 아저씨는 거기서 어떻게 나왔어요?

기훈: 이게 게임을 하면 사람들끼리 투표를 해 가지고 나가고 싶은 사람들이 더 많아서...

경찰: 그러니까 피해자들이 '우리 나가고 싶어요' 했더니 살인자들이 '그래요 나가세요'라고 했다?

기훈: 예

경찰: 거기 처음에 왜 가신 건데요?

기훈: 그게... 게임을 하면 돈을 준다고 해서...

경찰: 돈이요?

기훈: 네 수백 억을 준다고 해서...

경찰: 자, 그러니까 저... 선생님 말을 종합해 보면은 누가 갑자기 게임을 하면 수백 억을 준다고 해서 따라갔더니 '무궁화 꽃이 피었습니다'를 시키고 그래서 걸리면 막 쏴 죽이더라. 그런데 선생님은 나가고 싶다고 해서 나오게

됐고, 그 사람들 얼굴도 모르고, 거기가 어딘지도 모른다, 이거 맞죠?

기훈: 예.

경찰: 저... 성함이?

기훈: 저 여기 쌍문동 사는 성기훈인데요.

경찰: 성기훈씨, 저 혹시 보호자 있으세요? 도움이 필요하시면 저희가 의료기관 쪽에 연락을 해드릴 수도 있는데요.

기훈: 나 여기 세금 내고 사는 쌍문동 주민이야! 사람 어떻게 보고..(명함 꺼내며) 이게 그놈들이 준 명함이니까 여기로 전화해보면 될 거 아니야!

출처 : 넷플릭스 드라마 '오징어 게임'

▶ 제보를 토대로 한 수습기자의 1보

수습기자 1

살인게임에 연루되었다 나온 사람이 사태의 심각성을 경찰에 제보했습니다.

> 쌍문동에 거주하는 성기훈(47) 씨는 금전적 고난에 시달리던 와중 수백억의 상금을 주겠다는 게임 측 제안에 넘어가 게임에 참가했다고 진술했습니다.
>
> 성씨는 게임 측이 참가자들에게 '무궁화 꽃이 피었습니다.'를 시켰고 게임에서 탈락하면 가면을 쓴 자들이 참가자들에게 총기 난사해 200명 이상이 사망했다고 주장했습니다.
>
> 이에 대한 증거로 성씨는 게임 측에서 받은 명함을 제출했으나 해당 명함 번호로는 일반 시민이 전화를 받았고, 게임장의 위치 또한 마취를 당해 이동했기에 알 수 없다고 진술하여 수사가 원만히 진행될 수 없었습니다.
>
> 이에 경찰은 제보자의 진술에 신빙성이 없다고 판단하여 더 이상 수사하지 않기로 했습니다.

학생 수습기자의 1보를 고쳐쓰기 위해 두 가지를 체크해보도록 하자.

**육하원칙5W1H에 의거해 팩트를 제대로 취재했는가?**

- 언제When? 없다.
- 어디서Where? 구체적이지 않다.
- 누가Who? 성기훈
- 무엇을What? 살인게임
- 어떻게How? 총기난사를 통해
- 왜Why? 횡설수설로 분명치 않음.

**짧게 썼는가?**

리드는 간단하게 쓴 데 비해 이어지는 후속 문장들은 전체적으로 길다. 스트레이트 기사 기사 작성법 리드-개요-원인에 따라 학생수습기자의 단신을 고쳐쓰기 해보자.

첫째, 리드를 쓴다.

리드는 가능한 짧게, 한 문장만 읽어도 사건의 개요를 파악할 수 있도록 함축적으로 쓴다. 위 학생 수습기자의 리드는 비교적 간단 명료하게 잘 썼다. 하지만, '사태의 심각성'이 어떤 것인지 구체적이지 않다. 리드만 읽고서는 무슨 상황인지 알 수가 없다. 따라서 리드에는 핵심적인 사안이 들어가야 한다. 예를 들자면, 제보자 성기훈 씨 진술을 토대로 "2백 명이 넘게 사망한" 팩트가 들어가야 사태의 심각성이 전달된다.

둘째, 개요를 쓴다.

사건 개요는 설명이 필요한 부분이기 때문에 문장이 다소 길어질 수 있다. 이럴 경우 한 문장 안에 모든 내용을 다 녹여넣을 필요는 없다. 두 문장으로 나눠 써도 된다. 위 학생은 제보 내용을 토대로 개요를 "~진술했습니다", "~주장했습니다" 두 문장으로 나눠 쓰고 있다. 하지만 단문 아닌 중문 형식의 개요 설명으로 인해 장황하다는 느낌을 주고 있다.

셋째, 원인을 쓴다.

제보자의 제보 내용을 통해 원인을 파악하기는 쉽지 않다. 그렇다고 해서 제보의 내용에 신빙성이 떨어진다는 이유로 경찰이 수사를 중단하기로 했다는 결론은 지나치게 단정적이다.

이같은 사안을 감안해 고쳐쓰기를 해보자.

**데스크**

리드 → 살인게임에 참가했다가 극적으로 탈출한 시민이 2백여 명이 살해 당하는 현장을 목격했다며 경찰에 제보했습니다.

개요 1 → 쌍문동에 사는 성 모 씨는 '무궁화 꽃이 피었습니다'라는 수백 억이 걸린 살인게임 현장에서 2백여 명이 살해 당했다고 주장했습니다.

개요 2 → 성씨는 가면을 쓴 이상한 사람들이 참가자들을 운동장에 몰아 넣은 뒤 게임에서 지면 무차별 살해했다고 밝혔습니다.

장황하게 보이는 파출소 상황 씬은 이렇게 리드-개요1-개요2 세 단락 스트레이트로 간단하게 정리할 수 있다. 사건의 배경과 원인은 분명하게 밝혀지지 않았지만 아래와 같이 경찰 입장을 추가해 제보의 신빙성 여지를 언급할 수 있다.

**경찰 입장**

경찰은 성씨가 사건 발생 장소조차 구체적으로 기억 하지 못하는 등 제보 내용에 신빙성이 없다고 보고 있습니다.

이어서 다른 학생이 쓴 1보 기사를 보자

**수습기자 2**

총기살인으로 인해 200명의 사람들이 죽었다는 제보로 큰 논란이 되고 있

.습니다

지난 14일 오후 1시 30분쯤 쌍문동 경찰서에, 200명의 사람들이 총기살인으로 인해 사망했다는 신고가 들어왔습니다.

쌍문동에 살고 있는 제보자 성 모 씨에 따르면, 돈이 필요한 사람들을 모아 살인 게임을 진행하며 게임에 이길 경우엔 상금을, 질 경우엔 즉시 그 자리에서 죽게 되어 큰 인명피해가 발생했다고 진술했습니다.

그러나 경찰은 증거가 없고 제보자 말의 신빙성이 떨어진다고 판단해, 사건 조사를 받아들이지 않고 있습니다.

하지만 최근 실종 신고가 계속 늘어나는 가운데, 정확한 조사와 관심이 필요할 것으로 보입니다.

위 스트레이트는 5W1H에 입각해 제보 내용을 비교적 잘 전달하고 있다. 하지만 '큰 논란이 되고 있습니다', '정확한 조사와 관심이 필요할 것으로 보입니다'라는 서술은 주관적 판단이다. 단신에서 쓰면 안 되는 표현이다. 경찰이 '사건 조사를 받아들이지 않고 있다'는 서술도 단정적이다. '최근 실종 신고가 계속 늘어나는 가운데'라는 서술에는 구체적 수치가 제시되어야 한다. 이같은 사안을 감안해 고쳐쓰기를 해보자.

**데스크**

리드 → 돈이 필요해 살인게임에 참가했다가 탈출한 시민이 2백여 명이 살해당한 현장을 목격했다며 경찰에 제보했습니다.

개요 1 → 쌍문동에 사는 성 모 씨는 '무궁화 꽃이 피었습니다'라는 수백 억이 걸린 살

> 인　게임 현장에서 2백여 명이 살해 당했다고 주장했습니다.
>
> 개요 2 → 성씨는 가면을 쓴 이상한 사람들이 참가자들을 운동장에 몰아 넣은 뒤 게임에서 지면 무차별 살해했다고 밝혔습니다.
>
> 개요 3 → 경찰은 성씨가 사건 발생 장소조차 구체적으로 기억하지 못하는 등 횡설수설해 제보 내용에 신빙성이 없다고 보고 있습니다.

### 팩트라는 퍼즐 조각

저널리즘은 팩트라는 퍼즐 조각을 가지고 진실이라는 그림을 완성해 가는 작업이다. 팩트만 챙겼다고 모든 진실이 확인되는 것은 물론 아니다. 진실이 사실 뒤에 가려져 있는 경우도 허다하기 때문이다. 하나의 진실을 놓고 양쪽이 서로 다른 사실을 말하는 경우도 많다. 기자는 팩트 하나를 얻기 위해 경찰서, 소방서, 종합병원 응급실을 돌고, 확인된 팩트가 사실인지 거짓인지를 규명하기 위해 크로스 체크를 하고, 기사를 쓰고, 데스킹 기사 요건을 갖추고 제대로 쓴 기사인가를 검증하는 작업 과정을 거친 뒤에야 비로소 시청자들에게 '뉴스'라는 상품으로 내놓는다.

### 스트레이트를 이끄는 힘

수습기자 과정에서 스트레이트 기사 쓰기 훈련 과정은 필수적이다. 리포트에는 기자의 얼굴이 나오지만 스트레이트엔 그 기사를 쓴 기자의 이름 by-line이 있을 뿐이다. 예전에는 이름도 없었다. 박종철 군 고문치사 사건을 최초로 세상에 알린 1987년 1월 15일 자 중앙일보 5단 기사에도 기자의 이름은 없었다. "경찰에서 조사받던 대학생 쇼크사"라는 제목의 이 기사를 누가 썼는지 독자들은 알 수가 없는 시절이었다.

가톨릭 사제들의 아동 성추행 사건을 세상에 폭로한 '보스턴 글로브' 취재기자들의 치열한 탐사보도를 다룬 영화 스포트라이트에는 이런 대사가 나온다. "우린 어둠 속에서 넘어지며 살아가요. 갑자기 불을 켜면 탓할 것들이 너무 많이 보이죠." 마치 "우리는 음지에서 일하고 양지를 지향한다."는 정보기관의 슬로건 같지만 이것이야 말로 저널리스트의 삶을 농축적으로 드러내는 표현이 아닐 수 없다. 얼굴을 드러내지 않는 '익명에의 열정', 그것이 바로 스트레이트를 이끄는 힘이다.

단 한 줄의 스트레이트 기사를 쓰기 위해 복수의 기자들이 동원되는 경우도 비일비재하다. 앞서 언급한 박종철 군 고문 치사 사건의 전말을 세상에 알리기 위해 당시 기자들은 치열한 취재활동을 벌였다. 사건이 기사화 되는 과정을 재구성하면 이렇다.

검찰 출입기자는 검사로부터 경찰이 서울대 학생에게 큰일을 저질렀다는 최초 1보를 전해듣고 이를 데스크<sup>부장</sup>에게 보고한다. 데스크는 경찰 출입기자와 서울대 출입기자에게 사실 확인을 위한 취재를 지시한다. 검찰 출입기자가 숨진 학생이 서울대생 언어학과에 재학중이라는 사실을 확인한다. 학적부 확인 등 추가 취재를 통해 마침내 학생의 이름이 박종철이란 사실을 최종 확인한다. 수사관이 "책상을 '탁'하고 치니 박종철 군이 '억'하고 죽었다"라는 경찰의 발표는 허위란 사실이 밝혀진다. 쇼크사가 아닌 고문 치사란 사실이 세상에 알려진다.

1987년 민주화 열기의 도화선이 된 이 기사를 기억하는 사람들은 많다. 하지만 이 기사를 누가 썼는지를 기억하는 사람들은 많지 않다. 기자보다 중요한 것은 기사다. 그 중요한 기사를 쓰는 사람이 바로 기자다. 기자는 내가 썼다고 말하지 않는다. 기사를 통해 말한다. 내일의 역사가 되는 오늘의 기사를 어떻게 써야 할 것인가?

# 제 2부 기사

**스트레이트**

# 뭣이 중헌디?... 비야? 우산이야?

### 사건사고 기사... 스트레이트의 전형

간밤에 올라온 스트레이트 기사를 하나 보자.

> 서울 은평경찰서는 남편을 흉기로 찌른 50대 여성 A씨를 현행범으로 체포해 조사하고 있습니다.
>
> A씨는 어젯밤(12일) 11시40분쯤 서울 갈현동 자택에서, 술에 취한 채 귀가한 남편을 흉기로 찔러 살해하려한 혐의를 받고 있습니다. 남편은 중상을 입고 병원으로 옮겨졌지만, 생명엔 지장이 없는 것으로 알려졌습니다.
>
> 경찰은 범행 당시 A씨도 술에 취해 있던 사실을 파악하고 정확한 사건 경위를 조사하고 있습니다.

5W1H 형식에 의거해 짧게 쓴 단신이다. 언제<sub>어젯밤</sub>, 어디서<sub>서울 갈현동</sub>, 누가<sub>여성 A씨</sub>, 무엇을<sub>남편 살해시도</sub>, 어떻게<sub>흉기로</sub>, 왜<sub>경찰 조사 중</sub>까지 디테일이 모두 담겨 있는 전형적인 사건사고 발생 뉴스다. 리드 한 문장, 개요 두 문장, 원인은 아직 밝혀지지 않았지만 경찰이 경위를 조사 중이라는 설명으로 대신하고 있다. 사건이 크거나 공

적 알 권리에 부합하는 내용일 경우, 속보를 통해 사건의 원인이 담긴 2보가 나올 것이다. 이제부터 리드-개요-원인 형식의 스트레이트 기사 쓰는 법에 대해 한 걸음 더 나아가보자.

### 멍청아! 간단하게 쓰라고!

어법에 맞게 쓴 글이 잘 읽히듯이 화법에 맞게 하는 말이 잘 들린다. 직설화법은 단도직입적으로 말하는 것이다. 돌려 말하는 것이 아니다. 중문, 복문은 가급적 피하고 단문 스타일로 간단명료하게 말하는 것이다. 이는 곧바로 쓰기에도 준용할 수 있다. 스트레이트 작법 역시 마찬가지다. 복잡하게 쓰지 않는 것이다. 단순하게 쓰는 것이다. 1992년 미국 대통령 선거 당시, 민주당 대선 전략가였던 제임스 카빌은 "문제는 경제야, 바보야!"It's the economy, stupid 라는 간단명료한 메시지 하나로 공화당 조지 W 부시 진영을 압도하며 빌 클린턴의 승리를 이끌어낸 바 있다. 다시 한번 강조한다. KISS!

▶Keep It Simple and Straightforward
간단하게, 똑바로!

▶Keep It Simple and Short
간단하게, 짧게!

▶Keep It Simple, Stupid!
간단하게 쓰라고 이 멍청아!!!

## 잘 쓴 7가지 단신 사례

▶ 사례1-날씨

리드 → 오늘 아침 출근길 우산 준비하셔야겠습니다.

개요 → 기상청은 오늘 오후부터 내일에 걸쳐 많은 비가 내리겠다고 예보했습니다.

원인 → 북태평양 고기압이 발달하면서 본격적인 장마가 시작될 것으로 기상청은 내다보고 있습니다.

비가 올 것으로 예상되는 아침 뉴스 단신이다. 비 소식을 전할 경우, 무엇이 가장 중요할까? 예보를 통해 전하고자 하는 비는 더 이상 중요하지 않다. 출근길 우산을 준비하는 것이 더 중요하다. 따라서 출근길 기상 예보에서는 리드를 통해 우산을 준비하라는 메시지를 전하는 것이 가장 중요하다. 개요는 그 다음 문장에서 처리하면 된다. 그런 다음 마지막 문장을 통해 원인을 덧붙이면 된다.

▶ 사례2-화재사고

리드 → 서울 시내 중심가 한 쇼핑센터에서 불이 나 십여 명의 사상자가 발생했습니다.

개요 → 어제 저녁 7시 서울 중구 OO백화점 지하 푸드코트에서 불이 나 세 명이 사망하고 일곱 명이 다치는 등 인명 피해가 났습니다.

원인 → 경찰은 천장 쪽 전선에서 불길이 번졌다는 목격자들의 말에 따라 전기 합선으로 인한 화재로 보고 수사를 벌이고 있습니다.

사건사고 기사 가운데 자주 등장하는 화재 발생 단신이다. 불이 나면 제일 궁금한 것이 무엇인가. 재산 피해? 아니다. 인명 피해다. 사람이다. 뉴스에 있어서 사람은 알파요 오메가다. 신보다 더 중요하다. 거듭 강조한다. 뉴스에서 제일 중요한 것은 사람이다. 사람은 사람에게 가장 큰 관심을 보인다. 사건사고 단신에 있어서 제일 중요한 사안은 인명 피해다. 교통사고 단신에서도 예외가 아니다.

> **▶ 사례3-교통사고**
>
> 리드 → 경부고속도로에서 차량이 연쇄 추돌해 일가족 4명이 사망했습니다.
>
> 개요 → 오늘 새벽 경부고속도로 한남기점 하행 70km 지점 경기도 동탄시 인근에서 고속버스가 앞서가던 승용차를 추돌해 승용차에 타고 있던 일가족 4명이 숨졌습니다.
>
> 원인 → 오늘 사고는 고속버스가 빗길 과속 운행을 하던 도중 앞서가던 승용차가 급정지하자 이를 들이받으면서 일어난 것으로 경찰은 파악하고 있습니다.

교통사고 단신을 쓸 때는 인명피해와 함께 정확한 사고 지점에 대한 팩트가 필요하다. 고속도로일 경우 상행선인가 하행선인가를 파악하고 OO고속도로 OOkm 지점을 밝혀야 한다. 경부고속도로 하행 70km 지점 경기도 동탄시 인근에서와 같이 행정구역 소재지를 구체적으로 확인해야 한다.

> ▶ 사례4-일반사고
>
> 리드 → 오늘 저녁 7시 반쯤 인천 무의동 광명항 근처 갯바위에 고립된 일가족 세 명이 구조됐습니다.
>
> 개요 → 소방 당국은 일가족이 갯바위에 갇혀 나오지 못하고 있다는 신고를 받고 출동한 뒤 구조 보트 등을 동원해 20여분 만에 가족 세 명을 모두 구조했습니다.
>
> 원인 → 소방 관계자는 이들이 낚시하기 위해 바위에 들어간 뒤 밀물 때를 파악하지 못해 사고가 발생한 것으로 보인다고 밝혔습니다.

일반 사건사고 단신의 경우 팩트와 함께 상황에 대한 설명이 필요할 경우가 있다. 이럴 경우 취재원으로부터 인터뷰를 통해 사고 정황에 대한 묘사를 하되 추상적 설명은 배제하고 팩트에 의거해 상황을 설명한다. 위 단신은 위험에 처해 있던 일가족 세 명이 구조된 사건사고 기사다. 이같은 뉴스는 비슷한 유형의 사건사고 단신을 묶어 간밤의 사건사고 종합 리포트로 나가는 경우가 많다. 일단 1보를 전하는 단신에서는 주관적 묘사는 배제해야 한다. 단신은 팩트 위주로 쓰고 나중에 리포트 기사를 쓸 때, 목격담이나 현장 스케치를 추가하면 된다. 범죄 사건은 최초 1보를 한 뒤, 사건사고 전개 상황에 따라 2보, 3보로 단신이 이어지게 된다. 원인이 밝혀질 때까지는 사건 개요에 초점을 맞춘다.

> ▶ 사례5-범죄사건
>
> #1보
>
> 리드 → 대학 캠퍼스에서 20대 여성이 옷을 벗은 상태로 피 흘리며 쓰러진 채 발견돼 경찰이 수사에 나섰습니다.

개요 1 ➡ 오늘 새벽 3시 50분쯤 인천 미추홀구 OO대 캠퍼스에서 20대 여성 A씨가 나체로 피 흘리며 쓰러져 있다는 신고가 접수돼 119구조대원이 심정지 상태인 A씨를 인근 병원으로 옮겼지만 숨졌습니다.

개요 2 ➡ 경찰은 대학 내 CCTV 등을 확보해 정확한 사건 경위를 조사하고, 범죄 혐의점 등이 있는지 확인할 계획입니다.

1보를 통해 피해자가 나온 상황에서 다음에 이어지게 될 단신은 가해자가 누구인가에 초점이 맞춰지게 된다.

#2보

리드 ➡ OO대 캠퍼스에서 여대생이 숨진 사건과 관련해 경찰이 함께 있었던 20대 남성을 붙잡아 조사하고 있습니다.

개요 1 ➡ 인천 미추홀경찰서는 CCTV 조사 결과 여대생 A씨와 함께 건물로 들어가는 모습이 포착된 B씨를 유력한 용의자로 보고 신병을 확보해 조사하고 있습니다.

개요 2 ➡ 앞서 오늘 새벽 3시 50분쯤 인천 미추홀구 OO대 캠퍼스에서 20대 여성 A씨가 알몸으로 피흘리며 쓰러져 있다는 신고가 접수돼 A씨를 인근 병원으로 옮겼지만 결국 숨졌습니다.

2보에서는 용의자 확보가 가장 중요한 팩트로 등장하고 있다. 이와 함께 시청자 배려 차원에서 1보에서 밝힌 사건의 개요를 마지막 문장을 통해 다시 한번 환기시켜주고 있다.

#3보

리드 → ○○대학교 캠퍼스에서 동급생을 성폭행하고 숨지게 한 혐의를 받는 남학생이 구속됐습니다.

개요 → 인천지방법원은 그제(15일) 새벽 ○○대 건물에서 동급생 피해자를 성폭행하고 3층에서 떨어지게 해 숨지게 한 20살 A씨에 대한 구속영장을 오늘(17일) 발부했습니다.

원인 → 재판부는 A씨가 증거를 없애거나 도주할 우려가 있다고 판단했다고 설명했습니다.

강력 사건의 마무리는 대개 경찰 검거, 검찰 송치, 법원 구속으로 일단락된다. 이후 펼쳐지는 상황에 대한 보도는 단신 보다는 리포트를 통해 사건의 원인 분석과 유사한 사건의 재발 우려, 해당 사건이 갖는 사회적 의미 등을 다루게 된다.

▶사례6-목격담이 담긴 붕괴사고

리드 → 지은 지 2년 된 상가가 무너져 일가족 3명이 숨졌습니다.

개요1 → 오늘 낮 2시 쯤 대전시 문화동에서 (지은 지 2년 된) ○○상가가 무너졌습니다.

개요2 → 이 사고로 2층에서 잠자던 36세 이○○ 씨와 이씨의 부인(아내) 32살 서○○ 씨, 아들 ○○ 군 등 3명이 숨졌습니다.

원인 → 경찰은 건물이 부실하게 지어져 사고가 난 것으로 보고 건물 주인 46살 이 모 씨를 상대로 조사하고 있습니다.

목격담 → 이웃에 사는 40세 주 모 씨는 1층 바깥쪽 벽에 금이 가면서 갑자기 건물이 내려 앉았다고 말했습니다.

일반사고 단신을 쓸 때 세 문장으로 쓰기 어려울 때가 있다. 이럴 경우 장황한 중문을 쓰기 보다는 단문으로 나눠 쓰는 것이 좋다. 사건사고 기사에는 속보가 뒤따르는 경우가 많은데 아래와 같이 리드-개요-원인을 정리한 뒤 목격담을 추가할 수 있다.

> ▶ **사례7-현장스케치가 담긴 화재사고**
>
> 리드 → 서울 시내 중심가 한 쇼핑센터에서 불이 나 십여 명의 사상자가 발생했습니다.
>
> 개요 → 어제 저녁 7시 서울 중구 OO백화점 지하 푸드코트에서 불이 나 세 명이 사망하고 일곱 명이 다치는 등 인명 피해가 났습니다.
>
> 원인 → 경찰은 푸드코트 내 천장 쪽 전선에서 불길이 번졌다는 목격자들의 말에 따라 전기 합선으로 인한 화재로 보고 수사를 벌이고 있습니다.
>
> 현장스케치 → 화재 여파로 백화점이 위치한 인근 을지로 입구 일대에는 세 시간여 동안 극심한 퇴근길 교통정체 현상이 빚어졌습니다.
>
> 목격담 → 화재 현장에 있었던 김 모씨는 퇴근길 마감세일 식품을 사기 위해 푸드코트에 들렀는데 갑자기 펑하는 소리에 놀라 돌아보니 조리시설이 밀집해 있는 구역에서 불길이 치솟기 시작했다고 말했습니다.
>
> 수사방향 → 경찰은 화재 원인을 밝히기 위해 최근의 소방안전점검 내역 등을 파악하고 있습니다.

위 기사에서는 현장스케치 부분을 맨 마지막으로 돌려도 된다. 단신 작성은 기사 쓰기에서 가장 기본이 되는 트레이닝이다. 단신은 군더더기가 없어야 한다. 팩트만 가지고 승부해야 한다. 인터뷰한 내용을 인용할 때도 팩트만 써야 한다. 인터뷰이가 전하는 내용에 신빙성이 없다면 반드시 크로스 체크를 통해 사실 여부를 확인해야 한다. 팩트 없는 리포트스케치 리포트는 있을 수 있어도 팩트 없는 단신은 있을 수 없다.

다시 한번 강조한다. 스트레이트를 쓸 때 항상 기억하라. KISS! 이게 무슨 뜻이냐고 또 묻는다면?

"멍청아, 문제는 키스야!" It's the KISS, stupid!

그래도 기억이 나지 않는다면? 영화 '카사블랑카' 주제곡 'As time goes by'를 불러볼 것!

이걸 꼭 기억하세요.

키스는 그냥 키스라니까요.

You must remember this

A kiss is just a kiss~

_As time goes by / 영화 '카사블랑카' 주제곡

**스트레이트**
# "그래서 '야마'가 뭐냐구?"

### 눈을 잃은 외눈박이 거인 폴리페모스

1부를 통해 스토리에 바탕한 뉴스의 기원과 뉴스를 구성하는 여러 종류 기사의 사례에 대해 알아보았다. 이제 본격적으로 기사 쓰기 연습을 해보도록 하자. 수습기자 시절 선배들로부터 가장 많이 들었던 말 가운데 하나는 "그래서, 야마가 뭐냐구?"였다.

우리 사회 곳곳에 남아 있는 식민의 잔재는 언론사 역시 예외가 아니다. 예외가 아니라 오히려 주도한다. 예를 들어 방송진행자들이 빈칸 채우기를 할 때 자주 볼 수 있는 사례 하나를 보자. "이것은 OOO입니다"를 "이것은 땡땡땡입니다"로 발음하는 경우를 종종 볼 수 있다. 전형적인 일본식 발음이다. 일본에서는 '…' 즉, '점점점點點點'을 '땡땡땡てんてんてん'으로 읽는다. 따라서 "이것은 점점점입니다"로 발음해야 우리 화법에 맞다. 대한민국 방송사 보도국에는 아직까지도 일본어가 난무한다.

마와리, 나와바리, 하리꼬미, 우라까이, 반까이, 그리고 가장 많이 들었던 지긋지긋한 단어 '야마'. 방송 현장에서 쓰는 일본 속어인 '야마'는 핵심을 뜻한다. 본래 뜻은 '산'인데, 평평한 부분이 돌출된 부분, 눈에 확 뜨이는 부분, 가장 중요한 부분을 뜻한다. 입사 초기 이 말뜻을 몰라 고

개를 갸우뚱 하던 내게 선배는 이렇게 다그쳤다.

"아, 그래서 눈깔이 뭐냐구?"

'야마'는 '눈알', 화룡점정을 의미한다. '야마'는 단신에서는 리드, 리포트에서는 앵커멘트를 통해 드러난다. '야마' 없는 단신은 기사가 아니다. 눈 없는 얼굴이다. 세종대왕 얼굴 없는 만원 권 지폐다.

일리아스와 함께 서구 문명의 저변에 깔려 있는 스토리의 보고寶庫 오디세이아에는 이마 한가운데 눈이 있는 외눈박이 거인족 키클롭스가 등장한다. 이들의 우두머리 폴리페모스는 귀향하는 오디세우스와 그 부하들을 동굴에 가두고 한 사람씩 잡아먹다가 오디세우스에게 눈을 찔려 실명한다. 오디세우스에게 눈을 찔린 외눈박이 거인 폴리페모스는 거기서 끝난 거다. 왜냐? 가장 중요한 것을 잃었으니까.

기사에서 핵심은 첫문장에서 드러난다. 1부에서 언급한 바, 기사 작성의 A,B,C는 결론부터 쓰는 것이다. 리드를 기억하는가? 결론이 나오는 첫문장을 리드라고 한다. 리드에서 드러나는 핵심은 하나여야 한다. 핵심이 한 개 이상이면 복잡해진다. 중요한 것이 복수로 존재한다 하더라도 그 가운데 가장 중요한 것은 하나다. 하늘에 태양은 하나다. 복잡하면 단신이 아니다. 거듭 강조한다. 간단하게 쓸 것!

수습기자가 쓴 복잡한 단신과 이를 데스킹한 간단한 단신의 차이를 실제 사례를 통해 비교해보자.

## 문장이 길면 단신이 아니다

> ▶ **사례 1_구로공단에 불**
>
> **수습기자**
>
> 리드 1 ➡ 서울 구로공단 (안에 있는) 플라스틱 공장에서 불이나 1억여 원의 재산피해를 내고 1시간 반 만에 꺼졌습니다.
>
> 리드 2 ➡ 오늘 새벽 6시쯤 서울 구로구 가리봉동 구로 1공단 안에 있는 플라스틱 용기 제작회사인 00000 공장에서 불이 나 5백여 평을 태우고 한 시간 반 만에 꺼졌습니다.
>
> 개요 ➡ 불이나자 소방차 20여 대가 출동해 진화작업에 나섰으나 공장 안에 있던 인화성이 강한 플라스틱 제품이 불에 타면서 내뿜는 독한 연기 때문에 소방관들의 접근이 어려워 진화가 늦었습니다.
>
> 원인 ➡ 경찰은 오늘 불이 가동 중이던 콤프레샤가 과열되면서 불이 난 것으로 보고 이 회사 대표를 상대로 정확한 화재 원인을 조사하고 있습니다.

**첨삭 포인트**

- 문장이 지나치게 길고 장황하다.
- 리드가 중복된다. 리드1로 끝내고 리드2는 사건 개요로 돌려야 한다.
- 세 번째 문장은 개요가 아니라 스케치이다. 상황 묘사는 단신에 적절치 않다. 리포트 기사를 쓸 때 스케치로 활용해야 하는 부분이다.
- 네 번째 문장은 원인 설명이 장황하다.

이를 토대로 데스크를 본 기사는 다음과 같이 정리할 수 있다.

> **데스크**
> 리드 → 구로공단 플라스틱 공장에서 불이나 1억여 원의 피해를 냈습니다.
> 개요 → 오늘 새벽 6시쯤 서울 구로 1공단에 있는 삼화플라콘 공장에서 불이 나 건물 5백여 평을 태우고 한 시간 반 만에 꺼졌습니다.
> 원인 → 경찰은 콤프레셔가 과열되면서 불이 난 것으로 보고 있습니다.
> 스케치 → (불이나자) 소방차 20여 대가 출동해 불을 껐으나 플라스틱 원료가 타면서 내뿜는 연기 때문에 (불을 끄는데) 어려움을 겪었습니다.

## 주관적으로 단정하지 말 것

> **▶사례2-여고생 극단적 선택**
> **수습기자**
> 리드 → 평소 성적이 나쁜 것을 비관해 오던 여고생이 한강에 빠져 숨진 채 발견됐습니다.
> 개요 → 서울 시흥본동에 사는 여고 3학년 오 모 양이 어제 낮 12시쯤 마포대교 남단 한강고수부지 옆에서 숨진 채 발견됐습니다.
> 원인 → 경찰은 숨진 오 양이 평소 열심히 공부해도 성적이 오르지 않는 것을 몹시 고민해 왔다는 가족들의 말에 따라 오 양이 성적 부진을 비관해 자살한 것으로 보고 있습니다.

**첨삭포인트**

- 리드가 너무 단정적이다. 이 학생이 평소 성적을 비관했는지를 어떻게 알 수 있는가? 경찰 조서나 가족, 친지, 지인 등의 인터뷰를 통해 그같은 정황을 보도하는 것은 단신의 영역이 아니다. 리포트의 영역이다. 기자는 심판관이 아니다. 객관적 관찰자다.
- 사건사고 개요를 쓸 때는 시간, 장소의 순으로 쓴 뒤 주어와 서술어를 일치시킨다. 주어와 서술어는 가까이 위치할수록 의미 전달이 명확해진다.
- 원인 서술이 너무 길다. '몹시'라는 표현은 주관적이다. '자살'이란 단어는 방송에서 쓰지 않는다. (자살보도권고기준 참고) tip

방송뉴스에서는 자살 관련 보도를 할 때 용어 선택에 신중을 기한다. 예를 들어 '자살' 대신 '극단적 선택'이라는 표현을 쓴다. 위 첨삭포인트를 토대로 데스크를 본 기사는 다음과 같이 정리할 수 있다.

**Tip**

자살보도권고기준 3.0 (한국기자협회, 보건복지부, 한국자살예방센터 2018.7.31.)
1. 기사 제목에 '자살'이나 자살을 의미하는 표현 대신 '사망', '숨지다' 등의 표현을 사용합니다.
2. 구체적인 자살 방법, 도구, 장소, 동기 등을 보도하지 않습니다.
3. 자살과 관련된 사진이나 동영상은 모방자살을 부추길 수 있으므로 유의해서 사용합니다.
4. 자살을 미화하거나 합리화하지 말고, 자살로 발생하는 부정적인 결과와 자살예방 정보를 제공합니다.
5. 자살 사건을 보도할 때에는 고인의 인격과 유가족의 사생활을 존중합니다.
※ 유명인 자살보도를 할 때 이 기준은 더욱 엄격하게 준수해야 합니다.
출처: 한국기자협회(https://www.journalist.or.kr/news/section4.html?p_num=12)

**데스크**

리드 → 한강에서 여고생이 숨진 채 발견됐습니다.

개요 → 어제 낮 12시쯤 서울 마포대교 남단 한강변에서 여고 3학년인 18살 오 모 양이 숨진 채 발견됐습니다.

원인 → 숨진 오 양의 가족은 오 양이 평소 열심히 공부해도 성적이 오르지 않아 고민해왔다고 말했다고 경찰은 밝혔습니다.

## 리드는 함축적이어야 한다

▶ **사례3_택시요금 인상**

**수습기자**

리드 → 내일 새벽 4시부터 서울시내 중형택시 기본요금이 현재보다 800원 오른 3천 800원으로 조정됩니다.

개요 1 → 서울시는 "7만 2천 대 서울 택시 미터기에 새로운 요금 체계를 적용하기 위해서는 한 달가량 걸린"다며 "당분간 미터기가 조정되지 않은 택시를 탔을 때는 중형택시의 경우 기본요금 인상분 800원, 대형택시는 500원을 더 내야 한다"고 밝혔습니다.

개요 2 → 다만 심야시간대 시계외요금과 거리요금 적용은 미터기 조정 이후에 반영됩니다.

**첨삭 포인트**

- 리드를 함축적으로 쓸 것. 언제부터 얼마나 오르느냐를 간단명료하게 써야 한다.
- 개요가 장황하다. 두 번째 문장의 개요가 복잡할 뿐만 아니라 세 번째 문장에서도 개요를 쓰고 있다. 단신 내용에서 무엇이 가장 중요한지 파악하기 어렵게 썼다.

이를 토대로 데스크를 본 기사는 다음과 같이 정리할 수 있다.

**데스크**

리드 → 서울 택시 기본요금이 12일부터 3,800원으로 오릅니다.

개요 1 → 서울시는 16일 오전 4시부터 택시 기본요금이 3,000원에서 800원 오르고 심야할증 요금도 3,600원에서 4,600원으로 천 원 오른다고 밝혔습니다.

개요 2 → 다만 미터기 조정이 완료되기 전까지는 주행요금 인상분은 내지 않아도 됩니다.

다음 세 가지 사례는 학생들이 직접 쓴 기사를 첨삭한 것이다.

### 시간 장소보다 사건이 더 중요하다

▶사례4_절도범 수갑 찬 채 도주
학생기자

리드 → 25일 오후 4시쯤 경기 의정부시에서 조사를 받고 의정부교도소로 호송 중이던 20대 피의자 A씨가 수갑을 찬 채 도주했습니다.

개요 1 → A씨는 절도 등의 혐의로 재판에 넘겨진 상태였으나 1심 재판에 지속적으로 출석하지 않아 25일 구속영장이 발부됐고, 다른 범죄 혐의로도 경찰에 체포돼 의정부교도소에 수감될 예정이었습니다.

개요 2 → 관계당국에 따르면 A씨는 의정부교도소 입감 전 코로나 검사를 받기 위해 이송차량에서 내린 틈을 타 교도소 정문으로 도주했습니다.

개요 3 → 현재 A씨를 검거하기 위해 검찰과 경찰 150여 명이 투입됐으며 경찰과 검찰은 A씨의 도주 경로를 파악하기 위해 수색 작업을 벌이고 있습니다.

### 첨삭 포인트

- 리드를 더욱 간결하게! 시간 장소보다 중요한 사건 자체에 포커싱한다.
- '탈주' 상황이 '탈주범' 상황보다 더 중요하다. 따라서 개요1은 마지막으로 돌려야 한다.
- 중문과 복문으로 이어지는 문장은 과감하게 단문으로 쓸 것!

이를 토대로 데스크 본 기사는 다음과 같이 정리할 수 있다.

### 데스크

리드 → 교도소로 호송되던 20대 절도범이 수갑을 찬 채 도주했습니다.

개요 1 → 어제 오후 4시 쯤 경기 의정부시 OOOO에서 의정부교도소로 호송 중이던 20대 피의자 A씨가 도주했습니다.

개요 2 ➡ 경찰에 따르면 A씨는 코로나 검사를 받기 위해 호송차량에서 내린 뒤 감시가 소홀한 틈을 타 도주한 것으로 밝혀졌습니다.

## 리드의 핵심을 정확히 할 것

### ▶사례5 - 입시 앞둔 수험생 실신

**학생기자**

리드 ➡ 오늘 아침 7시 쯤, 한 기숙형 고등학교 급식실에서 고등학교 3학년 김 모 양이 쓰러져 119가 출동하는 사고가 발생했습니다.

개요 1 ➡ 아침 식사 배식을 받기 위해 줄을 서서 기다리던 중 김 모 양이 갑자기 쓰러진 것입니다. 이 모습을 목격한 김 모 양의 친구들이 재빨리 쓰러지는 김 모 양을 안아서 머리가 바닥에 부딪히는 등의 사고는 막을 수 있었습니다.

개요 2 ➡ 이후 친구들이 사감 선생님께 말씀드려 119에 신고한 덕분에 김 모 양은 빠르게 병원으로 이동했습니다.

원인 ➡ 김 모 양이 쓰러진 날은 고등학교 3학년 1학기 중간고사 시험이 시작되는 날로, 김 모 양이 쓰러진 이유는 시험에 대한 부담으로 무리하게 밤을 새워 공부한 탓이었습니다. 다행히 누적된 피로 외에 김 모 양이 아픈 곳은 없었습니다.

추가 ➡ 학교 선생님들은 이러한 사고의 재발 방지를 위해 학생들에게 수면 시간과 공부 시간을 적절히 지켜 공부할 것을 당부했습니다. 덧붙여 지속적으로 이러한 일이 발생할 경우 일정 시간 이후 기숙사의 불을 강제 소등할 계획이라 밝혔습니다.

**첨삭 포인트**

- 리드의 핵심은 쓰러진 김양이지 119가 아니다.
- 리드를 뒷받침하는 개요 문장이 지나치게 설명적이다.
- 쓰러진 원인에 대한 부분이 주관적 서술이다.
- 단문으로 쓸 것
- 취재를 통한 객관적 기사 작성 필요!

**데스크**

리드 ➡ 대학입시를 앞둔 고3 수험생이 중간고사 당일 급식 도중 쓰러지는 사고가 발생했습니다.

개요 ➡ 오늘 오전 7시쯤 OOO(장소) 기숙형 고등학교 급식실에서 3학년 김 모 양이 쓰러졌습니다.

원인 ➡ 김양은 중간고사를 앞두고 밤샘 공부를 하는 등 시험에 대한 압박이 심했던 것으로 전해졌습니다.

## 스트레이트는 스케치가 아니다

▶ **사례6 - 재난지원금 신청**

**학생기자**

리드 ➡ 지난 13일 화천읍사무소에서 오전부터 긴 대기열이 늘어섰습니다.

개요 1 ➡ 5차 국민지원금 오프라인 신청 첫날, 선불카드와 지역상품권을 수령하기 위해 주민들이 모인 겁니다.

개요 2 → 몰려든 인파에 재난지원금을 신청하지 못하고 돌아간 주민들도 여럿이었습니다.

개요 3 → 읍사무소 관계자는 "첫날 많은 사람들이 올 것을 예상해 임시로 천막을 준비해놨다"면서 "지금부터 세 시간은 더 기다려야 한다"고 말했습니다.

추가 → 3차 재난지원금은 국민 88%에 1인당 25만 원을 지원하는 방안으로 온라인과 오프라인을 통해 10월 29일까지 신청할 수 있으며 올해 연말까지 사용이 가능합니다.

### 첨삭포인트

- 스트레이트 기사가 아닌 스케치성 현장리포트에 더 가깝다.
- 스트레이트 기사는 스케치 묘사가 아닌 팩트를 넣어야 한다.
- 원인이 필요없는 스케치성 단신이지만, 벌어진 상황에 대한 행정기관의 대책을 언급하는 것이 바람직하다.
- 팩트 제시는 구체적 수치, 관계자의 멘트 등을 인용한다.

### 데스크

리드 → 제 5차 재난지원금 신청 첫날 접수 창구가 붐벼 큰 혼잡을 빚었습니다.

개요 → 강원도 화천읍의 경우, 접수 첫날인 어제 재난지원금을 신청하기 위해 몰려든 인파로 평균 대기시간이 서너 시간에 이르렀습니다.

대책 → 화천읍 관계자는 신청이 폭주할 것에 대비해 임시천막을 설치하는 등 사전준비를 했다고 밝혔습니다.

추가 → 국민 88%에 25만 원씩 지급하는 5차 재난지원금은 다음달 29일까지 신청하면 됩니다.

## 변사체는 직접 눈으로 확인해야 한다

전설적인 사진기자 로버트 카파는 이렇게 말했다.<sup>tip</sup>

"당신이 찍은 사진이 만족스럽지 못하다면, 그것은 당신이 피사체에 그만큼 접근하지 않았기 때문이다."If your pictures aren't good enough, you aren't close enough 수습기자 시절 난생처음 변사체 발견 현장에 도착한 적이 있었다. 문틈 사이로 변사체가 흘낏 비쳤는데 나는 더 이상 현장을 보고 싶지 않았다. 주저하고 있는 내게 형사가 말했다.

"김 기자님, 분명하게 보시는 게 좋아요. 눈으로 직접 확인하세요. 그렇지 않으면 꿈속에서 나온다니까요."

단신을 썼는데 만족스럽지 못한 것은 무엇 때문일까? 현장에 없었거나 취재가 제대로 되지 않았기 때문이다. 취재가 부실하면 핵심을 짚지 못한다. 핵심 없는 단신은 눈을 잃은 외눈박이 거인 폴리페모스와 같다. 폴리페모스의 눈알을 확실하게 찔렀는가? 그렇다면 이제부터 스트레이트의 계곡물을 건너 리포트의 강, 피처스토리의 바다로 나아가자.

---

**Tip**

로버트 카파(1913~1954)는 '세상에서 가장 위대한 종군 사진작가'라는 평가를 받는 저널리스트다. 헤밍웨이, 피카소, 잉그리드 버그만 같은 세계적인 인물들과 교류하며 한 시대를 풍미했다. 희생과 위험을 무릅쓴 현장 제1주의를 상징하는 '카파이즘'은 그의 이름으로부터 유래했다.

**단신과 리포트**

# 나는 네가 지난여름에 한 일을 알고 있다

## 세 문장에 담긴 수많은 팩트

'나는 네가 지난여름에 한 일을 알고 있다.'

오래 전에 본 영화다. 교통사고로 사람을 죽게 해 놓고 이를 은폐한 10대들에게 가혹한 보복이 가해지는 스토리다. '죄짓고는 못살겠구나' 하는 교훈을 준 영화다. 얼마 전 영화에 출연했던 엔 헤이시란 배우가 타계하면서 장기기증 후 하늘나라로 갔다는 외신이 전해졌다. R.I.P, 고인의 명복을 빈다. 영화의 전체 스토리는 지금 제대로 기억나지는 않는데 영화 제목만은 선명한 기억으로 남아 있다. 왜 그럴까?

오랫동안 취재 현장에 있으면서 한 가지 깨달은 것이 있다. 스트레이트 세 문장 쓰기 위해서는 최소한 여섯 가지 팩트를 챙겨야 한다. 수차례 언급한 5W1H, 언제, 어디서, 누가, 무엇을, 어떻게, 왜. 하지만 이와 연결된 팩트는 사실 여섯 개에 그치지 않는다. 무수히 많은 팩트가 포도송이처럼 주렁주렁 매달려 있다. 결론적으로 하나의 스트레이트를 쓰기 위해서는 리드-개요-원인의 짧은 세 문장을 구성하기 위한 무수히 많은 팩트를 알아야 한다는 것이다. 지난여름의 그가 한 일을 모두 다 꿰고 있지 않으면 누가 범인인지 알 수 없는 것과 마찬가지다. 사람들이 빙산이라고 보고 있는 눈앞의 거대한 얼음 덩어리는 사실 일각에 지나지 않는다. 기자는 눈에 보이지 않는 수면 아래의 더 큰 얼음 덩어리를 머릿속에 그리고 있어야 한다. 그래야 빙산의 실체를 볼 수 있다. 눈에 보이는 것이 전부 다가 아니다. 쓰여진 스트레이트 세 문장으로 사건의 전모를 모두 밝힐 수는 없다.

**단신에 긴 스토리를 모두 담을 수 없다**

스트레이트 기사 쓰기를 통해 알아봤지만 사건사고 기사, 특히 교통사고 같은 전형적인 단신은 리드-개요-원인의 공식에 의거해 기사 작성이 이뤄진다. 대체로 예외가 없다. 그렇다면 스트레이트에 담긴 내용이 전부일까? 그 짧은 세 문장 안에 그 긴 스토리를 모두 담을 수는 없다. 행간에 담긴 속사정은 우리가 아는 것보다 훨씬 복잡하다. 교통사고에도 음주운전이 있고, 뺑소니가 있고, 보험금을 타내기 위한 자작극 범죄도 있다. 예를 들어보자.

> 창원지법 형사 3 단독은 순찰차 교통사고 원인이 함께 타고 있던 시민에게 있는 것처럼 수사기록을 조작한 혐의로 재판에 넘겨진 경찰관 A 씨에 대해 벌금 천만 원을 선고했습니다.
> A 씨는 지난 2019년 12월 경남 김해시에서 공무집행 방해 혐의로 체포한 한 시민을 순찰차에 태워 가다, 가로수를 들이받은 것을 두고 시민의 발길질로 사고가 났다며 허위 보고한 혐의를 받고 있습니다.
> 
> _KNN 2021.1.19.

이 기사는 교통사고 자체보다 그 사고가 담고 있는 진실에 더 큰 무게를 두고 있다. 진실을 가려야 할 경찰이 무고한 시민을 범인으로 몰고 갔기 때문이다. 따라서 위와 같은 단신은 속보 리포트를 통해 보다 자세한 스토리를 시청자들에게 전달할 필요가 있다. 리포트는 단신의 연장선상에 놓여 있다. 단신으로 충족되지 못한 한걸음 더 들어가는 스토리, 그것이 바로 리포트다. 1보 단신을 통해 확장성을 가진 팩트가 또 다른 팩트와 결합하면서 시청자들에게 보다 더 풍성한 뉴스 콘텐츠로 전달되는 방식이다. 리포트를 구성하는 요소는 앵커멘트, 기자 온 마이크 오프닝, 브릿지, 클로징, 인터뷰, 현장음, 그래픽, 애니메이션 등이다. 최근에는 가상현실 VR<sup>Virtual Reality</sup> 테크닉의 발전에 힘입어 VR 스튜디오에서 제작하는 리포트도 증가 추세에 있다.

단신 기사가 리포트로 제작된 사례를 들어보겠다.

〈뭣이 중헌디?... 비야? 우산이야?〉에서 인용한 〈사례 4-일반사고〉의 예로 제시한 단신을 보자. p.52 참조

리드 ➡ 오늘 저녁 7시 반쯤 인천 무의동 광명항 근처 갯바위에 고립된 일가족 세 명이 구조됐습니다.

개요 ➡ 소방 당국은 갯바위에 갇혀 나오지 못하고 있다는 신고를 받고 출동한 뒤 구조 보트 등을 동원해 20여 분 만에 가족 세 명을 모두 구조했습니다.

원인 ➡ 소방 관계자는 이들이 낚시하기 위해 바위에 들어간 뒤 밀물 때를 파악하지 못해 사고가 발생한 것으로 보인다고 밝혔습니다.

바로 이 단신을 밤사이 들어온 사건사고 리포트로 쓴 것이 아래 사례다.

**앵커멘트**

사람 간의 접촉을 피하게 되는 요즘 사람이 많이 모이지 않는 곳을 찾다 보니 갯바위를 찾는 낚시객도 많아졌다고 하는데요. 물때를 잘 몰라 제시간에 나오지 못한 일가족이 하마터면 큰일을 당할 뻔했습니다. 밤사이 들어온 사건 사고 소식, ㅇㅇㅇ기자가 정리했습니다.

**리포트**

바위 옆에 구조 보트가 멈춰 섰습니다. 먼저 아이부터, 그리고 엄마와 아빠가 배 안에 걸음을 옮기면서 구조대원의 긴장도 조금은 풀립니다. 일가족 세 명이 구조를 요청한 건 어제(25일) 저녁 7시 반쯤, 구조대원의 신속한 조치로 큰 화를 피했습니다. 낚시를 하러 갯바위를 찾았다가 밀물 때를 제대로 파악하지 못하면서 생긴 일로 소방서는 보고 있습니다. (…)

## 비교를 통해 본 단신과 리포트

먼저 단신을 보면, 전형적인 사건사고 쓰기에 의해 작성된 팩트 중심의 스트레이트 기사라는 것을 확인할 수 있다. 첫 번째 문장 '리드'를 통해 사건의 핵심을 전하고, 두 번째 문장 '개요'를 통해 디테일을 보여준 다음, 세 번째 문장을 통해 사건의 원인을 분석하고 있다.

이 같은 단신을 리포트로 작성한 사례를 찬찬히 들여다보자. 단신에 비해 형식상, 표현상 다른 점들이 추가되고 있음을 확인할 수 있다.

먼저 리포트에는 단신에서는 볼 수 없는 〈앵커멘트〉가 등장한다. 앵커멘트는 기자의 리포트를 소개할 때 나오는 첫 번째 문장이다. 리드멘트라고도 한다. 하지만 앵커멘트는 단신의 첫 번째 문장 리드와는 성격이 다르다. 함축적으로 리포트의 핵심을 짚어주는 '리드'의 역할을 하는 경우도 있지만, 때로는 앵커멘트에 이어 등장하게 될 기자의 리포트에 관심을 기울일 수 있도록 궁금증을 유발하는 방식을 쓰는 경우도 있다. 위 리포트에서는 "사람 간의 접촉을 피하게 되는 요즘 사람이 많이 모이지 않는 곳을 찾다 보니 갯바위를 찾는 낚시객도 많아졌다고 하는데요."라는 유도멘트를 통해 시청자들의 관심을 끌어낸 다음, "물때를 잘 몰라 제시간에 나오지 못한 일가족이 하마터면 큰일을 당할 뻔했습니다."라고 한 템포 늦게 본론으로 들어가는 것을 볼 수 있다.

다시 말해 단신의 경우, 육하원칙5W1H에 의거해 "어제25일 저녁 7시 반쯤 인천 무의동 광명항 근처 갯바위에 고립된 일가족 세 명이 구조됐습니다."라는 단도직입적 리드를 쓴 반면, 리포트에서는 앵커멘트를 통해 우회적 유도멘트를 쓴 뒤 사건사고를 소개하는 방식을 쓰고 있다. 기자 멘트가 나오는 본문의 경우 역시 비슷하다.

기자는 사건을 설명하기 위해 먼저 "바위 옆에 구조 보트가 멈춰 섰습니다."라는 상황 묘사를 하고 있다. 사건사고 현장의 분위기를 보여주기 위한 방식으로 흔히 쓰는 화면 설명이다. 이 같은 화면 설명은 두 번째 문장에서 보다 더 디테일해진다.

"먼저 아이부터, 그리고 엄마와 아빠가 배 안에 걸음을 옮기면
서 구조대원의 긴장도 조금은 풀립니다."

스케치성 리포트에는 대체로 화면 설명을 한 뒤 사건의 개요를 쓴다.

"일가족 세 명이 구조를 요청한 건 어제²⁵일 저녁 7시 반쯤, 구조대원의 신속한 조치로 큰 화를 피했습니다."

이어서 나오는 원인 분석은 주어소방서를 뒤에 배치했을 뿐 단신과 동일하다.

단신 ➡ "소방 관계자는 이들이 낚시하기 위해 바위에 들어간 뒤 밀물 때를 파악하지 못해 사고가 발생한 것으로 보인다고 밝혔습니다."

리포트 ➡ '낚시를 하러 갯바위를 찾았다가 밀물 때를 제대로 파악하지 못하면서 생긴 일로 소방서는 보고 있습니다.'

이처럼 리포트 형식은 단신과 다르다. 드라이하게 팩트를 기반으로 뉴스를 전하는 단신에 비해 리포트는 앵커멘트가 있고 리포터기자가 등장한다. 방송기자가 마이크를 들고 등장하는 것을 '온-마이크'On-Mic 또는 '스탠드 업', '스탠딩'이라고 한다. 신문의 '바이라인'by-line 격이다. 기자의 화면 등장은 포인트에 따라 '오프닝', '브릿지', '클로징'으로 분류한다. TV뉴스에서 온 마이크는 대개의 경우 오프닝보다는 클로징이 많다. 앵커멘트에 이어 곧바로 기자가 등장하는 오프닝보다는 리포트를 총정리하는 클로징 방식이 일반적이다. '브릿지'의 경우 주로 현장성을 높이기 위한 방법을 쓸 때 활용되는 경우가 많다. 예를 들자면 "이곳이 바로 이번 태풍이 휩쓸고 지나간 OOO 피해현장입니다."라는 중간 멘트를 쓸 때 주로 활용하는 방식이다.

교통사고 기사를 예로 들자면, 스트레이트는 발생한 교통사고 그 자체다. 리포트는 발생한 교통사고 팩트에서 플러스알파를 담는다. 앵커가 리드멘트로 관심을 유도하고, 기자가 스탠딩을 통해 현장을 확인한다. 스트레이트에서 못다 한 말을 인터뷰이를 통해 대신하고, 전문가 코멘트를 통해 시청자의 이해를 돕는다. 뉴스 앵커는 앵커멘트를 통해 말한다. "OOO기자가 보도합니다." OOO has more 리포트에는 더 많은 뉴스가 있다.

리포트
# '발'과 '머리'... 단신과 리포트

## '글세 稅'.... 글에도 세금이 붙는다

인물의 중요도는 기사의 중요도에 비례한다. 대통령의 말 한 마디 한 마디는 그대로 기사가 된다. 기자가 대통령의 입을 예의주시하는 이유다. 우리나라에서 도어 스테핑, 이른바 대통령의 출근길 문답은 예전에 없었던 방식이다. 그런데 윤석열 정부 들어 한시적이긴 했지만 도어 스테핑이 실시됐다. 해당 기간 동안 기자들의 이목이 대통령 입에 집중됐다. 대통령 취임 100일을 맞아 언론에서 출근길 문답 분석을 실시했다.

총 질문 수 151개, 답변 시간 1시간 25분이다. 가장 많이 쓴 단어 1위 '글쎄', 모두 59회였다. '국민'46회, '생각'37회, '문제'36회, '우리'33회 등이 뒤를 이었다.

글쎄...란 말이 들리면 늘 오버랩 되는 인물이 있다. 외조부이시다. 언제 돌아가셨는지 기억조차 가물가물 한데 머릿속에 남아 있는 선비 이미지는 선명하다. 국민학교 시절 방학 때마다 외가에서 보름 이상을 보냈다. 그곳에서 외할아버지께 천자문과 명심보감을 익혔다.

"하늘 천 따지 검을 현 누루 황"天地玄黃에서 "이끼 언 이끼 재 온 호 이끼 야"焉哉乎也로 끝나는 천자문을 끝내자 할아버지께서 말씀하셨다.

"이제부턴 명심보감을 배울 것이다. 비싼 글에는 세금도 비싸게 붙는다. 그래서 '글쎄'글세란 말이 있는 것이다"

국민학생에게 하이 조크를 하신 셈인데,... 열 살 남짓 꼬맹이가 그 뜻을 제대로 알리 없을 터... 반백 년이 지난 지금 대통령의 말습관이 외조부에 대한 그리움을 소환한다. 그립다.

**기사는 발로 쓰는 것이다**

왕년의 축구 스타 허정무 국가대표팀 감독을 인터뷰 했을 때다. 그는 1986년 월드컵 당시 아르헨티나의 전설 마라도나를 철벽 수비로 꽁꽁 묶었던 장본인이다. 유럽 무대에서 종횡무진 활약하는 김민재 선수 못지 않았다. 그라운드의 진돗개란 별명답게 뛰고, 차고, 물고 늘어지는 근성있는 플레이어였다. 그런데 그의 입에서 나온 말은 의외였다.

"축구는 발로만 하는 게 아니에요. 머리가 좋아야 합니다. 상대 진영을 어떻게 파고 들고, 슛을 어떻게 날려야 골로 연결되는지, 움직이는 동료에게 패스를 어떻게 해야 발끝에 갖다 놓을 수 있는지, 컴퓨터처럼 착착 계산해야 합니다. 생각없이 했다간 동네축구에 머물고 말지요."

나는 확신한다. 그라운드의 허 감독이 '머리'를 강조했기 때문에 오늘의 손흥민, 이강인이 있게 된 것이라고. 그럼에도 당시 언론계 선배들은 여전히 '발'을 말하고 있었다. 선배들은 습관처럼 말했다.

"기사는 발로 쓰는 것이야."

우리는 이 말을 금과옥조로 여기며 수습의 긴 터널에서 헤맸다. 팩트 하나를 건지기 위해 경찰서 앞에서 뻗치기를 했고, 뻔한 워딩을 녹취하기 위해 기약없는 인터뷰이를 기다리고 또 기다렸다. 그렇게 해서 세 줄짜리 스트레이트를 송고했다. 그런 뒤 "이것도 기사라고 쓴거야!" 하는 쫑코를 먹으며 야코 죽이며 살았다. 그러면서 꿈꿨다. 발로 뛰고 머리를 굴리고, 밤잠을 설치고 쪽잠을 자면서 쓴 기사로 세상을 바꿀 수 있을 것이라 믿었다. 스트레이트 훈련을 거친 뒤 리포트를 하기 위해 카메라 기자 앞에서 마이크를 처음 들었던 그날을 잊지 못한다. 내 평상시의 오디오 볼륨은 도레미파솔라시도에서 '솔' 정도다. 중간보다 약간 높다. 그런데 첫 리포트의 오디오는 거의 '시' 수준이이었다. 오케스트라 조율시 맞추는 '라'음 보다도 한 음 더 높았다. 그만큼 긴장했다는 반증이다. 그때는 발로 쓰는 기사보다 입으로 하는 리포팅이 훨씬 더 힘들었다.

### 스트레이트는 발, 리포트는 머리

방송뉴스는 쉬운 게 없다. 스트레이트는 취재가 어렵고 리포트는 만들기가 어렵다. 1분 30초 안팎의 뉴스 리포트에는 방송의 모든 것이 담겨 있다. 앵커멘트, 오프닝, 인터뷰, 브릿지, 클로징, 그래픽, 애니메이션... 스토리를 어떻게 구성할 것인지를 생각해야 한다. 앵커멘트를 통해 시청자를 어떻게 붙들어 맬 것인지, 스탠딩을 통해 어떻게 현장감을 살릴 것인지, 인터뷰를 통해 전문성을 얼마만큼 담보할 것인지, 화면 구성을 통해 어떻게 공감의 폭을 넓힐 것인지, 그래픽을 통해 얼마나 이해도를 높일 것인지를 고민해야 한다.

리포트는 리포터의 주장이 아니다. 있는 그대로 보여주는 것이다. 대립하는 상황일 경우 양쪽의 입장을 균등하게 전달하는 것이다. 판단하지 않고 정보를 제공하는 것이다.

단신이 팩트에 기반한 짧은 스트레이트라면 리포트는 스트레이트를 토대로 한 짧은 스토리다. 스토리는 구성이 필요하다. 무엇을 말할 것인가 만큼 어떻게 말할 것인가가 중요하다. 내용(무엇을) 못지 않게 형식(어떻게)이 중요하다. 때때로 형식이 내용을 지배하기도 한다. 그럼에도 가장 중요한 것! 중립!! 논쟁적 사안일수록 양측 입장을 균등하게 반영해야 한다. 사례를 보자.

### 기계적 중립은 확증적 편향보다 낫다

▶ **사례1-노사분규**

**대우조선 협력업체 파업, 51일 만에 극적 타결… "노사 상생 노력"**

_YTN 20220722

**앵커멘트**

51일 동안 이어진 대우조선해양 협력업체 파업이 노사가 극적으로 합의안을 도출하고 타결하면서 끝났습니다. 노사 양측은 임금 인상과 고용 승계 문제는 합의했지만, 민형사상 책임 면책 문제에는 합의를 이루지 못했습니다. OOO기자가 보도합니다.

**리포트**

대우조선해양 협력업체 노사는 크게 두 가지 사항에 합의했습니다. 임금은 사측이 제시한 올해 4.5% 인상을 실시하기로 했습니다. 파업 기간 폐업으로 일자리를 잃은 조합원은 다른 업체로 고용을 승계하는 방향으로 정리했습니다. 다만, 민형사상의 면책 문제와 관련해서는 합의점을 찾지 못했습니다. 노사는 이 부분에 대해서는 이후에 성실하게 협의하는 과제로 남겼다고 밝혔습니다.

**000_금속노조 부위원장**: 이 사태가 엄중하기 때문에 이 사태를 해결해야 한다는 판단으로 민형사 면책 관련해서는 남은 과제로 남겨놨다….

긴 시간 만큼 노사 양측은 합의에 진통을 겪었습니다. 노조가 애초 요구했던 임금 인상은 30%, 노조는 5%로 양보한 안을 제시했다가, 사측의 4.5% 제안을 받으면서 협상은 급물살을 탔습니다. 하지만 손해 배상 문제와 파업 기간 일자리를 잃은 노조원의 고용 승계 문제가 막판 협상에 발목을 잡았습니다. 대화와 양보로 신뢰관계를 쌓았다는 노사 양측 관계자의 말처럼, 진통 끝에 그리고 극적으로 타협점을 찾았습니다.

**000_금속노조 부위원장**: 그동안 국민의 지지와 걱정, 염려 덕분으로 이렇게 잠정 합의에 이르렀음을 보고드리고 머리 숙여 감사드립니다. 정말로 피를 말리는 상황이었습니다.

> 노사는 이번 협상 타결을 계기로 노사 상생을 위해 노력하겠다고 다짐했습니다.
>
> OOO_대우조선해양 협력사 대표: 노사 상생발전을 위해 각종 프로그램을 개발해서 대우조선발전과 조선 사업 발전을 위해 더더욱 대우조선 협력사가 앞장서 일하겠습니다.
>
> 노사가 극적으로 협상 타결을 이루면서 그동안 우려가 컸던 공권력 투입 등 파국으로 치닫는 상황은 막았습니다. YTN OOO입니다.

노사 양측이 맞서고 있는 상황에서 양측의 입장을 균등하게 처리했다. 다만 인터뷰에 있어서 노측이 두 번 나오고 사측이 한 차례만 언급된 것은 아쉬운 부분이다.

균등한 시간 배분 Equal time 은 미국 FCC Federal Communications Commission 연방통신위원회의 형평성의 원칙 Fairness Doctrine 의 기본이다. 저널리스트에게 언론의 중립성은 양보할 수 없는 가치다. 기계적 중립일지라도 최소한 확증적 편향보다는 낫다. 기계적 중립에 대한 반론은 여전히 존재한다. 영국 BBC의 적절한 공정성 Due Impatiality 개념이 그것이다. 이에 대해서는 나중에 자세히 설명하겠다.

## 잘 만든 리포트가 잘 팔린다

▶ **사례2-상반된 양측 입장**

정치적 입장이 첨예하게 갈리는 정당 리포트의 경우, 여야 양측 입장을 반드시 균등하게 반영해야 한다. 아래 사례는 탈북 어민들의 북송 이슈를 놓고 대립하는 여야 입장을 다룬 리포트다.

### 탈북 어민 진술 일부 차이… 북송 경위 공방 격화 _YTN 20220722

**앵커멘트**

3년 전 탈북 어민 북송 사건 당시 이들 어민 2명의 진술 일치 여부가 새로운 쟁점으로 떠올랐습니다. 살인을 자백한 탈북 어민들의 진술 내용이 조금씩 달랐다는 건데, 북송 사건을 둘러싼 여야의 공방 수위도 높아지고 있습니다. OOO기자가 보도합니다.

**리포트**

권영세 통일부장관은 지난 2019년 11월 북송된 탈북 어민 2명의 진술에 차이가 있다는 말을 들었다고 밝혔습니다. 대통령 업무 보고를 마친 뒤 기자들의 질문이 이어지자, 이렇게 답한 겁니다. 다만 통일부가 가진 기존 자료 중에는 진술 불일치에 대한 내용은 없었다고 설명했습니다. 이와 관련해 정부 고위 관계자는 살인 방법이나 피해자 숫자 등 구체적 진술에 약간 차이가 있다고 말했습니다. 하지만 살인 자체는 인정한 만큼 탈북 어민들이 실제 살인했을 개연성은 높다고 덧붙였습니다. 그러면서 문제는 '강제 북송'이라는 점을 거듭 강조했습니다. 공범들끼리 자백을 했기 때문에 얼마든지 우리 사법 체계에서 처벌할 수 있었다는 얘기입니다. 국민의힘은 당장 문재인 정부를 향해 더 날을 세웠습니다. 전 정권이 미리 북송으로 결론을 정해놓고 꿰어맞추다 보니 진술이 일치하지 않는데도 탈북 어민들을 흉악범으로 단정했다고 비판했습니다.

**한기호_국민의힘 '국가안보문란 실태조사 TF' 위원장**: 합동신문 결과가 의문투성이인데도 정의용 전 안보실장은 두 사람의 증언이 완전히 일치했다고 거짓말을 하며 '희대의 역대 살인마'라고 악마로 만들었다.

오는 29일에는 북송 사건 현장인 판문점 공동경비구역을 직접 찾아 당시 상황을 검증하기로 했습니다. 민주당은 이 같은 파상 공세에 발끈했습니다. 16명을 살해한 흉악범들을 추방했을 뿐인데도, 정부와 여당이 정략적 의도를 갖고 국민을 현혹하고 있다고 받아쳤습니다. 당시 문재인 정부가 잘못했다는 증거가 있으면 공개하고 토론하면 될 텐데 남북, 나아가 남남갈등을 조장한다며 쏘아붙였습니다.

**기동민_더불어민주당 의원**: 당당하게 그때 문재인 정부가 잘못했다, 추방이 아니었다, 강제북송이었다 이런 증좌가 있으면 내놓고 토론하면 될 거 아닙니까.

3년 전 탈북 어민들의 진술이 일치한다고 국회에 보고했던 통일부는 최근

> 불거진 의혹에 대해 수사 결과를 지켜봐야 한다며 말을 아끼는 상황.
>
> **이효정_통일부 부대변인**: 현재 수사가 진행 중인 사안에 대해서는 제가 구체적으로 말씀드리기가 어렵고 수사 결과를 지켜볼 필요가 있다고 말씀드리겠습니다.
>
> 다음 주 월요일로 예정된 정치·외교·통일·안보 분야 국회 대정부질문에서는 당시 북송 경위를 놓고 여야 간 치열한 진실 공방이 이어질 것으로 보입니다. YTN ○○○입니다.

북한 관련 이슈는 뉴스 아이템으로 다룰 때 신중을 기해야 한다. 특히 정치권 여야 입장이 극명하게 갈릴 경우, 양쪽 입장을 균등하게 반영해야 한다. 위 리포트는 탈북 어민의 북송 이슈를 다루고 있다. 여당인 국민의힘은 강제북송을, 야당인 민주당은 흉악범의 강제추방을 주장하고 있다. 이와 관련해 양당 의원의 인터뷰를 싣고 있다. 양측 인터뷰이의 녹취 길이는 대략 13초 안팎으로 양적 균형을 유지하고 있다. 이와 함께 통일부 부대변인을 통해 정부 입장을 밝히고 있다.

공무원 인터뷰의 경우, 자칫 정부측 입장만 대변한다는 인상을 줄 수 있는 만큼 신중을 기해야 한다. 인터뷰 내용은 어느 한쪽에 치우치지 않고 수사 결과를 지켜보겠다는 원론적 입장이다. 어떤가? '차이의 계곡'에 다리를 놓았다는 판단이 드는가? 그렇다면 이 리포트는 중립을 지킨 것이다. 그동안 무심코 보고 들었던 리포트가 사실은 기사를 쓰고 리포트를 제작하는 기자의 고민의 산물이란 사실을 알게 되면 아마도 뉴스가 다시 보이게 될 것이다.

## 펜文은 칼劍보다 강하다!

단신은 비슷비슷하다. 5W1H에 의거한 단신쓰기는 구구절절한 설명이 개입할 틈새가 별로 없다. 있는 그대로, 기자가 본 그대로 뼈대만 제대로 보여주면 된다. 하지만 리포트는 제각각 다른 경우가 많다. 같은 휴대폰이라도 갤럭시폰과 아이폰이 다르듯이. 스트레이트가 정찰가가 붙은 뉴스 상품이라면 리포트는 저마다 가격이 다른 뉴스 상품이다. 디자인이고 패션이다. 잘 만든 리포트가 잘 팔린다.

현역시절 기억에 남는 취재 가운데 하나는 추석을 앞두고 벌어진 체불임금 관련 뉴스다. 중소기업에 다니는 한 여성 근로자가 체불임금을 받지 못하고 있다며 제보를 해왔다. 지역 노동사무소에 신고를 했는데 노동자 편에 서야 할 근로감독관이 사업주 편에서 문제를 해결해주지 않고 있다는 것이다. 1보 단신을 내보냈다. 반응이 그저그랬다. 2보 리포트를 썼다. 관련 노동자 인터뷰를 넣었고 근로감독관이 업주로부터 돈을 받았다는 정황까지 포함시켰다. 검찰 수사가 시작됐다. 결국 해당 노동자는 체불임금을 모두 받았다. 그때 실감했다. 펜文은 칼劍보다 강하다!

퇴직하고 나니 34년 취재현장 가운데 가장 기억에 남는 곳이 어디냐는 질문을 받곤 한다. 그때마다 국내는 2000년 평양, 해외는 2001년 뉴욕이라고 답한다. 두 현장을 예로 들면서 리포트 제작의 디테일을 설명해보도록 하겠다.

**리포트**
# 평양의 여름, 뉴욕의 가을

### 현장 리포트, 방송뉴스의 처음이자 끝

방송뉴스의 백미는 현장 라이브다. '여기에서 지금'Hic et Nunc 벌어지고 있는 뉴스를 생방송으로 중계하는 것이다. 수많은 스토리가 나오는 현장은 스트레이트 한 건으로 설명이 불가능하다. 단순한 사건사고 현장이 아닌 복잡다단하게 얽혀 있는 사안의 경우 리포트를 통해 소식을 전하는 것이 일반적이다. 일회성 아닌 지속성을 갖는 뉴스현장의 경우는 더욱 그렇다. 34년 동안 현역으로 일하면서 기자라는 직업으로 현장에 있었던 것에 늘 감사하고 있다.

두 사례를 통해 현장 리포트를 들여다 보기로 하자. 하나는 내가 원한다고 갈 수 있는 곳이 아닌, 이른바 비자발급이 불가능한 곳에서의 현장 리포트, 다른 하나는 현장에 있긴 했으나 현장 접근이 불가능했던 곳에서 한 현장 리포트다. 한 곳은 평양, 다른 한 곳은 뉴욕이다. 저널리스트로서 내 젊은 날의 초상이 오버랩되는 현장이다.

### 평양, 그해 여름

"밥 먹고 합시다! 이거 그냥 지나치면 안 됩니다."

방송사에 입사했을 때 직장내 훈련프로그램OJT을 통해 예능국장 선배께서 한 말이다. 요지는 이렇다.

"방송은 혼자할 수 없는 작업입니다. 나만 잘나면 안됩니다. 팀웍이 중요합니다. 크루를 잘 챙겨야 합니다. 특별한 요령 없습니다. 일정이 아무리 촉박해도 밥 먹고 하자면 그냥 따라야 합니다."

언제부터인가 방송 프로그램 가운데 '먹방'이 차지하는 비중이 높아지기 시작했다. '먹는다는 것', 이것은 일상에 있어서 그 무엇과도 비교할 수 없는 최상의 가치다. 우리는 먹고 살기 위해 일하고, 일하면서 꿈꾼다. '밥-일-꿈' 순이다. 밥이 제일 먼저다. 고 김수환 추기경께서도 "모든 이의 밥이 되고 싶다"고 말씀하셨다. 취재 현장을 언급할 때마다 그곳에서 먹었던 음식이 생각나는 것은 자연스러운 일이다.

뉴밀레니엄이 시작된 2천 년, 그해 여름 나는 평양에 있었다. 평양하면 평양냉면, 평양냉면하면 옥류관이다. 하지만 나는 옥류관의 평양냉면 맛이 어땠는지 기억에 없다. 냉면을 먹었는지 들이켰는지 지금도 실감나지 않는다. 옥류관에서 펼쳐진 남북 이산가족상봉 현장 취재를 위해 동분서주했던 기억밖엔 없다.

기자가 리포트를 하기 위해 찾아간 현장은 늘 부산하다. 여유 있게 주변을 둘러보고, 맛집을 음미할 겨를이 없다. 냉면을 먹는 사람 수가 얼마나 되는지, 그 가운데 화제의 인물은 누구인지, 그가 몇 번 테이블에 앉아 있는지, 인터뷰를 어느 시점에 할 것인지, 식탁에는 냉면 말고도 어떤 음식들이 나왔는지, 호스트의 인사말은 어떤 내용이었는지…

현장은 잔잔한 호수가 눈앞에 펼쳐지는 관광지가 아닌 질풍노도가 수시로 밀어 닥치는 팩트의 바다와 같다. 그 바다에서 팩트를 챙기고 리포트를 만드는 것이 기자의 숙명이다.

나는 2000년 8월, 한 시간 비행으로 훌쩍 가닿을 수 있는 곳, 그러나 비자발급이 불가능해 갈 수 없는 곳, 때마침 남북정상회담 이후 공적임무 수행자들에게 반세기 만에 하늘길이 열린 평양순안공항에 도착했다.

### 현장 리포트를 위한 준비

현장 리포트를 위해 할 일은 어떤 것이 있을까.

첫째, 무엇보다 현장에 일찍 도착한다. 일찍 일어난 새가 벌레를 잡는다.

둘째, 현장에서 펼쳐질 상황에 대한 사전 취재를 철저히 한다. 보도자료를 통해 나온 내용은 기본이다. 공보관 또는 프레스센터 근무자 등 현장 관계자를 통해 디테일을 묻고 또 묻는다.

셋째, 인터뷰이를 사전에 섭외한다. 본격적인 취재에 앞서 누구를 인터뷰할 것인가를 생각한다. 판단이 섰으면 사전에 인터뷰이 섭외를 마친다.

넷째, 현장 오디오를 확보한다. 인터뷰가 불가능할 경우 대체재로 유용하게 쓸 수 있다. 때때로 싱크<sup>현장음</sup>는 잘짜여진 각본대로 하는 인터뷰보다 훨씬 현장감이 있다.

다음은 이같은 원칙을 적용해 만든 2000년 8월 남북 이산가족상봉 현장 첫 번째 리포트다.

### 홀몸으로 만난 딸

**앵커멘트**

평양에서도 남북의 이산가족들은 부둥켜 안은 채 반세기 생이별의 한을 풀었습니다. 특히 북에 남겨두고 온 딸을 찾아간 어머니, 이 모녀의 상봉은 가슴 저민 이산의 아픔을 녹여내리는 듯했습니다. 평양 공동취재단의 김호성 기자입니다.

**리포트**

싱크-이렇게 만날 줄 믿었어요, 내가. 왜 인제 왔어요, 그리웠어요

기억할 수 없는 어머니의 얼굴, 그리고 아가의 모습으로만 남아있는 딸에 대한 기억. 모녀는 마침내 바닥으로 쓰러져 부둥켜안고 오열했습니다. 1946년, 네 살 난 딸을 황해도 친정에 두고 남편과 춘천으로 온 뒤 전쟁이 터져 생이별

을 한 일흔아홉 살 김장녀 할머니는 딸의 울부짖음에 그저 하염없이 눈물만 흘렸습니다.

싱크-부둥켜 안고 오열하는 어머니와 딸

기억에도 없는 어머니의 얼굴이지만 살아생전 소원이 어머니라고 부르고 싶었다는 딸 앞에 김 할머니는 미안하다, 그동안 어떻게 살았느냐는 말만 되풀이했고 딸은 이어 부모님을 대신해 자신을 키워준 삼촌마저 세상을 떴다며 눈물을 그치지 못했습니다. 헤어질 당시 딸과 함께 두고 온 아들의 안부를 묻자 오빠는 전쟁 중에 죽었다며 딸은 또 한차례 오열했고 순간, 김 할머니는 망연자실했습니다. 함께 월남한 남편마저 15년 전에 세상은 뜬 뒤 홀몸으로 살아온 김 할머니에게 딸은 54년 만에 새롭게 찾은 혈육이었습니다.

클로징

부둥켜안고 통곡을 한들 이산의 아픔이 온전하게 지워지지는 않겠지만 분단에서 화해로 가는 길목에서 만난 이들에게 오늘밤은 평생을 다 바쳐도 아깝지 않은 날로 기억될 것입니다. 평양에서 공동취재단 김호성입니다.

 취재 리포트는 QR코드를 통해 볼 수 있습니다.

위 방송 리포트에 들어간 구성요소는 아래와 같다.

- 앵커멘트 · 팩트 · 현장 스케치 · 현장 싱크 · 스탠딩 클로징

이산가족 상봉 현장은 늘 그렇듯 눈물과 통곡으로 가득 찬 감정의 소용돌이 그 자체다. 차분한 취재가 불가능하다. 상봉 당사자들에게 인

터뷰를 요청한다는 것도 사실상 불가능하다. 이같은 현장은 팩트보다는 상봉 현장 자체를 보여주는 것이 최선이다. 혈육 상봉의 감정선을 따라 현장음을 최대한 살리면서 현장 스케치를 하는 것이 최선이다. 그렇게 하는 것이 시시콜콜한 팩트를 전달하는 것보다 훨씬 더 큰 공감대를 만들 수 있다. 이럴 때 가장 효과적으로 사용할 수 있는 것이 바로 싱크, 즉 현장음이다. 방송용 ENG 카메라는 기자의 마이크와 연결돼 있는 채널 1, 현장음을 잡아내는 채널 2로 오디오를 채집한다.

반세기 만에 극적으로 상봉하는 모녀 바로 옆에서 취재하면서 기자가 할 수 있는 역할은 마이크를 최대한 모녀 가까이 들이대는 것이었다. 이렇게 할 경우, 채널 1과 채널 2를 통해 현장감 있는 오디오를 생생하게 잡아낼 수 있다. 스트레이트는 발로 쓰고 리포트는 머리로 쓴다고 했다. 한 걸음 더 나아가 현장 리포트는 가슴으로 쓰기도 한다. 다음 인용은 평양 취재 후기의 끝부분이다.

"이산가족 취재의 현장을 서술어로 스케치하는데 개인의 역량이 미치지 못함을 솔직히 고백해야겠음. 실제로 평양 취재 당시 방송 스타일 구어체의 기사 작성에 몹시 애를 먹음. 명사형으로 뚝뚝 끊기기만 하는 이 목메어오는 감성! 기자의 기본 덕목인 냉철한 이성의 끈을 가능한 한 놓지 않으려 했으나 주체할 수 없는 감성의 벽 앞에서 번번이 주저 앉았음. 이산의 한이 풀리게 되는 날 쉽게 쉽게 기사도 쓰일 수 있게 되길 바라며…"

## 뉴욕, 그해 가을

2000년 평양의 열기가 채 가라앉기도 전 나는 이듬해 가을 뉴욕 현장에 있었다. 그해 가을은 뜨거운 양철 지붕 같았다. 숫자만으로도 모든 것을 말하는 9.11이 터진 것이다.

공간적으로는 평양보다 훨씬 먼, 그러나 현실적으로는 언제나 비자를 받을 수 있는 뉴욕, 하지만 9.11 테러 여파로 하늘길이 막힌 상황에서 그해 가을 운 좋게(?)도 나는 맨해튼 한복판에 있었다. 세기의 특종 현장이 눈앞에 펼쳐지고 있었다.

안타깝게도 나는 현장에 있었지만 현장에 접근하지 못하는 현장 리포터였다. 뉴욕시가 현장에 가장 가깝게 접근 취재할 수 있는 1선 현장 접근 권한을 'NY1'과 같은 로컬 방송사에만 허용했기 때문이었다. 그보다 좀 더 떨어진 2선 현장은 뉴스전문채널 'CNN', 3선은 'NBC', 'CBS', 'ABC' 등 전국네트워크 지상파 방송사, 4선은 '뉴욕 타임즈'와 '워싱턴 포스트' 같은 신문에 한해 허용했다. 외신 기자들은 굳이 표현한다면 5선 현장인 셈이었는데, 한 마디로 주변 접근조차 불가능한 거리였다. 이럴 경우 현장 리포트는 어떻게 해야 할까?

한 해 전, 평양은 원천적으로 취재가 불가능한 지역이었지만 한시적으로 취재가 보장된 지역이었다. 이와는 대조적으로 2001년 9월의 뉴욕은 취재가 가능한 지역이었지만 무기한으로 접근이 제한된 지역이었다. 테러 발생 초반 현장 주변엔 폴리스 라인이 겹겹이 쳐 있었다. 외신 인용 보도 이외에 다른 방법이 없었다. 테러 발생 초기의 현장 리포트는 대개 이런 식이었다.

**앵커멘트**

뉴욕에서는 지금까지도 계속해서 구조작업이 진행되고 있습니다. 현지 구조 상황 알아보겠습니다. 김호성기자!

**리포트**

네 지금까지 구조된 전체 실종자는 대략 5천여 명 정도 보고 있고요, 지금까지 발굴된 시신은 200여 구 정도, 지금까지 공식적인 발표 자료는 그렇습니다. 그런데 발굴된 시신 가운데 확인이 된 시신은 불과 25% 정도에 불과합니다. 그리고 발굴된 시신이 발견된 가운데 전신 시신은 많지가 않고 나머지 부분 시신이 발견됐기 때문에 신원 확인에 더욱 어려움을 겪고 있는 것으로 보입니다. 지금 문제는 지금같이 발굴 작업이 빨리 진척돼야 하는데 그렇지 못하는 점이 있습니다. 이유는 도미노 붕괴라고 일컬어지는 주변 건물들의 붕괴 우려 때문입니다. 두 개의 큰 건물, 다시 말해서 월드 트레이드 센터가 무너져 내린 뒤에 옆에 있었던 7번 건물이 붕괴가 됐었고 나머지 건물들이 붕괴될 위험이 있다라는 얘기가 계속해서 나오고 있습니다. 어젯밤 같은 경우에 밀레니엄 힐튼 호텔 빌딩 건물이 무너져 내릴 것이다라는 얘기가 있어서 구조작업이 일시 중단되기도 했습니다. 알려진 대로 지금 현재 소방관 300여 명이 무너진 건물 밑에 있습니다. 이들 가운데 한 열 명의 경찰관이 살아있는 채 매몰된 것으로 전해지고 있습니다. 휴대폰을 통해서 주로 신원을 확인하고 있습니다. 따라서 이처럼 구조가 늦어지게 될 경우 매몰자들의 생존 가능성이 점차 낮아질 것이라는 우려가 나오고 있습니다. 특히 뉴욕은 어젯밤부터 비가 내렸습니다. 그리고 지금 비가 대충 그친 상태에서 바람이

> 강하게 불고 있습니다. 아무래도 구조작업에는 좋지 않은 환경이 될 것으로 주변 사람들이 관측하고 있습니다. 이밖에 우려되는 상황들은 대체로 4가지 정도입니다.
> 첫째, 추가 테러의 위협입니다. (...)

현장 리포트는 있는 그대로를 보여주는 것이다. 영상이 필수적이다. 현장 상황을 전하는 리포트의 밑그림은 전적으로 CNN 화면에 의존했다. 맨해튼 현장의 테러 소식은 전화 연결을 통해 전달하고 화면은 CNN의 자료화면을 이용하는 방식이다. 이같은 현장 리포트는 서울에 있는 보도국 국제부에서 전화 연결을 통해 전달하는 것과 별반 다를 바 없다. 오프닝을 통해 "네, 뉴욕입니다", 클로징을 통해 "지금까지 뉴욕에서 전해 드렸습니다"라는 멘트를 할 뿐이지 실제로 현장 취재를 통한 뉴스 전달이 아닌 것이다. 나는 고민했다. 이같은 상황에서 현장감을 살릴 수 있는 리포터의 역할을 최대치로 끌어올릴 수 있는 방법은 어떤 것일까?

현지 자체 화면 없이 전화로만 연결하는 내 리포트가 시청자들에게 얼마나 비주얼하게 전달될 수 있을까? 내가 전하는 현장 곳곳의 디테일 묘사에 무덤덤하게 깔리고 있을 CNN 화면을 생각할 때마다 착잡했다.[*]

---

[*] 예를 들자면 이같은 지적들이다. "이번 미 테러참사와 전쟁에 대한 한국방송의 보도는 미국의 CNN과 ABC 방송의 영상자료를 일방적으로 사용했으며 미국적인 시각에서 미국의 폭격을 정당화하거나 부추기는 식의 방송을 했다는 점에서 더욱 심각한 문제점을 남겼다." ('관훈저널' 2001년 겨울호, 김창용)

오디오만으로도 비디오가 느껴지는 전화연결용 워딩을 어떻게 할 것인가, 기사를 쓸 때마다 난감했다. 그래서 나는 현장에서 직접 내 눈으로 목격한 스케치 리포트를 하기 시작했다. 이런 식이다.

"사태 발생 이후 주민들을 불안하게 하는 것은 추가 테러의 위협입니다. 한인 밀집지역인 퀸즈 플러싱 지역의 경우 어젯밤 추가 테러가 있을 것이란 허위 제보로 경찰이 출동하는 사태가 있었습니다. 3,500여 한인들이 모여 사는 스태튼 아일랜드의 경우 오늘 현재까지도 교통편이 두절돼 사실상 주민들의 발이 꽁꽁 묶여 있는 상태입니다. 맨해튼 현재 분위기, 이렇습니다. 곳곳의 건물과 상점, 아파트에 성조기가 내걸리기 시작했습니다. 성조기를 단 차량들도 눈에 많이 띄고 있습니다. 월스트리트 증권시장은 월요일 개장하는 것으로 최종 확정됐습니다. 1차 세계대전 이후 최장 시간 폐장 기록입니다. 미국인들이 가장 좋아하는 이번 주말의 풋볼 게임은 취소됐습니다. 베이스볼 게임 메이저리그 역시 마찬가지입니다. 오늘 현재까지도 TV는 일체 광고방송을 내보내지 않고 있습니다. 그리니치빌리지, 세인트빈센트 병원 등 5개 병원 헌혈센터는 여전히 붐비고 있습니다. 실종자를 찾아달라는 벽보가 전신주를 비롯해 곳곳에 나붙기 시작했습니다."

앞서 언급한 대로 현장은 팩트의 바다다. 그 바다를 유영하는 사람이 기자다. 안타깝게도 광대한 바다에서 전체를 조망한다는 것은 불가능하다. 그래서 많은 언론은 영향력이 막강한 다른 미디어를 인용한다. 종속은 독립보다 쉬운 일이다. 굳이 기자가 현장에 있을 필요조차 없다.

나는 종속의 부끄러움을 어떻게 이겨 내려했을까? 9.11 취재기의 일부를 인용한다. p.266 취재기에 전문 업로드

## 테러리스트인가, 자유를 위한 투사인가

> 부끄럽게도 나는 9.11 취재에 관한 한, 미국 방송사를 구성하는 또 다른 하나의 벽돌(another brick in the wall)일 뿐이라는 자괴감이 밀려왔다. 현장의 팩트와 그 이면을 확인 취재하는 독립된 저널리스트가 아닌, CNN의 릴레이 리포터 수준? 가치중립적 입장을 지지하는 저널리스트로서 나는 "어느 한 사람에게 테러리스트는 또 다른 사람에게 자유를 위한 투사일 수 있다"는 정의에 동의한다. 그럼에도 테러리스트에게 반론권은 없다. 그렇다면 테러는 누가 규정하는가? 나의 뉴욕 9.11 취재는 가치중립적인가?

　로이터나 BBC 같은 신뢰지수가 높은 미디어가 추구하는 제1의 가치는 중립이다. 어느 쪽에도 치우치지 않는 불편부당성이다. 따라서 가치중립적 표현을 쓴다. 1보를 통해 테러리스트Terrorist라고 특정하는 것을 경계한다. 대신 폭탄투척자Bomber, 공격자Attacker라는 표현을 쓴다. 미국의 9.11 보도는 처음부터 테러리즘, 테러리스트였다.
　릴레이 리포트였던 나 역시 크게 다르지 않았다. 나는 현장 접근이 불가능한 현장 리포트가 갖는 한계에 대해 고민하고 또 고민했다. 사태 발생 닷새 만에 나는 비로소 현장에 접근할 수 있었다. 취재기 일부를 한 번 더 인용한다.

> 사태 발생 닷새 만에 처음으로 9.11 현장에 접근했다. 뼈대만 남은 월드트레이드센터, 그것은 마치 자코메티의 브론즈를 보는 듯했다. 사람들은 성지 순례자인양 말없이 주변을 맴돌았다. 그 많던 벽돌과 강철과 사람들은 모두 다 어디로 간 것일까? 군중 속의 침묵이 한없이 무겁게 내려앉고 있었다. 현장 주변 델리샵으로 보이는 주인 없는 가게엔 먼지만 뽀얗게 쌓이고 있었다. 허름한 가게의 깨어진 유리창 안쪽으로 "WE'RE OPEN"이란 안내판이 을씨년스럽게 흔들리고 있었지만, 정작 사람의 모습은 보이지 않았다.

스트레이트 취재가 불가능한 상황이라면 리포트 제작은 더더욱 불가능하다. 하지만 차선의 대안은 있다. 스트레이트가 불가능해도 리포트는 가능할 수도 있기 때문이다. 나는 9.11 현장취재의 마지막 리포트 끝 문장을 이렇게 썼다.

> 9.11사태 발생 일주일인 오늘 월요일 뉴욕 월가는 정상화됐습니다. 증권거래소는 9시30분부터 영업을 개시했습니다. 장 초반은 폭락세로 시작했습니다. 증권시장 개장을 시점으로 사고 현장을 제외하고는 정상화 단계로 진입하기 시작했습니다. 베이스볼 게임도 재개됐습니다. 참사 일주일 만에 맨해튼은 일상으로 돌아오고 왔습니다. 지금까지 뉴욕 맨해튼에서 YTN 김호성입니다.

속보
# 마늘밭 110억 원은 무슨 돈일까?

### 나비효과의 시작

바이블은 "시작은 미미하였으나 끝은 창대하리라"라는 메시지를 전하고 있다. 뉴스 역시 그렇다. 내가 방송사에 입사한 1987년 대한민국에는 민주화 열기가 가득했다. 그 시작은 '박종철 군 고문치사 사건'이었다. 1부 '뉴스'에서 '스트레이트를 이끄는 힘'을 통해 이 사건의 취재과정을 설명한 바 있다. 대한민국을 '민주화의 봄'으로 이끈 이 사건은 '경찰에서 조사받던 대학생 쇼크사'라는 제목의 5단 기사로 세상에 처음 알려졌다. 짧은 스트레이트로부터 시작한 것이다. 당시 기사의 리드를 보자.

> "14일 연행되어 치안본부에서 조사를 받아오던 공안사건 관련 피의자 박종철군 21, 서울대 언어학과 3년 이 이날 하오 경찰조사를 받던 중 숨졌다."

이후 나온 '탁'하고 치니까 '억'하고 죽었다라는 정부 발표는 그 이면의 진실을 알고 싶은 국민들을 분노에 휩싸이게 했다. 속보가 이어졌다. 하나의 단신 기사가 일으키는 나비효과의 시작이었다.

방송사가 리포트를 통해 문제점을 제기하고 대안을 제시해도 세상은 쉽게 변하지 않는다. 속보가 필요한 이유다. 언론의 환경감시 역할은 고단한 일이다. 워치독 watch dog은 남이 잘 때도 깨어 있어야 한다. 기자는 "끝날 때까지 끝난 게 아니다."라는 정신으로 늘 깨어 있어야 한다. 남들이 잠든 시간 1보가 세상에 나오고, 잠에서 깬 시청자가 2보를 원할 때 기자는 뛰기 시작한다. 1보부터 6보까지 이어지는 아래 기사는 단신으로 시작한 하나의 작은 기사가 리포트 등 속보 과정을 거치며 어떻게 확대되는지를 보여주는 사례다.

2011년 4월 전북 김제서 발생했던 '마늘밭 110억 원' 사건 뉴스는 스트레이트-리포트-속보 리포트로 이어지는 전형적인 방송 속보 시스템을 잘 보여주고 있다.

출처: 뉴시스

이 뉴스는 '밭에 묻어둔 현금 4억 원 사라져'라는 제목의 1보 스트레이트로 시작한다. 이후 2보를 통해 '밭에 묻어둔 현금 27억 원... 4억 원 사라져' 리포트가 등장하고, 3보 '밭에서 나온 범죄수익금 110억 원 넘어', 4보 '110억 원 무슨 돈일까?', 5보 '도박사이트 운영자 추적...' 현금화 과정도 수사, 6보 '불법 도박 사이트 처벌 대폭 강화해야' 리포트가 계속 이어진다. 스트레이트로부터 시작해 전체 은닉 자금 액수가 계속 업데이트 되는 후속 리포트가 나오고 이후 사건의 원인, 분석 리포트가 이어지고 최종적으로 유사한 사건 재발 방지를 위한 대안 리포트로 화룡점정을 찍는다. 특정 사건에 대한 뉴스가 단신과 리포트를 통해 어떤 방식으로 진전되는가를 한눈에 잘 보여주는 사례다. 관련 뉴스가 속보를 통해 어떻게 확대재생산 되는지 YTN 뉴스를 통해 살펴보도록 하자.

최초 1보는 자정을 전후해 사회부 야근자가 처리한 단신이었다. 이 기사가 가진 폭발성이 얼마나 큰 것인지는 당시 사건 데스크도 짐작하기 어려운 시점이었다.

### 마늘밭에서 캔 노다지

> **▶ 1보-밭에 묻어둔 현금 4억 원 사라져**
> 밭에 묻어둔 현금 수억 원이 사라졌다는 신고가 접수돼 경찰이 수사에 나섰습니다. 전북 김제경찰서는 52살 이 모 씨가 전북 김제시 금구면 선암리 이 씨 소유의 밭에 묻어둔 현금 17억 원 가운데 7억 원이 사라졌다고 신고해 수사하고 있다고 밝혔습니다.

이 가운데 3억 원은 어제 저녁 6시 반쯤 경찰과 이 씨가 현장에서 찾아냈습니다. 현금 17억 원은 이 씨가 도박개장 죄로 수감된 처남 43살 이 모 씨에게 넘겨받은 것으로 이 씨는 지난해 6월, 이 돈을 수억 원 씩 나누어 밭에 묻어뒀다고 진술했습니다. 경찰은 나머지 4억 원의 행방을 찾고 있으며 이 돈이 범죄수익금으로 확인되면 압수할 방침입니다.

속보를 쓰지 않을 수 없는 단신기사다. 첫째, 돈의 액수가 크다. 둘째, 그 돈이 왜 밭에 묻혀 있었을까? 셋째, 연루된 인물들이 평범하지 않다. 궁금증이 증폭되지 않을 수 없는 사안이다. 2보는 당연히 돈의 출처에 모아진다.

### 4억 원의 행방을 좇아라

▶ **2보-밭에 묻어둔 현금 27억 원... 4억 원 사라져**

**앵커멘트**
밭에 묻어뒀던 현금 수억 원이 사라졌다는 신고가 접수돼 경찰이 수사에 나섰습니다. 도박자금으로 추정되는데요, 밭에 묻어둔 돈은 무려 27억 원, 이 가운데 4억 원의 행방이 묘연한 상태입니다. 사건사고 소식, OOO기자가 보도합니다.

**리포트**
비닐봉지에서 5만 원권 지폐 묶음이 쏟아져 나옵니다. 전북 김제시 선암리에 있는 52살 이 모 씨의 밭에서 나온 것입니다. 이 씨는 밭에 묻어둔 27억 원 가운데 수억 원이 사라졌다고 경찰에 신고했습니다. 도박개장 죄로 수감된 처남에게서 넘겨받은 것으로, 지난해 6월, 수억 원 씩 나눠 밭에 묻어뒀는데 일부가 사라졌다는 것입니다. 이 가운데 10억 원은 이 씨가 찾아냈고 13억 원은 출동한 경찰과 이 씨가 함께 찾아냈습니다. 경찰은 나머지 4억 원의 행방을 찾고 있습니다. 경찰은 이 돈이 범죄 수익금으로 확인되면 압수할 방침입니다.

어젯밤 9시 20분쯤, 서울 지하철 1호선 노량진역에서 50대로 추정되는 남성이 부산에서 서울로 가던 KTX 열차에 뛰어들어 숨졌습니다. 시신 수습 등 사고처리 작업이 이어지면서 사고가 난 KTX 열차 등 일부 열차편 운행이 지연됐습니다.

차량 화재도 잇따랐습니다. 어젯밤 9시쯤 부산시 동대신동 주택가에 세워져 있던 1.5톤 트럭에서 불이 나 차량 안쪽이 전부 탔습니다.

또 어제 저녁 6시쯤에는 경북 영천시 오수동 중앙로를 달리던 11.5톤 트럭에서 불이 나 소방서 추산 1,600여만 원의 재산 피해가 났습니다. YTN ○○○입니다.

1보 단신에 이은 2보 리포트는 시청자들의 궁금증을 증폭시켰다. 먼저 밭에 묻어 두었다는 돈의 액수가 무려 10억 원이나 더 늘어났다. 더군다나 그 돈 가운데 수억 원이 사라졌다. 범죄의 혐의가 더욱 짙어지는 대목이다. 3보를 통한 추가 취재의 필요성이 더욱 절박해진다.

## 검은 돈의 출처를 찾아라

▶**3보-밭에서 나온 범죄수익금 110억 원 넘어**

**앵커멘트**

전북 김제시 돼지밭에서 찾아낸 범죄 수익금은 모두 110억여 원으로 확인 됐습니다. 당초 17억 원에서 무려 5배가 넘는 돈이 추가로 나왔는데 경찰은 수사를 더 하기로 했습니다. OOO기자가 보도합니다.

**리포트**

추가로 찾아낸 86억 6,000만 원과 이전에 찾아낸 24억 1,000만 원을 합치면 이 모 씨가 숨긴 돈은 110억 7,000만 원입니다. 돈을 잃어버렸다는 피해자에서 피의자로 바뀐 이 모 씨는 돈 액수에 대해서 말 바꾸기를 계속했습니다. 당초 17억 원을 묻어뒀고 이 가운데 7억 원이 없어졌다고 했지만 수사 과정에서 27억 원을 숨겼다고 털어놨습니다.

**인터뷰_ 문대봉, 전북 김제경찰서 수사과장**: "매사가 거짓말한다는 것은 이 사람을 믿을 수 없다는 것이지요. 그래서 아 이것은 뭔가 숨김이 많기 때문에 계속 거짓말을 하고 있구나 그렇게 판단이 돼서…"

이 씨를 계속 추궁하던 경찰은 현장에 대한 2차 확인 작업을 실시해 86억여 원을 추가로 찾아냈습니다. 이 씨 부부는 밭에 돈을 숨긴 뒤 농사일을 가장해 돈을 관리해 온 것으로 드러났습니다.

> 인터뷰_문대봉, 전북 김제경찰서 수사과장: "은색으로 된 그릇 그리고 파빅스 통 이렇게 해서 거기에서 24개나 나왔는데 총 86억 6,200만 원이 나왔습니다."
>
> 이 씨는 이 돈이 처남이 불법 도박 사이트를 운영하면서 번 범죄 수익금을 넘겨받은 돈으로 지난해 6월 밭에 숨겼다고 진술했습니다. 경찰은 도박장 개장 혐의로 현재 수감 중이거나 기소 중지된 처남 2명에 대한 수사가 진전되면 사건 전모가 드러날 것으로 보고 있습니다. YTN OOO입니다.

사건규모는 갈수록 커졌다. 당초 17억의 다섯 배가 넘는 110억 원의 검은 돈의 실체를 취재하는 일이 급선무가 됐다. 사건담당 기자들은 더욱 바빠졌다. 경찰 출입기자를 포함해 전국부 네트워크까지 동원됐다.

## 드러나는 사건의 전모

### ▶4보-110억 원 무슨 돈일까?

**앵커멘트**

김제 마늘밭에서 나온 110억 원은 알려진 대로 인터넷 도박사이트를 운영해서 챙긴 범죄 수익금이었습니다. 작년에 경찰에 적발되면서 알려진 사건이었는데요, 구체적으로 어떻게 만들어진 돈이었는지 지난해 사건을 다시 한번 되짚어 보겠습니다. OOO기자입니다.

**리포트**

지난해 4월 충남지방경찰청 사이버수사대는 다단계형 인터넷 도박사이트 운영진을 검거했습니다. 도박사이트를 만들고 관리하는 최상부 조직에서 하위 가맹점까지 피라미드처럼 엮여 있는 조직이었습니다. 도박자가 베팅한 금액의 12%를 게임머니 환전 수수료로 떼 내 각 단계별로 수익을 나눠가졌습니다. 조직의 맨 꼭대기에서 총지휘를 했던 이들이 바로 밭주인의 처남인 이 모 씨 형제였습니다. 당시 동생은 경찰에 붙잡혀 징역 1년 6개월을 선고받고 복역 중이지만 형은 도망쳐 아직까지 행방이 묘연한 상태입니다. 도박 가담자는 수천여 명으로 이혼 뒤 자녀를 혼자 키우는 가정주부에서 중고차 매매 중개업자 등 다양했습니다.

수천만 원씩을 탕진해 가정 파탄으로 이어진 경우가 부지기수였습니다. 이들이 게임머니로 환전하기 위해 바친 돈은 400여 개 계좌에 1,540억 원에 달했습니다. 이 가운데 부당수익 170억 원이 수차례에 걸쳐 현금으로 인출됐지만 돈의 행방은 끝내 밝히지 못한 채 수사가 마무리됐습니다.

**인터뷰_노세호, 충남지방경찰청 사이버 수사대장**: "현금을 인출했던 당사자 등 주요 관련자들이 해외에 출국한 상태였고 현금의 속성상 추적을 하는 데 상당한 애로사항이 있었습니다."

그로부터 1년 뒤. 한때 누구에게는 학비였고, 누구에게는 생활비였을 도박자금 110억 원이 전북 김제의 한 마늘밭에서 모습을 드러냈습니다. YTN ○○○입니다.

4보를 통해 검은 돈의 실체가 드러나기 시작했다. 인터넷 도박사이트를 통한 범죄 수익금으로 확인됐다. 사건은 그러나 여기에서 끝나지 않는다. 돈의 행방이 묘연한 것이다. "돈을 갖고 튄 자는 누구인가?"

## 돈을 갖고 튄 범인은 누구?

▶ 5보-도박사이트 운영자 추적... 현금화 과정도 수사

### 앵커멘트

범죄 수익금 110억 원 은닉 사건을 수사하고 있는 경찰은 나머지 60억 원의 행방을 찾기 위해 도피 중인 도박사이트 운영자 이 모 씨 검거에 수사력을 모으고 있습니다. 이와 함께 찾아낸 현금에 묻은 지문 감식을 실시해 이 씨 등이 도박사이트에서 벌어들인 돈을 5만 원권으로 현금화한 과정을 추적하고 있습니다. OOO기자입니다.

### 리포트

김제 마늘밭에서 찾아낸 현금에서 지문을 확인하는 작업이 진행되고 있습니다. 5만 원권 지폐 22만 장 가운데 지문이 있을 만한 지폐를 가려내 약품처리 과정을 거치고 하나씩 하나씩 지문이 있는지를 확인합니다.

인터뷰_전북 김제경찰서 과학수사대: "지폐에 묻은 땀 성분하고 반응을 하게끔 적셔주는 거예요. 그리고 열을 가하면 색깔이 분홍색으로 지문이 나와요."

경찰은 지문 감식을 통해 누가 현금을 전달하는 과정에 관여했는지를 가리고 또 달아난 이 모 씨 등이 도박사이트에서 벌어들인 돈을 5만 원권으로 바꾼 과정을 추적할 예정입니다. 하지만 무엇보다도 나머지 범죄 수익금 60억 원의 행방을 찾기 위해서는 도박사이트 운영자 이 씨를 검거하는 것이 관건입니다. 경찰은 도피 중인 이 씨가 가족들과 국제전화를 자주 했던 정황을 포착하고 통화 시기와 장소 등을 확인하고 있습니다. 경찰은, 출국 기록이 없어 이 씨가 국내에 있을 것으로 보고 있지만, 다른 도박사이트 관련자들과 함께 이미 중국 등지로 빠져나갔을 가능성도 배제하지 않고 있습니다.

**인터뷰_문대봉, 전북 김제경찰서 수사과장:** "도주 중인 이 모 씨하고 누나하고 같이 (국제전화) 통화를 한 것으로 봐서는 (범죄) 관계자인 것으로 추정을 하고 있습니다."

경찰은 이와 함께 이미 구속된 마늘밭주인 이 모 씨와 가족 등의 이름으로 된 부동산 등 또 다른 재산이 있는지를 확인해 매입 과정에서 범죄 수익금이 사용됐는지 여부도 수사하기로 했습니다. YTN ○○○입니다.

도대체 이같은 도박 사이트를 운영한 자들은 누구인가? 사이트를 통해 벌어들인 그 큰 액수의 돈을 모두 5만 원 권으로 현금화 한 배경에 또 다른 범죄 혐의는 없는가? 재발의 여지는 없는가? 리포트를 통한 대안 제시가 필요한 대목이다.

## 재발 방지를 위한 대안을 제시하라

▶ 6보-"불법 도박 사이트 처벌 대폭 강화해야"

### 앵커멘트

최근 온라인 불법 도박 사이트가 우후죽순처럼 생겨나면서 새로운 사회적 문제로 대두되고 있습니다. 전문가들은 불법 인터넷 도박을 막기 위해서는 처벌을 대폭 강화하고 범죄수익금에 대한 철저한 환수가 이뤄져야 한다고 지적하고 있습니다. OOO기자가 보도합니다.

### 리포트

'김제 마늘밭 110억 원 사건'과 '여의도 물류창고 10억 원 상자 사건'! 모두 불법 도박 사이트를 운영해 벌어들인 범죄 수익금을 숨기려다 적발된 경우입니다. 실제로 불법 도박 사이트를 운영하며 세금 한 푼 내지 않고 수백 억 원을 챙긴 뒤 흥청망청 사용하는 경우도 적발됐습니다. 특히 최근에는 생방송으로 스포츠 경기를 중계하면서 실시간으로 베팅을 하는 사설 스포츠베팅 사이트까지 성행하고 있습니다. 환급금이 많고 베팅 상한액이 없는 데다 청소년들도 제약 없이 참여할 수 있다는 점이 원인으로 꼽힙니다.

인터뷰_박경래, 한국형사정책연구원 박사: "환급금이 90% 가까이 됩니다. 그리고 베팅 상한액이 없다, 마음대로 할 수 있는 거죠. 또 다양한 베팅 상품이 있다 이런 이유로…"

온라인 불법 도박 사이트가 빠르게 퍼지면서 불법 도박 시장의 규모는 1년에 88조 원에 이를 정도로 팽창했습니다. 그러나 불법 도박 사이트가 외국에 서버를 두고 도메인 이름과 IP주소를 수시로 바꾸는 데다 대포통장을 이용해 거래를 하기 때문에 단속과 처벌이 어렵습니다. 전문가들은 불법 인터넷 도박을 근절하기 위해서는 처벌을 대폭 강화하고 도박 사이트 운영 수익에 대한 철저한 과세가 이뤄져야 한다고 지적했습니다.

**인터뷰_장윤석, 경찰대 경찰학과:** "실제로 범죄자에게 얼마나 경찰 단속이 위하력을 가지고 있느냐는 겁니다. 지금 큰 문제 중에 하나는 범죄자들이 검거돼도 할 만하다는 거죠."

또 불법 인터넷 도박을 체계적이고 지속적으로 추적하고 단속할 수 있는 정부 기구 등 제도적 장치가 필요하다는 의견이 제기되면서 정치권에서도 입법화에 나서고 있습니다.

**인터뷰_한선교, 한나라당 의원:** "그래서 국내법에 저촉이 안 되고 있어요. 이것을 국내법에 어떻게 적용시키느냐, 또 하나는 경찰과 사행산업통합감독위원회 등에게 보다 적극적으로 단속할 수 있는 법적 제도적 보완을 해야 할 것 같습니다."

또 불법 도박 이용자들을 합법적인 시장으로 유도할 수 있는 정책적 대안과 함께 스포츠토토 등 합법적인 사행산업의 경쟁력을 강화해야 한다는 지적도 나오고 있습니다. YTN 000입니다.

### 속보의 힘은 새로운 팩트로부터 나온다

'마늘밭 110억 원' 사건 뉴스는 '밭에 묻어둔 현금 4억 원 사라져'라는 제목의 단신으로부터 시작했다. 이후 2보 '밭에 묻어둔 현금 27억 원… 4억 원 사라져', 3보 '밭에서 나온 범죄수익금 110억 원 넘어' 리포트를 거치며 시청자들의 궁금증을 증폭시켰다. 도대체 마늘밭의 이 돈이 어떤 돈일까에 대한 의문은 4보 '110억 원 무슨 돈일까?'라는 리포트를 낳고 5보를 통해 '도박사이트 운영자 추적… 현금화 과정도 수사'라는 속보 리포트가 등장한다. 그리고 최종적으로 6보 리포트를 통해 "불법 도박 사이트 처벌 대폭 강화해야"라는 대안 제시까지 이르게 된다.

마늘밭에서 마늘 대신 억 대의 현금 다발이 발견되고, 수 억 원인 줄 알았던 은닉자금은 꼬리를 무는 속보를 통해 수십 억에서 백 억 원이 넘는 불법자금으로 밝혀진다. 불법자금의 출처가 불법도박 사이트와 연계돼 있다는 사실이 드러나고 유사 사건의 재발 방지를 위한 대안이 제시된다. 이 과정에서 하나의 단신과 다섯 개의 리포트가 제작된다. 물 흐르듯 이어지는 방송뉴스 제작과정 이면에는 치열한 속보경쟁이 자리잡고 있다.

발로 뛰면서 확인하는 스트레이트, 다양한 문제의식으로 머리를 쓰면서 제작하는 리포트는 저절로 만들어지는 경우가 거의 없다. 한 줄의 리드, 세 문장의 스트레이트, 함축적인 앵커멘트, 천신만고 끝에 섭외한 인터뷰, 취재기자의 현장 스탠딩, 이 모든 것은 피와 땀, 눈물의 결정체다.

모든 기사는 스트레이트라는 이름의 실개천으로부터 시작한다. 그 가

느다란 물줄기가 강으로 흘러들고 수천 수만의 여울목을 거쳐 마침내 거대한 바다와 만난다. 뉴스는 도란도란 실개천 여론을 웅성웅성 파도의 함성으로 전환시키는 힘이다. 속보 리포트를 통해 밝혀지는 새로운 팩트는 가려진 진실을 밝히는 힘이다. 속보의 힘은 새로운 팩트로부터 나온다.

리포트
# "이게 재판입니까? 개판이지"

### 부메랑이 된 '부러진 화살'

　김명호 교수, 그는 영화 '부러진 화살'의 주인공이다. 그를 만난 건 2005년 봄이었다. 나는 그때 교육부를 출입하는 사회부기자였다. 한 제보자가 교육부 기자실을 찾아왔다. 대부분의 기자들이 시큰둥했다. 기사 마감을 앞둔 오후시간인 탓인지 저마다 바빴다. 결국 나 혼자서 제보자의 이야기를 들었다. 얘기를 듣고 나니 얘기가 됐다. '기사가 되겠네' 하는 생각이 들었다. 본격적인 취재에 들어갔다. 특정인의 제보 내용을 방송이라는 공기公器에 담기 위해 리포트를 만들 경우 아래 몇 가지 기준을 적용해야 한다.

- 특정 케이스가 공익에 부합하는가?
- 공익적이라 하더라도 특정인의 사례에 국한하는가?
- 국한한다면 다른 유사한 케이스를 찾을 수 있는가?
- 이 사안에 대한 반론은 충분히 확보할 수 있는가?

　앞서 언급한 대로 김 교수를 처음 만난 시점은 2005년 봄, 그가 세상을 깜짝 놀라게 하기 2년 전이었다. 그때까지만 해도 나는 김교수 관련 뉴스가 단순한 해직교수 스토리를 넘어서 2년 뒤 얼마나 큰 사회적 파장으로 이어질 것인가에 대해 전혀 예상하지 못했다. 나는 김 교수 사례를 리포트하기 위해 한 사람에게만 초점을 맞출 경우 객관성을 잃을 수도 있을 것이란 판단 아래 또 다른 해직 교수를 수소문했다. 비슷한 케이스를 찾을 수 있었다. 두 해직 교수 사례를 엮어서 하나의 리포트로 완성했다. 교수 입장만으로는 객관성이 담보되기 어려울 것이란 판단 아래 교육부 관계자의 인터뷰를 추가했다. YTN 리포트로 1보가 온에어됐을 때, 세상은 별 반응이 없었다. 아래 뉴스가 바로 그것이다

### 해직교수, 험난한 복직의 길

**앵커멘트**

얼마 전 서울대 김민수 교수가 오랜 법정투쟁 끝에 다시 강단에 섰습니다만, 이처럼 험난한 법정공방을 거치지 않고도 해직교수들이 복직할 수 있도록 하는 특별법이 이달 중 국회를 통과할 예정입니다. 하지만 정작 관련 교수들은 이에 큰 기대를 걸지 않고 있습니다. 어떤 속사정이 있는지, 김호성기자가 취재했습니다.

**리포트**

지난 96년 대학의 재임용심사에서 징계를 이유로 탈락한 김명호 씨. 당시 교원징계재심위원회도 정직 3개월의 중징계를 경징계인 견책으로 바꾸라고 했지만, 김 씨는 결국 해직됐습니다. 이민 이후 10년 만에 고국을 찾은 김 씨

는 해직교수 복직을 위한 특별법에 기대기보다는 법정에서 진실을 가리겠다며 강한 의지를 보이고 있습니다.

**녹취_김명호**: "10년 동안 고려했었던 재임용 소송을 김민수 교수의 판례 번복으로 인해 가능성이 보여서 그것을 끝맺으려 왔습니다."

지난 97년 교수 재임용 심사에서 탈락한 이호영 씨. '보편성을 넘은 독특한 가치관을 보인다'는 주관적인 평가가 부적격 사유였습니다. 교육부조차 대학의 이 같은 처분은 부적정하다는 감사 결과를 통보했지만 결국 해직됐습니다. 이교수 역시 법정에서 진실을 가리겠다며 현재 1심 판결을 기다리고 있는 중입니다.

**인터뷰**: "현재 특별법에는 공백 기간 동안의 여러 가지 신분상의 보상문제가 전혀 명시돼 있지 않습니다.'"

특별법에 의해 구제 결정이 내려진다 하더라도 대학이 이를 거부할 경우 뾰족한 대안이 없는 것도 문제입니다.

**녹취_이종서, 교원소청심사위원회 위원장**: "저희 위원회로서는 강제적으로 집행할 권한은 없습니다. 교육부를 통해서 저희 결정이 실효성 있게 이행되도록 행·재정적인 압박수단을 활용하는 방안을 강구하고 있습니다." 현재 부당하게 해직당했다고 주장하는 교수들은 줄잡아 5백여 명. 이들을 위한

> 특별법까지 준비되고 있지만 해직교수들의 복직 길은 여전히 험난합니다. YTN 김호성입니다.

 취재 리포트는 QR코드를 통해 볼 수 있습니다.

김명호 교수 관련 1보를 리포트 한 뒤 나는 속보를 이어가지 못했다. 1년 동안 해외연수에 들어갔기 때문이었다. 연수 후 귀국한 나는 2007년 1월 15일 김 교수 관련 뉴스를 접했다. 예기치 않은 곳에서 날아든 화살을 맞은 느낌이었다.

> **고법 부장 판사, 전직 교수에 석궁 피습**
> 현직 고법 부장판사가 판결 결과에 불만을 품은 소송 당사자로부터 석궁으로 습격을 당했습니다. 서울고등법원은 고등법원 민사부 박 모 부장판사가 오늘 저녁 7시쯤 김 모 씨로부터 석궁에 배를 맞고 인근 병원으로 옮겨졌다고 밝혔습니다. 박 부장판사는 현재 응급실에서 치료를 받고 있으며, 생명에는 지장이 없는 것으로 전해졌습니다. 전직 대학 교수인 김 씨는 해직이 부당하다며 낸 소송에서 지자 앙심을 품고 범행을 저질렀다고 밝혔습니다. 경찰은 김 씨를 붙잡아 정확한 범행 경위를 조사하고 있습니다.

1년이 지난 뒤 속보 아닌 새로운 1보를 전하는 사건사고 스트레이트의 주인공은 바로 김명호 교수였다. 해외연수 가기 전 만나 제보내용을 듣고 리포트를 만들었던 바로 그 주인공, 김 교수였다. 오전 편집회의에서 김 교수 관련 아이템이 단신에 이어 리포트로 제작하는 것으로 결정 났다. 각 방송사들은 리포트 관련 화면을 간밤의 사건 사고 화면으로 국한했지만, YTN의 경우, 2년 전 내가 김 교수와 인터뷰했던 화면이 있어 다양한 영상 편집이 가능했다.

김 교수는 '석궁 사건'으로 징역 4년을 선고받고 2011년 만기 출소했다. 그를 소재로 한 영화 '부러진 화살'이 출소한 그해 개봉했다. "이게 재판입니까? 개판이지"라는 영화 속 대사가 지금도 귀에 쟁쟁하다.

이 시점에서 김 교수 사건과 연관된 재판 과정을 얘기하자는 것이 아니다. 하고 싶은 얘기는 '석궁 사건' 이전 1보 리포트를 했던 내가 2보, 3보를 통해 해직교수 문제를 속보로 전했어야 했는데… 하는 아쉬움이다. 개인의 사례를 공적 영역으로 확대시키면서 이 사안이 갖는 공익의 문제가 어떠한 것인지 하는 문제를 깊이 파고들었어야 하지 않았을까 하는 자성이다. 그렇게 했다면 한 개인이 자신의 주장을 관철시키기 위해 적어도 석궁을 쓰는 일은 예방할 수 있지 않았을까 하는 생각이다. 지금도 늘 안타까운 부분이다. 스트레이트로 하지 못한 이야기를 리포트를 통해 전하고 그래도 부족하면 속보 리포트를 써야 했을 내가 그 역할을 충분히 하지 못했다. 시공간적으로 뉴스의 현장을 떠나 있었던 것이 아쉽고 또 아쉬운 대목이다.

## 속보는 진실을 확인하는 과정

나는 현역 시절 방송기자연합회 저널리즘특별위원회 위원으로 4년간 활동한 적이 있다. 세월호 보도로 인해 언론에 대한 불신이 날로 증폭되고 있을 때였다. 2014년 4월 16일에 일어난 세월호 참사는 한국 방송 언론의 수준과 시청자들의 기대 사이에 얼마나 큰 간극이 있는지를 극명하게 드러냈다. 세월호 참사는 곧 언론 참사라는 말까지 나왔다.[*] 언론이 팩트를 바탕으로 늑장 구조 1보를 날리고, 현장의 위기 상황을 속보로 타전하고, 리포트를 통해 세부 사항을 알리고, 생중계를 통해 3보, 4보를 이어 나갔다면 적어도 세월호 보도가 저널리즘의 참사라는 지적은 받지 않았을 것이다. 이 부분은 이 책의 후반부에서 자세히 언급하겠다.

  속보 리포트는 왜 하는가? 저널리즘은 현장에서 확인한 팩트 조각의 퍼즐을 맞춰가면서 사건 발생-사건 개요-사건 원인-대안 제시까지 하는 역할을 해야 하기 때문이다. 단일 팩트가 보여주는 사실에서 그치지 않고, 또 다른 팩트를 통해 다른 사실을 확인하고, 사실 검증을 위해 크로스 체크하고, 그 과정에서 진실을 확인하는 것, 이런 일은 부지런하지 않으면 할 수 없다. 부지런함에 더해서 기자라는 투철한 직업의식을 가져야 한다. 의식이 행동을 낳고, 행동이 습관화 되면 가치관을 만든다. 불편부당한 기자 정신을 말하는 것이다.

---

[*] 김호성 외 공저(2014), 〈방송 뉴스바로하기〉, 컬쳐룩, p.12

피처스토리
# 단순화 능력이 전부가 아니다

### 세 줄짜리 명쾌한 문장(?)

아라비아의 어느 술탄이 자신의 시중을 드는 이야기꾼에게 하명했다. 수많은 사람들의 복잡다단한 인생 이야기를 간단명료하게 정리해오라. 고민 끝에 스토리텔러는 이렇게 아뢰었다.

"인간은 태어나서, 병들고, 죽습니다."

수습기자 때 나는 이같은 방식으로 기사쓰기 트레이닝을 받았을 것이다. 리드-개요-원인 삼박자 스트레이트 쓰기를 시작으로, 앵커멘트-오프닝-인터뷰-브릿지-클로징 같은 방식의 리포트 쓰기를 거의 기계적으로 반복하면서, 그렇게 다져진 숙련도가 기사작성의 전부라고 생각했을 것이다. 그런 생각에 젖어있던 내게 언론사 대선배의 고백이 남의 일 같지 않게 다가왔다. 요지는 이렇다.

'사회부 사건사고 담당 기자로 일하면서 살인 사건 기사를 쓰는데 한계를 느꼈다. A가 B를 언제, 어디서, 어떻게 살해했는지는 취재를 통해 쓰겠는데, 왜라는 부분에서 막히더라. 사건조서에는 분명 이유가 적시

되어 있긴 했지만, 정말 그 이유 때문이었을까? 이유는 단지 그것 하나 뿐이었을까? 내가 진정 살인자의 마음을 속속 꿰뚫어 볼 수 있는 것일까? 하는 물음표가 따라붙더란다. 그래서 기사로서 쓸 수 있는 영역 밖의 또 다른 영역이 존재한다는 것을 인식하기 시작했다.'

나 역시 이에 공감한다.

**"오늘 엄마가 죽었다."**

소설의 첫 문장이지만 단문으로 쓴 '이방인'의 리드는 카뮈가 언론인 출신이었기 때문에 가능했다고 나는 생각한다. 주인공 뫼르소는 아랍인을 쏜 이유에 대해 눈부신 햇빛 때문이라고 재판관에게 말한다. 기자라면 그 말을 그대로 인용해 리드-개요에 이어 원인을 밝히는 스트레이트 세 번째 문장을 이렇게 쓸 것이다.

"뫼르소 씨는 자신이 아랍인을 살해한 이유가 햇빛 때문이었다고 밝혔습니다."

이게 얘기가 되는가?


Keep It Simple, Stupid! 간단하게 쓰라고 이 멍청아!

기자라는 직업으로 일하면서 깨달은 것이 하나 있다. 단순명쾌란 미명의 무책임이다. 멍청아! 인간의 삶은 그렇게 간단하지 않아!!

피처스토리는 스트레이트에서 못다 한 이야기, 리포트에서도 석연치 않은 이유를 호흡이 긴 스토리로 하나하나 밝혀나가는 장르다. "인간은 본능적으로 알고 싶어한다" 'Be the first to know' p.27 참조에서 소개했듯이 사람들의 궁금증을 해소해주는 것이 뉴스다. 뉴스가 스토리가 되려면 **뼈**대만 보여주는 것만으로는 부족하다. 살을 붙이고 옷을 입혀야 한다. 이제부터 탄탄한 팩트취재를 바탕으로 한 스토리 퍼즐 맞추기에 나서보자. 뉴스의 영역을 스트레이트 Straight와 피처 Feature 로 나누는 학자들이 있다. 피처스토리? 낯선가? 그렇다면 이제부터 피처스토리 얘기를 해보자.

### 피처스토리의 종류

일부 저널리즘 학자들은 스트레이트 뉴스를 제외한 리포트, 특집, 기획 기사 등을 통칭해 피처스토리로 분류하기도 한다. 스트레이트단신 기사를 제외한 모든 종류를 피처스토리로 정의할 경우, 뉴스의 영역에서 피처스토리는 리포트, 인터뷰, 특집기사, 기획기사, 뉴스해설, 다큐멘터리, 영상 메시지 등 거의 모든 콘텐츠가 포함된다고 볼 수 있다. 장르별로 분류해보자.

#### 사람들 The Profile

뉴스의 중심에는 사람이 있다.

흔한 사례로 개가 사람을 물면 뉴스가 안 된다고 하지만 이는 틀린 말이다. 뉴스가 된다. 사람이 개를 물면 더 큰 뉴스가 될 뿐이다. 피처스토리의 중심에도 사람이 있다. 무수히 많은 피처스토리가 존재하지만 가장 많은 피처스토리는 역시 사람 이야기이다. 유명인의 삶을 다루는 피처스토리가 주종을 이루지만 평범한 사람들의 이야기를 다루는 피처스토리도 적지 않다. MBC경남에서 제작한 '어른 김장하' 같은 다큐멘터리는 '평범한 사람의 위대한 이야기'라고 할 수 있다.

### 탐사보도 Investigative Reporting

탐사보도의 유형은 다양하다. 사건사고를 취재하는 고발성 피처스토리에서부터 특정인을 좇아가는 휴먼 다큐성 피처스토리도 있다. 탐사보도 피처스토리는 현장고발형 단발성으로 그치는 경우에서부터 지구온난화 기획 시리즈 같은 장기 프로젝트 프로그램에 이르기까지 실로 다양하다. 미국 앨 고어 전 부통령이 출연한 '불편한 진실' 같은 다큐멘터리가 대표적인 예다.

### 뉴스 뒤 뉴스 Behind the News

이야기는 이야기를 낳는다. 뉴스 뒤 뉴스는 뉴스 뒤에 가려진 또 다른 뉴스를 다룬다. 대중들에 어필하는 유명인의 뉴스 뒤에 가려진 알려지지 않은 사생활이나 사건 뒤에 감춰진 또 다른 이야기들이 이에 해당한다. 연예계 스타의 화려한 영광 이면에 놓여 있는 개인의 성장통을 다룬 피처스토리 같은 것들이 한 예다. 한국인 최초로 아카데미 감독상을 수상한 봉준호 감독의 영화습작 시절을 다룬 '노란집' 같은 경우도 이에 속한다고 볼 수 있다.

### 회고 Memoir

취재 후기와 같은 일종의 후일담을 말한다. 꼭 취재가 아니더라도 한 개인의 인생사에 있어서 잊을 수 없는 스토리를 회고 형식으로 쓴 피처스토리를 말한다. 노벨문학상을 받은 윈스턴 처칠의 회고록 '2차 세계대전' 같은 예가 대표적이다. 나의 9.11 취재 후기를 통해 피처스토리 작성과 관련한 부분을 나중에 자세히 설명하겠다.

### 여행 Travel

여행을 소재로 한 피처스토리는 무궁무진하다. 단순한 기행문 형식에서부터 여행지에서 깨닫는 성찰의 에세이에 이르기까지 종류도 다양하다. 괴테의 '이탈리아 기행'의 첫 문장은 여행 속으로 빠져들게 하는 탁월한 문장이다.

"새벽 3시, 아무도 모르게 칼스바트를 빠져나왔다. 그렇게 하지 않으면 사람들이 나를 떠나게 내버려 두지 않았을 테니까."

### 문화평론 Cultural Commentary

문화평론은 연극, 영화, 음악, 미술 등 예술의 모든 장르에 대한 비평, 감상을 포괄한다. 문화콘텐츠에 대한 팩트 위주의 기록에서부터 콘텐츠를 접한 글쓴이의 주관적 감상에 이르기까지 다채로운 내용을 담아낸다. 위대한 예술가의 일대기를 좇아가는 피처스토리는 전기 또는 평전 형식으로 정리된다. '역사란 무엇인가'를 쓴 E.H.카의 '도스토예프스키 평전' 같은 것이 한 예다. <sup>tip</sup>

### 에세이 The Essay

에세이는 경계가 없다. 어떤 장르의 피처스토리를 쓸까 고민해도 답이 나오지 않는다면 에세이를 쓰면 된다. 내 이야기가 곧 피처스토리다. 피천득 선생의 에세이 '인연'에는 '사람', '회고', '여행' 등 피처스토리 장르가 골고루 잘 버무려져 있다.

스트레이트 취재력으로 팩트를 모으고, 리포트 스킬로 구성을 탄탄히 할 수 있는 역량을 갖췄다면 이제부터 긴 이야기, 피처스토리의 세계로 함께 여행을 떠나보자.

> **Tip**
>
> E.H.카는 '역사란 무엇인가'로 알려지기 전에 20년 간의 외교관 생활 중 상당 기간을 소련에서 보낸 러시아에 정통한 학자였다. 그의 첫 번째 저서가 바로 '도스토예프스키 평전'이다. 한 위대한 작가의 성장기, 격동기, 창조기, 결실기에 대한 디테일을 저널리스트가 팩트 취재하듯 꼼꼼하게 챙겨 쓴 피처스토리의 전형이다. 알렉산더 이바노비치 헤르젠의 사회소설 '누구 탓인가?'에 나오는 등장인물의 이야기를 인용하는 것으로 시작한다. "나는 러시아인이다. 삶은 나에게 생각할 것을 가르쳤지만 생각하는 일은 나에게 살 것을 가르치지 않았다."라는 문장이다.

**피처스토리**

# 결론부터 쓸까? 서론부터 쓸까?

### 글쓰기에는 왕도가 따로 없다

피처스토리를 쓰는 데 왕도는 없다. 결론-개요-원인의 순서대로 쓰는 공식화된 역삼각형 방식의 스트레이트 쓰기에 비해 피처스토리 작성에는 훨씬 다양한 글쓰기 방식이 존재한다. 결론부터 쓰는 방식이 있는가 하면, 서론부터 쓰는 방식도 있다. 있는 상황을 그대로 묘사한 뒤 원인과 결과를 좇아가는 방식도 존재한다. 우리나라와 미국의 피처스토리 구성 방식을 비교 분석한 아래 표를 참고해보자.

| 한국 | 미국 |
| --- | --- |
| 역삼각형 기사체 | 서사체 |
| 공격적 논조 | 인간적 관심사 |
| 전문가 인터뷰 | 당사자 인터뷰 |
| 문헌자료 중심 | 현장 스케치 중심 |
| 통계자료 인용 | 통계자료 인용 |

출처: 한국 기획기사와 미국 피처스토리 비교 분석_남재일, 박재영

두 나라 간 피처스토리 비교에 따르면 대체로 우리나라의 경우 전통적 스트레이트 뉴스 작성법을 따르고 있는 데 비해, 미국의 경우 내러티

브 중심의 기사 작성법을 따르고 있음을 알 수 있다.

우리가 결론부터 내리고 그것을 뒷받침하는 귀납적 방식을 취하고 있다면, 미국은 서사 형식의 내러티브를 통해 결론으로 나아가는 연역적 방식을 취하고 있다. 우리 방식은 공격적 논조의 고발성 피처스토리에 유용한 반면, 미국 방식은 휴먼 다큐 류의 피처스토리에 적합하다. 하지만 이것은 어디까지나 평균치에 따른 형식적 분류일 뿐 전체가 다 그렇다고 보기는 힘들다. 왜냐하면, 최근에는 우리나라에도 미국식 피처스토리 방식을 접목한 다양한 피처스토리가 많이 나오고 있기 때문이다.

피처스토리의 콘텐츠가 다양한 만큼 피처스토리를 쓰는 방식 또한 실로 다양하다. 여기에서 제시하는 피처스토리 작성 스킬은 말 그대로 기본이다. 기본을 바탕으로 한 다양한 스킬을 쌓기 위한 것이다. 여덟 가지 스킬을 소개한다.

### 팩트를 찾아라 Fact Finding

팩트는 스토리의 어머니이다. 저널리즘에서 팩트는 씨앗이다. 팩트로부터 스토리가 나온다. 팩트없는 스토리는 허구다. 한때 탐사 저널리즘이 유행처럼 번진 적이 있었다. 발생 기사 중심의 스트레이트성 뉴스에 식상한 뉴스 소비자들은 사건의 이면을 들여다 보는 탐사 저널리즘에 열광했다. PD저널리즘, 정밀저널리즘 precision journalism, 몰입 저널리즘 immersion journalism 등으로 명명되기도 한다. 탐사 저널리즘은 그러나 객관적 저널리스트가 아닌 주관적 저널리스트의 시각을 강요한다는 일부 비판에 직면하면서 위기를 맞기도 했다. 여기서 또다시 강조되는 것이 바로 팩트다. 정보는 팩트 찾기를 통해 얻어지는 것이지, 가설을 통해 발견하는 것이 아니다. 피처스토리는 팩트 찾기로부터 시작한다.

### 팩트를 모아라 Fact Gathering

구슬이 서 말이라도 꿰어야 보배가 된다. 세상에 널린 팩트는 수없이 많다. 우리가 알고 있는 팩트도 있고, 모르는 팩트도 있다.[tip] 북한의 핵을 예로 들어보자. 첫째, 핵실험 확인을 통해 북한이 핵을 보유하고 있다는 분명한 팩트, 둘째, 또 다른 어떤 대량살상무기가 있을 수도 있다는 지금은 모르고 있지만 있을 수 있는 팩트, 셋째, 아예 우리가 모르고 있다는 사실조차 모르고 있는 팩트 등이 있을 수 있다. 이처럼 다양한 팩트를 모으는 일이야 말로 피처스토리로 진입하는 첫 번째 관문이다.

### 자료를 찾아라 Researching

하늘 아래 새로운 것은 없다. 지금 벌어지고 있는 일은 언젠가 벌어졌던 일이다. 사상초유라는 표현은 그래서 위험하다. 쓰고자 하는 피처스

> **Tip**
>
> 미국과 이라크 전쟁 당시 미 국방부장관을 지낸 도널드 럼스펠드는 이라크 정부가 테러단체에게 WMD 즉 대량살상무기를 공급한 증거가 있느냐는 기자의 질문에 이렇게 선문답식 답변을 했다. "우리가 알다시피, 알고 있는 것을 알고 있는 것들이 있습니다. 우리가 알고 있다고 알고 있는 것들이지요. 우리는 또한 알고 있습니다, 알지 못하고 있는 것을 알고 있는 것들이 있다는 것을. 말하자면, 우리가 모르는 어떤 것들이 있다는 것을 우리는 알고 있지요. 하지만 알지 못하고 있는 것을 알지 못하는 것도 있습니다, 우리가 모르고 있는 것을 우리가 알지 못하는 것들 말입니다." (2002년 2월 12일 국방부 기자회견) As we know, there are known knowns; there are things that we know that we know. We also know there are known unknowns; that is to say we know there are some things we do not know. But there are also unknown unknowns, the ones we don't know we don't know.

토리가 있다면 그것과 같은, 또는 그것과 유사한 자료가 반드시 존재한다. 오펜하이머는 원자폭탄의 아버지로 추앙받았지만 원자폭탄은 그의 발명품이 아니었다.tip 수많은 핵폭탄 이론가, 수학자, 과학자, 기술자들이 함께 했기에 가능한 일이었다. 온고이지신溫故而知新, 헌것을 통해 새것을 알게 된다.

### 확인 검증하라 Cross Check

팩트를 확인하는 과정은 지난한 일이다. 내가 본 것이 모두가 아니다. 두 눈으로 확인한 하나의 팩트는 최소한 다른 사람과의 크로스 체크를 통해 확인 검증 과정을 거쳐야 한다. 논쟁의 여지가 있을 경우 이해 당사자 두 사람을 벗어난 제 3자의 시각이 필요하다. 워터게이트 사건을 파헤친 워싱턴 포스트의 칼 번스타인과 밥 우드워드 두 기자는 자신들이 확인한 팩트 검증을 위해 당 관계자를 만나고, 선거운동원을 만나고, 마침내 딥스로트익명의 제보자를 통해 결정적 증거를 확보한다. 이 부분은 제3부 '인터뷰' 챕터에서 부연 설명하겠다.

### 사람을 직접 만나라 Interview

팩트는 거짓을 말하지 않는다. 사람은 거짓말을 한다. 그래도 사람을

---

**Tip**

유발 하라리는 저서 〈사피엔스〉에서 이렇게 서술하고 있다.
"고대의 창촉은 고대인 한 명이 친한 친구 몇명에게서 조언과 도움을 얻어 몇 분 내지 몇십 분만에 만들어 낸 것이 아니었다. 오늘날 핵탄두를 제조하려면 전 세계의 서로 모르는 수백 명의 사람들이 협력해야 한다. 지구 깊숙한 곳에서 우라늄 광석을 채취하는 광부에서부터 아원자 입자의 상호작용을 기술하는 기다란 수학공식을 쓰는 이론 물리학자에 이르기까지 말이다."_유발하라리, 〈사피엔스〉, 67~68p, 김영사

만나야 한다. 참과 거짓의 구분은 결국 사람을 통해 확인할 수 있기 때문이다. 죽은 팩트를 살려내는 것도 결국은 사람이다. 유홍준 선생이 각색한 다음과 같은 문장을 늘 생각하라.

"사랑하면 알게 되고 알게 되면 보이나니 그때 보이는 것은 전과 같지 않으리라"

_원문: 知則爲眞愛 愛則爲眞看 看則畜之而非徒畜也 / 兪漢雋

## 객관적으로 바라보라 Objectivity

주관을 배제하는 것이 저널리즘의 기본정신이다. 저널리즘의 영역에서 객관성을 잃으면 공감이 불가능하다. 팩트에 주관이 개입하기 시작하면 코끼리 다리가 기둥으로 변한다. 객관적으로 보고 또 보아야 전체가 눈에 들어온다. 항상 "내가 틀렸을 수도 있다"고 생각하라. 상대가 틀렸다고 확신하는 주관적 시각은 확증편향으로 고착된다. 확증편향은 편견을 낳고 편견은 오보를 낳는다.

## 첫째도 중립! 둘째도 중립! Impartiality

중립은 미디어Media의 절대가치이다. 수차례 강조한 바, 미디어Media는 중간medius을 말하는 것이다. 가운데 위치해야 좌우 양측으로 치우치지 않는다. 아리스토텔레스는 말했다. '중용'은 만용과 비겁 사이에 놓인 진정한 용기라고. 저널리스트가 중간에 서 있는 것은 흑과 백 사이 어정쩡한 회색지대가 아니다. 양 극단의 흑백논리partiality가 아닌 다름을 인정하는 불편부당성impartiality을 의미하는 것이다.

### 나만의 시각을 잃지 말아라 Point of View

중립지대에서 객관성을 잃지 않는 소신이 독창적인 시각을 만든다. 그 시각에 대한 공감이 보편성을 얻는다. 독선적 주관 아닌, 다양성 속 나의 관점이 차별화를 만드는 원동력이 된다. 세상을 바라보는 나의 시각이 평범한 사람들의 공감을 불러일으킬 때 한 편의 피처스토리는 완성된다.

언론사 7년 차 스트레이트 기사 쓰기에 한계를 느끼고 있을 당시 나는 피처스토리 저널리즘을 대표하는 매체 가운데 하나인 내셔널 지오그래픽의 문을 두드린 적이 있었다. 첫 번째 조건이 "내러티브 글쓰기에 경쟁력이 있는 사람"이었다. 떨어졌다. 보도국에서 제일 많이 들었던 소리가 귓가에 웅웅거렸다.

"야마가 뭐야?"

나는 기자 생활 초반 10년 동안 그림을 완성하지도 않고 화룡점정만 생각하는 데 익숙해져 있었다. 전체를 단순화시키는 훈련만 받아온 나는 디테일을 보는 힘이 부족했다. 눈 앞의 파도만 보았지, 파도를 만드는 바람을 보지 못한 관상쟁이처럼.

**피처스토리**
# 디테일의 힘

### 잘 쓴 피처스토리에 담겨 있는 6가지 디테일

2013년 한국기자협회가 취재 후기 공모전을 개최했다. 그때 2001년 9.11 테러 취재후기로 우수상을 받았다. 최우수상 없는 우수상이었다. 객관적 검증을 받은 셈이다. '단순화 능력이 전부가 아니다'에서 나열한 피처스토리의 종류 가운데 회고 memoir, p.121 참조 카테고리에 속할 수 있는 내용이다. 부분 부분 인용하면서 피처스토리를 위한 6가지 디테일을 설명해 보겠다. p.266 취재기 전문 참조

#### 충실한 팩트

팩트 없는 피처스토리는 저널리즘이 아니다. 팩트로 쓴 스트레이트에 피처링을 가하면 훌륭한 피처스토리가 탄생한다. 피처링이란 인터뷰, 묘사, 인용, 일상, 에피소드 등이 포함된다. 충실한 팩트는 현장감을 높인다. 굳이 형용사적 묘사가 필요 없다. 팩트를 그대로 적으면 그 자체가 훌륭한 현장 기록이 된다. 아래 문장들은 9.11 테러 현장을 팩트를 나열하는 방식으로 피처스토리를 전개하고 있다.

① 나는 현장 쪽으로 계속 접근했지만 열 블록쯤 내려가다 보행자 통제 라인에 막히고 말았다. 그곳에서부터는 경찰이 일일이 신분을 확인하며 해당 지역 거주민들만 들여보냈다. 외부인 출입은 철저히 통제하고 있었다. 멀찌감치 떨어져 있는 현장의 구름 같은 연기가 눈에 들어왔다. 라파예트 스트리트로 좀 더 내려갔다가 하우스턴 스트리트를 통해 브리커 스트리트 역에서 6번 지하철을 타고 돌아왔다.

② 그리니치빌리지. 세인트빈센트 병원 등 5개 병원 헌혈센터는 여전히 붐비고 있었다. 실종자를 찾아달라는 벽보가 전신주를 비롯해 곳곳에 나붙기 시작했다.

③ 뉴욕 월가 정상화, 증권거래소 9시 30분부터 영업 개시, 초반 주가 폭락세, 베이스볼 게임 재개, 맨해튼은 증권시장 개장을 시점으로 일단 사고 현장을 제외하고는 정상화 단계로 진입하기 시작했다.

①은 거리 이름을 구체적으로 명시하면서 현장감을 높이고 있고, ②는 거리에서 한걸음 더 들어가는 방식으로 헌혈센터, 벽보 등 구체적 팩트를 제시하고 있으며 ③은 일상의 디테일로 묘사하면서 현실감을 높이고 있다.

### 몰입도를 높이는 리드

스트레이트 첫 문장이 중요한 것처럼 피처스토리의 리드 또한 중요하다. 결론 먼저 쓰는 스트레이트 방식보다는 긴 글을 끝까지 읽게 만드는 궁금증, 호기심을 유발하는 것이 중요하다. 독자가 첫 문장을 읽고 다음 문장을 읽지 않을 수 없도록 만들어야 한다.

오전 8시 45분. 샤워를 마치고 나와 습관처럼 호텔 방 TV를 켰을 때 화염에 휩싸인 월드트레이드센터가 눈에 들어왔다. 묵음 상태로 무덤덤하게 화면만 보면서 "미국도 민방위 훈련을 하나"라고 생각하던 나는 화면 하단 자막을 보는 순간 화들짝 놀랐다.

'planes were hijacked before crashed.'

나는 9.11 취재후기 리드를 쓸 때, 1보를 전하는 '뉴욕1' 채널의 자막 뉴스를 인용했다. 때때로 한 줄의 자막이 전하는 정보는 한 문장이 전하는 리포팅보다 훨씬 강력하다. 나는 9.11 사태 발생 첫날 생중계되는 화면을 무심코 바라보다가 위 자막을 보는 순간 "아, 테러가 발생했구나!"라고 직감할 수 있었다.

### 세세한 묘사

피처스토리는 짧은 문장으로 이뤄진 스트레이트와는 성격을 달리 한다. 긴 호흡을 유지하면서 상황을 세세하게 묘사해야 한다. 카메라가 줌인, 줌아웃, 팬 하듯 마치 그림을 그리는 것처럼 묘사해야 한다. 방송기자에 있어서 펜은 카메라와 마찬가지다. 알렉산드르 아스트뤽의 '카메라 만년필론'을 기억하자.tip 영상 없이도 상황이 머릿속에 그려지는 글을 썼다면 방송기자로서 절반의 성공을 거둔 셈이다.

> **Tip**
> 1948년 알렉산드르 아스트뤽(Alexandre Astruc)이 레끄랑 프랑세즈지에 쓴 글에서 비롯된 용어. 카메라를 펜이라고 가정하고 마치 소설가가 펜으로 글을 쓰듯이 영화감독은 카메라를 펜처럼 자유롭게 사용해야 한다는 주장이다.

① 사태 발생 닷새 만에 처음으로 9·11 현장에 접근했다. 뼈대만 남은 월드 트레이드센터, (…) 현장 주변 델리샵으로 보이는 주인 없는 가게엔 먼지만 뽀얗게 쌓이고 있었다. 허름한 가게의 깨진 유리창 안쪽으로 "WE'RE OPEN"이란 안내판이 을씨년스럽게 흔들리고 있었지만 정작 사람의 모습은 보이지 않았다.

② 신문 가판대에서 뉴욕 타임스 한 부를 샀다. "Invisible enemy-Dust 보이지 않는 적-먼지"라는 헤드라인이 눈에 들어왔다. 주변에 마스크를 한 행인들이 부쩍 눈에 많이 띄었나. 뉴요커들은 눈에 보이는 파괴된 도시 한가운데서 눈에 보이지 않는 또 다른 적과 싸우고 있었다.

①은 델리샵에 걸려 있는 'we're open'이란 사인보드를 통해, ②는 뉴욕 타임스의 헤드라인을 통해 읽는 사람으로 하여금 마치 현장을 보는 느낌을 갖도록 했다. 세세한 묘사는 자신이 현장을 직접 본 것을 기록하는 것이 최선이지만, 접근이 불가능할 경우 현장을 대신 전하는 매체의 인용을 통해 전할 수도 있다.

### 적절한 인용

훌륭한 인용은 팩트로 구축된 메인 스토리에 조미료 역할을 한다. 디테일한 묘사에 부연하는 적절한 인용은 스토리의 전개 상황을 보다 분명하게 만든다. 적절한 인용은 부실한 취재보다 훨씬 호소력 있다. 그것은 현장 분위기를 대신 전하고 공감의 폭을 확장시킨다. 때때로 글쓴이의 가치관을 반영하기도 한다.

① 미사를 집전한 에드워드 추기경은 WTC 현장은 'Ground Zero'가 아니라 'Ground Hero'라고 표현했다.
② 가치중립적 입장을 지지하는 저널리스트로서 나는 "어느 한 사람에게 테러리스트는 또 다른 사람에게 자유를 위한 투사일 수 있다"는 정의에 동의한다.

①은 취재기자가 직접 취재한 현장에서 따온 인용이다. 성 베드로 성당에서 미사를 집전한 추기경의 워딩을 그대로 인용함으로써 현장감과 신뢰도를 높이는 일석이조의 효과를 거두고 있다. ②는 로이터 통신의 모토를 인용함으로써 미디어의 중립성에 대한 기자의 가치관을 전하고 있다.<sup>tip</sup>

### 살아있는 인터뷰

인터뷰는 피처스토리의 기본이다. 현장의 인터뷰는 더 이상 말이 필요 없다. 보고 느낀 현장의 목소리를 그대로 인용하면 그 자체가 생생한 스토리가 된다. 인터뷰는 내 머릿속의 생각을 타인의 입을 통해 확인하는 대단히 효과적인 방법이다. 한 사람의 인터뷰는 팩트를 만들고 두 사람의 인터뷰는 그 팩트를 확인한다.

① "난 테러에 대해 잘 몰라요. 무지 ignorance는 부끄러운 게 아니에요, 오만

> **Tip**
> 테러리즘에 관한 가치중립적 정의로 자주 인용되는 이 말은 영국의 정치인이자 작가, 방송인인 조지 갤러웨이(George Galloway)가 한 말이다. "One man's terrorist is another man's freedom fighter"

arrogance이 죄악이지. 눈에는 눈 이에는 이, 보복이라고요? 피는 피를 부를 뿐이에요. 지금은 미국이 정신을 차려야 할 때에요." 자신을 패트 다운즈라고 소개한 일흔두 살의 할머니가 말했다.

② 유엔 대표부에서 돌아오는 길에 부하라Bukhara라는 레스토랑이 눈에 띄길래 한동안 쳐다봤다. 전 세계인이 모여 사는 곳답게 맨해튼에는 낯선 지명을 상호로 내건 레스토랑들이 곳곳에 자리 잡고 있다. 레스토랑 입구에 있는 이마 한가운데에 점을 찍은 여인에게 부하라가 우즈베키스탄에 있는 도시가 맞냐고 물으니, 그곳을 어떻게 아느냐고 반문한다. 2년 전 실크로드를 취재할 때 이틀 동안 묵은 적이 있었다고 하니 무척 반가워하며 어디서 왔냐고 묻는다.

"한국에서 왔다. 칼란 미나레트에도 갔었다"

"어릴 적 그곳 주변에서 놀며 자랐다. 카라반들이 사막의 등대로 삼았던 곳이다."

"이슬람들이 불안하겠다"

"많이 불안하다. 우리는 테러에 반대한다. 간밤에 백인들한테 공격을 당한 사람들도 있다"

테러의 여파는 글로벌 시티에 사는 소수민족들 마음 구석구석에까지 미치고 있었다.


인터뷰는 꼭 섭외를 전제로 할 필요가 없다. 섭외 과정을 거칠 경우 오히려 생생한 인터뷰에 방해가 되는 경우도 적지 않다. 준비하는 과정에서 짜여진 각본이 될 가능성이 높기 때문이다. 인터뷰 스킬에 대한 내용은 제 3부에서 자세히 언급하도록 하겠다. ①, ②는 현장에서 만난 평범한 사람들과의 대화를 그대로 인용함으로써 작위적이지 않은 내용을 전할 수 있고, 무엇보다 필자의 개인적 경험을 대입시켜가며 대화를 진행하는 방식은 독자들로 하여금 신뢰감을 갖게 만든다. 일방적인 모놀로그 방식이 아닌 쌍방향적인 다이얼로그방식을 통해 테러에 대한 공감의 폭을 확장하고 있다.

### 공감을 일으키는 에피소드

일상적 에피소드는 심각하고 중요한 사안이 아닐지라도 공감을 불러일으키는 데 큰 역할을 한다. 중차대한 상황을 바라보는 평범한 시각 속에 공감의 정서가 자리 잡고 있다. 에피소드는 약방의 감초 역할을 한다. 복잡한 상황을 쉽게 이해할 수 있도록 한다. 부담스러운 현장 스케치를 대신할 때 에피소드를 활용하면 효과적이다. 현재뿐만 아니라 과거의 것도 차용할 수 있어 효율적이다.

① 내게는 센트럴파크 하면 오버랩되는 두 인물이 있다. 한 명은 '호밀밭의 파수꾼'을 쓴 J.D. 샐린저이고, 다른 한 명은 존 레논이다. '호밀밭의 파수꾼' 주인공 홀든이 얼어붙은 공원 호숫가에서 '그 많던 여름날의 오리 떼는 다 어디로 갔을까'하고 걱정하는 장면을 생각하면 나는 항상 '연민'이란 게 어떤 것인가를 느낄 수 있었다. 존 레논은 또 어떤가? 공원 내 그가 묻혀 있는 '스트로베리 필드'에는 그가 노랫말로 평화를 염원한 'IMAGINE' 표석이 자리 잡고 있다. 천국도, 종교도, 나라의 경계도 따로

없는 진정한 평화를 꿈꿨던 그의 얼굴이 떠오른 것은 왜였을까?

② 작은 맨해튼에는 전 세계가 들어 있다. 멜팅 포트라는 별명에 걸맞게 뉴욕 맨해튼에는 다양한 인종이 공존한다. 택시를 타고 "렛츠 고우 투…" 어물거릴라치면 금방 "한국에서 오셨어요?"하는 코리안 아메리칸에서부터 조르바를 닮은 그리스 주방장에 이르기까지 그 모습들이 실로 다양하다.

①에는 친근한 인물 두 명이 등장한다. 비틀즈 멤버 존 레논과 작가 샐린저다. 그리고 그들과 연계된 두 가지 에피소드가 센트럴 파크라는 공간을 통해 부담스럽지 않게 친근한 방식으로 전해지고 있다. 이같은 메시지 전달 방식은 독자들에게도 익숙한 시간과 공간을 연상시키면서 자연스럽게 콘텐츠에 몰입하게 만드는 효과를 거둘 수 있게 한다. ②는 맨해튼 택시타기 에피소드를 통해 뉴욕이라는 글로벌 시티의 분위기를 유머러스하게 전하고 있다. 유머 코드는 지나친 엄숙주의로 인한 심리적 부담을 완화시키는 역할을 한다. 즐겁지 않으면 지속가능해지지 않는다. 그럼에도 명심해야 할 가장 중요한 것! 주제를 벗어난 에피소드는 옥에 티일 뿐이다. 중심을 잃으면 좌우로 흔들린다. 절대 한쪽으로 치우치지 말 것! 미디어media는 중간medius에 서야 한다.

피처스토리 작성법 강의를 하면서 학생들이 직접 쓴 피처스토리를 평가할 기회가 있었다. 아래 소개하는 피처스토리는 우크라이나–러시아 전쟁이라는 시사성 있는 소재를 문화평론 장르에 맞춰 다양한 관심사를 피처링하면서 공감을 불러일으키는 데 성공하고 있다. 학생의 동의를 얻어 전재한다.

**학생이 쓴 A⁺ 피처스토리**

### 유로비전, 왜 우크라이나여야만 했나?

우크라이나 노래를 들어본 적이 있는가. 팝송, 레게톤, 케이팝이 대세인 2022년. 올해 5월 10일부터 14일까지 5일간 이탈리아 토리노에서 개최된 제 66회 유로비전에서 우크라이나가 칼루시 오케스트라Kalush Orchestra의 스테파니아Stefania라는 곡으로 우승하였다. 이는 판정단이 아닌 실제 각국 국민들이 한 전화투표 점수 중 유로비전 역사상 최고점인 439점을 받은 곡으로 얼마나 많은 유럽인들이 우크라이나를 지지하고 있는가를 보여주는 압도적인 성적이었다. 판정단 점수까지 포함한 총점은 631점으로 2위인 영국 466점과 165점이나 벌어졌다. 칼루시, 뭐가 그렇게 특별했을까?

### 칼루시, 뭐 돼?

러시아의 침공 후 우크라이나 젊은 남성들은 출국을 할 수 없다는 계엄령이 내려졌음에도 칼루시는 유로비전 참가를 위한 특별 허가를 받았다. 올림픽이나 월드컵이 스포츠를 통해 전쟁을 치르는 것이라면 유로비전은 음악으로 승부하는 것이자 즐길거리인 축제로 ABBA, 셀린 디옹, 훌리오 이글레시아스 등 스타들을 꾸준히 배출하고 있다. 1956년부터 방송된 노래 경연대회 유로비전은 올해 총 40개국이 참여하였으며 전쟁을 일으킨 러시아는 참가국에서 제외되었다. 유럽 여러 국가와의 불편한 관계에도 1994년부터 매해 이 대회를 문화 교류의 발판으로 삼아왔지만, 이제 러시아는 정치적으로뿐만 아니라 문화적으로도 고립된 것이다.

## Made in Ukraine

유로비전의 묘미라 함은 올림픽에서는 개인적인 감정이 승부 판정에 개입되면 안 되지만 유로비전은 다르다는 것이다. 칼루시는 우크라이나 민요와 랩을 혼합한 밴드로 우크라이나 전통복장을 입고 전통 악기를 사용한다. 옛것과 새것, 그리고 전통과 외국음악이 혼재하는 곡… 우리나라에서도 영어가 사가 곡 전체의 반을 차지하는 것은 예사이며 블랙핑크, 방탄소년단은 노래 전체를 영어로 부르고는 하는데 유로비전 역시 마찬가지이다. 세계인의 공감, 대중성을 위해 유로비전에서 많은 국가가 모국어가 아닌 영어로 노래하는 경향이 있다. 영어가 아닌 모국어로 공연하는 가수들은 많은 표를 받기 어려운 것이 현실인데 칼루시는 우승보다는 전쟁 중 우크라이나를 대표하는 사람들로서 자신들의 언어와 음악을 세계에 알리기 위해 나온 것이 아닐까 하는 느낌을 받았다. 우크라이나어로 부르는 노래 스테파니아는 원래는 멤버 올레의 어머니 스테파니아를 위해 작곡되었다. 어린 시절과 키워주신 어머니에 대한 회상으로 시작해 그녀가 이제 "흰머리"로 늙어가는 현재에 집중하며 러시아와의 전쟁이 시작된 후 노래 속 "어머니"는 "우크라이나"라는 국가를 의미하는 중의적인 표현이 되었다. 전쟁 전 이미 출품이 확정된 곡이었지만 이후 전쟁과 가사를 연결지으며 옛 향수를 자극하는 더 큰 의미를 지니게 된 것이다. 아마 대지(국가, 땅)의 여신 또한 여성인 가이아이며 대부분의 유럽국가의 국가명은 여성명사인 점을 보아도 일맥상통하는 것 같다.('-아'로 끝나는 이름) "어머니로부터 받은 내 힘을 내게서 뺏을 수 없다" 등의 노랫말은 우크라이나의 상황과 국민들의 심경을 그대로 대변한다. 또한 칼루시는 대놓고 "모든 도로가 파괴되더라도 집으로 돌아가는 길을 찾겠다"라는 구절을 새로 추가하여 그 의미를 더하였다. 노래의 핵심구절인 "자장가"는 어머니와의 좋은 기억을 떠올리게 하는 반면, 구슬픈 후렴구 랩 "율리율리율리"는 우크라이나의 민요이다. 우크라이나도 아픈 역사가 많아서인지 구슬픈 민요가 우리 민요와 닮았다. 흥겹고 힘찬 랩으로 사람들의 사기를 복돋아 주는 한편, 민요 중 굳이 자장가를 차용한 것은 어머니(우크라이나)가 주던 안락함 그리고 전쟁으로 지친 사람들의 마음을 달래고 편안하게 해주려는 의도가 아니었을까.

**"우리는 음악도 전쟁도 승리할 것이다."**

칼루시의 멤버 올레그는 유로비전 우승 후 기자회견에서 우리는 음악만이 아닌 전쟁까지 두 마리 토끼를 다 잡을 것이라 외쳤다. 유로비전은 1년에 한 번씩 개최국을 바꿔가며 개최되고 있으며, 전 대회 우승자를 배출한 나라에서 다음 대회를 개최하는 것이 전통이다. 하지만 EBU는 지난 17일 돌연 유로비전이 수많은 국가가 얽힌 대회인 만큼 안전을 최우선으로 고려하고 있어 승리국인 우크라이나에서 개최할 수 없게 되었다며 아쉬움을 표하였다. EBU는 다음 유로비전을 2위를 차지한 영국에서 개최될 계획으로 BBC와 협의 중에 있으나 편파판정을 이유로 몇몇 유럽국가들은 내년에 열릴 유로비전을 자국에서 방송하지 않겠다고 보이콧을 선언하였다.

여기에는 두 가지 이유가 있다. 우선 전 세계가 우크라이나를 지지함을 표하기 위해 많은 표를 던졌으니 영국이 개최하면 안된다는 점, 그리고 또 다른 이유는 영국이 부정행위를 저질러 2위를 하였다는 것이다. EBU에서 공식 발표한 부정행위 국가 6개에는 영국이 포함되지 않았지만 여러 유럽 국가

내 분위기는 여전히 영국을 비난하는 목소리가 뜨겁다. 많은 유럽인들은 유로비전을 통해 우리가 우크라이나를 지지하고 또 우크라이나의 문화, 음악, 언어를 세계에 알리고 싶었다고 말한다. 이처럼 유로비전에 정치적 사건이 개입된 것은 이번이 처음이 아니다.

## 유로비전, 문화적이고 정치적이다

우크라이나에게 유로비전이 갖는 의미는 무엇일까. 우크라이나 대통령 젤렌스키는 전쟁 중 유로비전 승리소식을 듣고 트위터에 "내년 우크라이나가 유로비전을 개최하게 되었다. (러시아의 침공을 크게 받은 국경도시)마리우폴에서 개최할 수 있도록 최선을 다하겠다."라며 글을 게시하였다. EBU(유럽방송연합)는 정치적 표현이 유로비전 규정을 위반하는 것이라고 하지만 사실 우크라이나의 유로비전 승리 역시 정치적인 의미를 내포하지 않는가? 유로비전은 음악 경연대회 이상의 것으로, 유럽의 변화하는 정치, 가치, 문화적 태도를 반영한다. 그리고 올해, 이 대회는 그 어느 때보다도 더 정치적인 느낌이 든다.

우크라이나의 나토 가입 의지로 2014년에 크림반도 합병을 초래하였고 7년 만인 올해 2월, 러시아가 우크라이나를 침공한 지 이 글이 작성된 날짜를 기준으로 벌써 118일이 지났다. 푸틴의 독재권력 의지로 야기된 전쟁의 참상은 참혹하다. 우크라이나 사람들은 마치 우리 한국인들이 우리보다 강한 세력이었던 몽골이나 일제에 끝까지 투항했듯, 자신보다 몇 배 강한 러시아에 끝까지 맞서 싸우고 있지만 유엔에 따르면 최소 690만 명 이상이 인근 국가로 피난을 가야 했다.

우크라이나의 유로비전 승리는 세계에 우크라이나의 활기찬 음악 산업을 보여주었다. 전쟁이 있기 전인 2017년에도 우크라이나 언론은 유로비전에 대해 이렇게 말했다. "우크라이나가 잘하거나 심지어 우승한다면 유로비전은 자유주의 서유럽의 경계를 재확인, 재정립할 것이며 유로비전은 관광 산업을 활성화할 기회이자 국가이미지 개선에 큰 역할을 할 것이다." 유로비전은 유럽의 자유주의, 포용주의, 다원주의, 민주적 이상을 향해 나아가는 과정에서 우승국이 결정되는 일이 종종 있었다. 즉 어떤 정치적 사건에 엮인 나라가 유로비전에서 우승할 확률이 높다. 예를 들어, 1960년대 후반 스페인의 우승은 프랑코 시대 말 사회적 규제가 상대적으로 완화되기 전의 일, 2003년 터키의 우승은 터키가 유럽연합에 가입하려는 운동이 한창일 때였다. 여기서 가장 주목할 만한 것은 1990년대에 경쟁을 시작한 동유럽 국가들이 이 대회를 서구의 자유의 상징으로 받아들였다는 점이다. 2001년 에스토니아가 구소련 국가로는 최초로 승리한 후, 마르트 라르 총리는 "우리는 더 이상 유럽의 문을 두드리지 않는다. 우리는 노래를 부르며 그 속을 걷고 있다." 우크라이나 역시 이러한 패턴에 들어맞는다.

우크라이나는 2016년에 전 러시아 독재자 요제프 스탈린이 크림에서 타타르족을 강제로 제거했다는 전설적 명상인 자말라의 "1944"로 승리를 거두었다. 그러나 EBU의 규정이 완전히 묵살되는 것은 아니다. 우크라이나는 당시 2014년 크림반도 합병과 관련해 지난 사건을 재조사하고 기억하고자 한다며 우회할 수 있었다.

### Give Peace a Chance!

All we are saying is give peace a chance… 개최국 이탈리아는 존 레논의 "Give Peace a Chance"를 연주하며 결승전의 막을 올렸다. 우리는 우크라이나의 우승을 통해 유로비전의 외교적 가치가 무엇인지 생각해 볼 수 있다. 유로비전은 종종 문화외교의 한 형태이자 국가들이 소프트 파워를 과시 또는 획득하기 위한 플랫폼으로 이용되어 왔는데 대중이 대중문화를 단순히 소비하는 것이 아니라 생산, 창작, 의미 부여에 적극적으로 참여하는 방식을 참여문화라고 한다. 이번 유로비전에서 가수, 연주자 여타 참여자들은 우크라이나를 상징하는 노란색, 파란색 리본을 꽂았고, 대중들은 한 마음 한 뜻으로 우크라이나에 투표하였다. 대중 투표에서 우크라이나의 압도적인 성공은 청중들의 받은 메시지에 대한 응답으로, 그들 자신의 정치적 메시지를 형성하기 위해 문화 플랫폼에 적극적으로 참여하며 참여 외교를 보여주었다. 유럽 어학연수 시절 사귄 우크라이나, 이탈리아, 스페인 친구에게 우크라이나가 우승할 수 있었던 이유를 물으니 "동정심과 독창성"이라 말한다. 언어가 아닌 노래의 매력 그리고 언어의 장벽을 뛰어넘는 노래의 힘이 바로 이런 것이 아니겠는가. 우크라이나에게 유로비전 우승은 단순한 승리가 아니다. 개최국이 아니어도 좋다. 많은 사람들이 우크라이나에 관심을 갖게 만들었고, 많은 사람들의 지지를 받고 있음을 전 세계에 보여주었다. 내일 출근길에는 힘이 되는 노래 "스테파니아"를 들어보면 어떨까.

매혹적인 피처스토리다. 일단 아이템 선정에 성공했다.

우크라이나는 2023년 현재, 지구촌의 관심사가 집중되고 있는 지역이다. 러시아 침공으로 촉발된 두 나라 간 전쟁상황은 글로벌 시사 아이템 선정의 1순위다. '전쟁과 평화'라는 보편적인 인류의 관심사다. 유로비전 송페스티벌의 역사성, 우크라이나 우승이 담고 있는 현재적 의미, 우승팀이 내년도 개최국이 되는 미래적 의미 등 충실한 팩트 확인과 수집에 성공하고 있다.

"우크라이나 노래를 들어본 적이 있는가."라는 물음으로 시작하는 리드 문장은 '유로비전, 왜 우크라이나어야만 했나?'라는 제목과 병치되며 독자의 호기심을 배가시킨다. 각 나라 국민들의 전화투표 점수 중 유로비전 역사상 최고점을 받았다는 팩트는 이 스토리가 우크라이나 한 나라만의 이슈가 아닌 국제적 관심사라는 점을 반증한다.

이 글에는 잘 쓴 피처스토리에 포함되어야 할 디테일들이 충실하게 담겨 있다. '스테파니아'라는 노래 제목이 원래는 칼루시 멤버 올레의 어머니를 의미하는 것이었지만 러시아와의 전쟁이 시작된 후 노래 속 "어머니"는 "우크라이나"를 의미하는 중의적인 표현이 되었다는 세세한 묘사, "우리는 음악도 전쟁도 승리할 것이다."라는 밴드 멤버의 인터뷰, 반전 메시지를 전하는 존 레논의 노래 'Give Peace a Chance'의 가사 인용, 1990년 대 동유럽 국가들이 유로비전 대회를 자유의 상징으로 받아들였다는 에피소드 등이 대표적인 사례들이다.

유럽 어학연수 시절 사귄 우크라이나, 이탈리아, 스페인 친구들을 인터뷰하며 우승의 이유를 취재한 것도 현장성과 객관성을 높이는 데 기여하고 있다. 이 피처스토리는 '언어의 장벽을 뛰어 넘는 노래의 힘'을 통해 인류의 보편적 가치인 평화의 메시지를 전달하는 데 성공하고 있다. 굳이 아쉬운 점 한 가지를 지적한다면 러시아의 입장이 없다는 점이다. 어느 지점에서든 러시아의 입장을 당사자가 아니더라도 제3자의 코멘트 등을 통해 추가했더라면 피처스토리의 균형감은 한결 탄탄해질 수 있었을 것이다. A+, 잘 쓴 피처스토리다.

## 제 3부 인터뷰

**인터뷰**
# '팩트'는 사람으로부터 나온다

## 질문을 한다는 것

2010년 서울에서 개최된 G20 폐막기자회견장에서 있었던 해프닝이다. 당시 미국 오바마 대통령이 개최국인 한국 기자들로부터 질문을 받겠다고 했다. 손을 드는 기자가 없었다. 중국 기자가 대신 손을 들었다. 오바마 대통령이 거듭 주문했다. "한국 기자들 질문은 없습니까?" 침묵이 흘렀다. 중국 기자가 또 말했다. "제가 아시아 기자를 대표해서 질문을 하면 안 되겠습니까?" 결국 한국 기자들은 질문하지 않았다.

관련 영상은 QR코드를 통해 볼 수 있습니다.

재선에 도전하는 현직 대통령의 군복무 비리 의혹을 파헤치는 CBS 60mimutes 팀의 활약을 그린 영화 '트루스'에서 간판앵커 댄 래더(로버트 레드포드)는 후배 기자에게 이렇게 말한다.

"질문을 한다는 건 중요한 일이야."

질문을 한다는 것, 이것은 저널리즘의 핵심이다. 궁금한 것을 물어 보는 것이다. 물어본 것을 확인하는 것이다. 확인한 것을 검증하는 것이다. 취재를 위한 인터뷰는 쉬운 일이 아니다. 인터뷰는 드러난, 혹은 감춰진 팩트를 사람을 통해 확인 과정을 거치면서 스토리를 엮어 가는 작업이다.

저널리스트로 34년을 일하면서 느낀 것이 있다. 질문하는 것이 직업인 상당수의 기자들이 의외로 질문을 잘 하지 못한다는 것이다. 왜 그럴까? 생각해보면 34년의 기자 생활을 하면서 나는 인터뷰는 이렇게 하는 것이다 하는 교육을 받은 기억이 없다. 이 책의 앞부분에서 언급한 스트레이트 쓰기, 리포트 작성, 피처스토리기획기사 구성법 등에 대해서는 나 또한 수습기자 교육이나 언론단체에서 주관하는 연수 등을 통해 직간접적으로 배웠다. 그런데 인터뷰 스킬에 대한 교육은 딱히 받은 기억이 없다. 기자들의 주된 롤이라고 할 수 있는 리포트 작성에 필요한 15초 안팎의 인터뷰를 이틀에 한 번 꼴은 했지만, 그것만으로는 인터뷰의 본질 속으로 들어가는 데 한계가 있었다. 리포터에 이어 앵커 롤을 수행하면서 수많은 인터뷰이를 상대했지만 그때까지만 해도 질문을 한다는 것의 의미를 깊이 생각하지 못했다. 내가 인터뷰의 중요성에 대해 고민한 것은 현역 20년 차가 지난 뒤였다.

### 인터뷰는 속을 들여다 보는 것

2007년 내게 새로운 롤이 주어졌다. 해설위원 신분으로 30분 안팎의 인터뷰 프로그램 진행을 맡으라는 것이었다. '클로즈 업'이란 프로그램이었다. 정치, 경제, 사회, 문화 각 분야에 걸친 인사들을 스튜디오로 불러 대담을 진행하는 방식이었다. 기억에 남는 출연자가 있다. 피아니스트 임동혁이다. 클래식 팬이 아니라면 임동혁이란 이름은 귀에 익지 않을 수 있다. 하지만 임동혁은 세계 3대 피아노 콩쿨에 입상한 2천년대 초 클래식계의 기린아였다. 그가 국제무대에 뿌린 자양분에 힘 입어 대한민국 최초로 조성진 같은 쇼팽 콩쿠르 우승자가 나올 수 있었다. 마치 박세리 키즈들이 LPGA를 석권하고 있는 것처럼.

스튜디오에 앉은 임동혁은 24세의 청년이었다. 2년 전 쇼팽콩쿠르 3위 입상, 그리고 인터뷰를 한 2007년 당시에는 차이코프스키 콩쿠르 4위에 오른 클래식계의 아이돌이었다. 수상보다 수상 소감이 더욱 화제가 된 뉴스의 인물이었다. 20대 청년인 그가 당돌히게도 "한국에서 온 연주자들의 평균 수준은 1류인데, 심사위원들은 3류 수준인 것 같다"라고 말했던 것이다. 임동혁의 이같은 언행은 새로운 것이 아니었다. 그의 이름을 국제무대에 알린 2003년 퀸 엘리자베스 콩쿠르 3위 입상 때는 수상을 거부했다. 이와 관련해 임동혁은 심사위원들이 인종적 편견을 갖고 자신의 연주를 대했다고 말했다. 이쯤되면, 오늘의 인터뷰이는 간단치 않은 인물이라는 반증인 셈이다. 나는 인터뷰가 시작되기 전 고민을 많이 했다. 어떤 질문을 먼저 던질까, 혹시 돌발적인 질문에 당혹스러운 답변이 나올 경우 어떻게 대처해야 할까, 답변을 하지 않으면 어떻게 해야 할까...

스튜디오 온 에어 사인이 들어오기 전 내가 물었다.

"머리 염색이 컬러풀 하네요?"

하고 물었더니,

"네"

단답형 답이 돌아왔다.

"내면도 컬러풀 한가요?"

두 번째 질문을 던졌더니, 답변 대신 머쓱한 웃음으로 화답했다. 긴 얘기를 짧게 축약하면, 그날의 인터뷰는 대담 전 주고 받은 사전 질문지에 없었던 머리 염색 에피소드로 술술 잘 풀렸다. 긴장이 풀리면 마음이 열린다. 인터뷰이가 속내를 밝힌다.

인터뷰는 단어 그대로 INTER+VIEW, 속을 들여다보는 것이다. 상대의 말을 듣는 것이지만 예사롭게 듣는 것이 아니다. 마음을 읽는 것이다. 수박 겉핥기식 인터뷰는 인터뷰가 아니다. 그저 부담 없이 서로 앉아서 노변정담하듯 하는 크로스 토킹은 인터뷰가 아니다. 인터뷰는 생각없이 토킹하는 사람의 말을 듣는 것이 아니라, 생각하면서 스피킹 하는 사람의 의도를 알아차리는 것이다.

뉴스에서 가장 중요한 것은 팩트다. 팩트는 사람으로부터 나온다. '워터게이트' 사건을 폭로하며 현직 대통령 닉슨을 사임시킨 워싱턴 포스트의 밥 우드워드와 칼 번스타인 기자에게도 익명의 제보자 Deep throat가 있었다. 그것도 단순한 개인이 아닌 공인 신분의 미연방수사국 FBI의 마크 펠트 부국장이었다.[tip]

어느 분야에서건 사람은 처음이자 끝이다. 물론 결정적 팩트가 사람 아닌 상황 자체로부터 나오는 경우도 있다. 하지만 중요한 뉴스는 대개 사람으로부터 나온다. 인터뷰가 중요한 이유다.

> **Tip**
>
> 마크 펠트 부국장은 워터게이트 사건에 대한 내부고발자로서 제보 후 33년 동안 침묵을 지켰다. 그로부터 결정적 제보를 받았던 워싱턴 포스트의 밥 우드워드와 칼 번스타인 기자는 취재원 보호 차원에서 그의 신상을 끝까지 공개하지 않았다. 펠트 부국장은 2005년 5월31일 배니티 페어(Vanity Fair)지와의 인터뷰를 통해 "내가 바로 익명의 제보자(deep throat)였던 그 사람이다" (I'm the guy they used to call Deep Throat)라고 밝혔다.

**인터뷰**
# 인터뷰를 어떻게 할 것인가

## 인터뷰는 '왜?'를 통해 답을 찾는 것이다

앞장에서 인터뷰는 안을 들여다보는 것이라고 했다. 처음 만난 인터뷰이는 외눈박이 거인 폴리페모스에게 오디세우스가 말하듯, "나는 이타카의 왕 라에르테스의 아들 오디세우스다"라고 당당하게 신분을 밝히지 않는다. 영화 글래디에이터에 나오는 주인공처럼 "내 이름은 막시무스 데시무스 메리디우스, 북부군 총사령관이자 펠릭스 군단의 장군이었으며 로마 제국의 진정한 군주, 마르쿠스 아우렐리우스 황제를 명예로이 섬긴 진정한 신하였다"라고 과거사를 일목요연하게 밝히지도 않는다. 인터뷰에서 가장 중요한 것은 5W1H 가운데 언제, 어디서, 누가, 무엇을, 어떻게의 다섯 가지보다 마지막 한 가지, 왜가 가장 중요하다. 인터뷰는 궁극적으로 "왜?"라고 묻고 그 답을 찾는 것이다. 가령 아래와 같은 단신 기사를 보자.

> 생후 6개월 된 자녀를 아파트 베란다에서 던져 살해한 혐의로 20대 친모가 경찰 조사를 받고 있습니다. 광주경찰청은 오늘(3일) 집에서 자녀를 살해한 혐의(살인)로 A씨(25)를 긴급체포해 조사하고 있습니다. A씨는 오늘 오전 6

> 시 20분쯤 광주광역시 서구 자신의 아파트 베란다에서 생후 6개월 된 딸을 창밖으로 던져 살해한 혐의를 받고 있습니다.
>
> _KBS 뉴스 2023.12.3.

5W1H에 의거한 위 기사에는 언제, 어디서, 누가, 무엇을, 어떻게까지 잘 나타나 있다. 그러나 친모가 왜 생후 6개월 된 아기를 창밖으로 던졌는지에 대한 이유는 없다. 경찰조사 결과 진술을 통해 이유가 드러나면 2보 기사가 나올 것이다. 바로 이 '왜'를 찾는 과정이 인터뷰다.

앞서 언급한 영화 글래디에이터에서 막시무스 장군은 폭정을 일삼는 코모두스 황제에게 자신의 정체를 밝힌다. 노예 신분인 줄 알았던 주인공이 알고 보니 북부군 총사령관이었다는 사실이 밝혀진다. 이것은 영화이기 때문에 가능한 것이다. 현실이었다면 주인공은 그 자리에서 처형당했을 것이다. 뉴스는 드라마가 아니다. 기자가 인터뷰를 통해 막시무스의 아이덴티티를 확인했다면 이제 그가 앞으로 해야 할 가장 중요한 일은 무엇일까? 그것은 "당신은 왜 이곳 로마에 왔으며 앞으로 무엇을 하려고 하느냐?"를 확인하는 일이 될 것이다. 바로 다음과 같은 답변을 얻어내는 일이다. "내가 바로 살해당한 아들의 아버지이자 능욕당한 아내의 남편이다. 반드시 복수하겠다. 살아서 안 되면 죽어서라도…" 바로 이것이 인터뷰다. '왜'라고 묻고 답변을 통해 '무엇을', '어떻게' 할 것인가를 확인해 내는 작업, 이것이 바로 인터뷰의 핵심이다.

겉만 보고 안을 판단할 수 없다. 인터뷰는 안을 들여다보는 것이다. 낯선 사람의 과거와 현재를 들여다보고 미래를 예측하는 일이다.

### 엄홍길 대장 인터뷰 사례

엄홍길 대장은 해발 8천 미터 이상의 히말라야 14좌를 모두 등정한 대한민국의 대표적인 산악인이다. 최근에는 히말라야 산맥의 8,000m 이상 고봉으로 얄룽캉과 로체샤르를 포함해 16좌로 부르기도 하는데 엄대장은 나머지 2개 고봉도 정복했다. 스포츠부장 시절 현존하는 유명 체육인을 대상으로 하는 '명예의 전당'이라는 인터뷰 프로그램을 진행한 적이 있었다. 그때 엄홍길 대장을 만났을 때 그를 소개하는 나의 멘트는 이랬다.

"산이 거기 있어 산에 오른다는 어느 산악인의 말은 이제 더 이상 당신은 왜 산에 오르는가 하는 질문을 필요 없게 만들고 있습니다. 하지만 저는 늘 궁금했습니다. 세계에서 가장 높다는 히말라야의 열네 봉우리를 모두 오르고도 다시 등산화 끈을 조여매는 사람의 내면은 과연 어떤 것일까 하는 궁금증이었습니다. 영원한 산악인 엄홍길 대장 오늘 명예의 전당에 모셨습니다."

다시 한번 강조하자. 인터뷰Inter+View는 내면을 들여다보는 것이다. 인터뷰를 위해 그를 만나기 전 나는 그가 쓴 '8,000미터의 희망과 고독'이라는 책을 읽었다. 산악인으로서의 그의 생각을 아는 데 큰 도움이 됐다. 가령 다음과 같은 대목에서 그의 마음을 어렴풋하게나마 짐작할 수 있었다.

산에 미친 사람들은 알겠지만 다른 어떤 것도 이 그리움을 대신할 수 없다. 그리고 산을 떠나서 내가 할 수 있는 일이란 아무 것도 없을 것이며, 결국 산을 내려오면 나는 다시 산으로 갈 수밖에 없을 것이라는 생각이 내 마음을 지배하고 있었다. 산이 있으므로 나는 존재하는 것이고, 내가 있으므로 산은 존재한다는 것. 칸첸중가와 K2를 향해 떠날 때도 그랬고, 지금도 그러한 생각에는 변함이 없다.

_엄홍길, 「8,000미터의 희망과 고독」 중에서

인터뷰를 효율적으로 진행하기 위해서는 그에 대한 사전조사가 필수적이다. 알고 질문하는 것과 모르고 질문하는 것은 하늘과 땅 차이이기 때문이다. 인터넷 링크만 클릭하면 누구나 쉽게 알 수 있는 사항을 인터뷰이 앞에서 초등학생처럼 질문하는 것은 대단한 결례다. 인터뷰이로 하여금 이 사람은 전혀 공부를 하지 않고 왔구나 하는 선입견을 갖게 만든다. 그같은 생각을 하고 있는 사람에게 성의있는 답변을 기대하기도 어렵다. 엄홍길 대장을 만났을 때 내 질문의 핵심은 "당신은 왜 산을 오르는가?" 하는 것이었다. 그날 나는 그로부터 놀라운 답변을 얻어냈다.

"내가 산이라고 생각하기 때문에 오릅니다."

그의 내면이 북극 밤하늘의 오로라처럼 선명하게 보이는 것 같았다. 그날 인터뷰는 성공했다. 그럼 이제부터 인터뷰를 하기 위한 준비에서부터 검토까지의 과정을 정리해보자.

## 인터뷰 준비에서부터 검토까지

**사전조사:** 인터뷰이가 정해졌다면 그에 대한 사전 조사에 들어간다. 인물정보 검색은 기본이다. 정보 검색이 끝났다면 그와 관련한 기사를 검색한다. 유명인이라면 수많은 인터뷰 기사가 있을 것이다. 가장 최근 인터뷰에서부터 오래전 인터뷰까지 샅샅이 파헤친다. 그런 다음 그에 관한 내용을 하나하나 정리한다. 출생에서부터 현재까지 업데이트할 수 있는 모든 것을 정리한다. 고인이 된 노회찬 의원은 인터뷰가 끝난 뒤 내게 이런 말을 한 적이 있다. "저희 당 홈페이지만 들어가도 다 있는 내용을 물어오는 기자를 대할 때면 빨리 인터뷰를 끝내야겠단 생각 밖엔 들지 않습니다." 지난여름뿐만이 아니라 지난겨울에 한 말까지 모두 스크린 하는 작업, 그것이 바로 사전조사다.

**접촉:** 인터뷰 때와 장소를 정한다. 최대한 인터뷰이의 입장을 존중한다. 인터뷰이가 유명인이라면 되도록 오픈된 공간을 지양한다. 인터뷰에 편안한 환경 조성을 위해 최대한 인터뷰이가 원하는 방향으로 일을 추진한다. '인터뷰의 여왕'이란 별명을 가진 고故 바버라 월터스는 인터뷰이에 대한 치밀한 사전조사를 끝내고 난 뒤 상대의 심중에 간직하고 있는 스토리를 끌어내기 위해 때로는 실내에서 때로는 실외에서 인터뷰를 진행한 것으로 유명하다.

**질문 작성:** 질문 작성은 인터뷰 전에 끝내고 질문지를 인터뷰이에게

미리 보낸다. 질문지를 본 인터뷰이 요청은 적극 수용한다. 요청 내용을 감안해 질문서 가감 작업을 마무리한다. 인터뷰이가 돌발질문 등에 대한 우려를 표명할 경우 인터뷰이 입장을 충분히 배려할 것임을 약속한다. 돌발질문은 인터뷰 진행 과정에서 자연스럽게 나올 수 있다. 하지만 상대에 대한 배려 없이 일방적인 추가 질문을 던질 경우 인터뷰의 후속 진행이 어려워지는 경우가 종종 발생한다. 내 경우 질문 하는 데 익숙한 기자였지만 해외언론사로부터 질문을 받은 적이 두 번 있었다. IMF 구제금융 때와 2002 한일 월드컵 공동개최 당시였다. 미국 ABC와 일본 TBS와 인터뷰를 했는데 한결같이 사전 질문서를 보내주었다. 질문서를 보낸 뒤 내 질문에 대한 입장을 물었고, 내 의견을 감안해 수정한 질문서를 다시 보내주었다. 우리 언론의 경우 아직까지 이같은 배려가 부족한 편이다.

**준비물 챙기기**: ENG 카메라로 하는 방송 인터뷰일지라도 펜, 수첩은 반드시 챙긴다. 인터뷰이의 말을 들으면서 중간중간 메모하는 모습을 보여주는 것은 상대의 말을 경청하고 있다는 모습을 보여주는 좋은 방법이다. 소형 녹음기를 별도로 챙기는 것도 좋다. 요즘에는 주로 스마트 폰을 이용하는데 인터뷰 오디오를 그대로 자막 생성하는 프로그램을 이용하면 기사 작성 때 유용하다. TV와 라디오 등 방송 인터뷰의 경우 카메라와 오디오 시스템을 통해 녹취가 동시에 이뤄지지만 일반 취재 시 녹음이 필요할 경우 반드시 상대의 양해를 구한다.

**시간 지키기**: 기본 중의 기본이다. 인터뷰이를 기다리게 하는 것은 결례다. 인터뷰 시작 전부터 불편한 상황을 만들면 좋은 인터뷰가 나올 수 없다. 약속 시간을 엄수하고 특히 제3의 장소일 경우 인터뷰이보다 반드시 먼저 도착한다. 생방송일 경우 돌발적인 상황이 발생하기도 한다. 가령 인터뷰 진행 도중 속보가 들어왔을 경우, 진행하던 인터뷰를 잠시 멈춰야 하는 상황이 발생할 수 있다. 이럴 경우 인터뷰이에게 먼저 양해를 구한다. 속보 전달로 인해 인터뷰 시간 단축이 불가피 할 경우 인터뷰이는 물론 시청취자들에게도 이해를 구해야 한다.

**경청**: 말은 하는 사람의 것이 아니다. 듣는 사람의 것이다. 질문에 답하는 인터뷰이의 말을 경청한다. 중간중간 노트를 하고, 추임새를 넣는다. 무표정한 얼굴로 듣기보다 놀란 표정, 심각한 반응, "오호~" 하는 감탄사, "맞아요~" 하는 공감 표현은 상대가 내 말에 귀를 기울이고 있음을 확인하는 것이다. 인터뷰는 남의 말을 듣는 것이다. 흘려듣는 것 hearing이 아니라 경청하는 것 listening이다. 경청은 부동자세인 인터뷰이를 춤추는 고래로 만든다.

**침묵 견디기**: 때때로 침묵은 금이다. 인터뷰이가 침묵할 때는 기다려주어야 한다. 서둘러 다음 질문으로 넘어가는 것은 아마추어다. 침묵 자체가 중요한 언어다. 침묵을 견디지 못하고 다음 질문으로 넘어가면 침묵 아래 놓인 금쪽같은 답을 놓치는 것이다. 달변보다는 눌변의 인터뷰이를 상대할 때, 침묵의 시간을 인내해주는 것이 중요하다. 침묵으로 끝

나는 것 또한 인터뷰이의 입장을 전달하는 중요한 방법이다. 침묵 뒤 놀라운 답변이 나올 때가 의외로 많다. 피아니스트 백건우는 "아내 윤정희는 어떤 존재인가?"라는 질문서에 없던 돌발 질문에 한동안 머뭇거린 뒤 이렇게 짧게 말했다. "My better half." '나보다 더 나은 반쪽' 만큼 더 소중한 것이 이 세상 어디 있겠는가.

**답변 리뷰**: 인터뷰 편집 또는 기사 작성 전에 반드시 리뷰를 한다. 이를 통해 인터뷰이의 답변을 재차 확인한다. 앞뒤 문맥상 상충되는 답변이 있을 경우, 이를 인터뷰이에게 확인한다. 인터뷰이가 자신이 했던 말을 번복하거나 빼 줄 것을 요청하는 경우가 있다. 이럴 경우, 인터뷰이의 입장을 최대한 존중한다. 예외가 있을 수 있다. 공익과 연결되는 사안일 경우가 이에 속한다. 실언일지라도 방송에 낼 수밖에 없는 상황임을 당사자에게 사전에 알릴 필요가 있다. 신뢰의 문제이기 때문이다.

**검토**: 인터뷰 편집 또는 기사 작성을 끝낸 뒤 최종 검토한다. 질문과 답변의 순서가 정연한가, 중복된 내용이 있는가, 사후 문제가 될 내용은 없는가 등을 검토한다. 인터뷰어는 정직해야 한다. 답변과 연계된 맥락을 확인한다. 인터뷰이도 사람이다. 말 실수를 할 수도 있다. 적확한 단어를 사용하지 못할 경우도 있다. 이럴 경우, 당신이 한 이 말이 당신의 생각과 일치하느냐 라고 확인할 필요가 있다. 인터뷰이가 악마의 편집을 당했다고 느끼는 순간 다음 인터뷰는 물 건너간 것이다.

**인터뷰**
# 인터뷰이 앞에서 하지 말아야 할 열 가지

## 5천 명 인터뷰를 통해 배운 노하우

34년 동안 저널리스트로 일하는 동안 인터뷰를 얼마나 했을까? 리포트에 담을 인터뷰를 매주 두세 명 정도로 환산할 경우, 매월 10명, 1년이면 120명, 10년이면 1,200명이라는 산술적 계산이 나온다. 현장 취재기자로 지내지 않은 시간을 감안해도 줄잡아 3천 명 안팎은 되지 않을까, 하는 생각이다. 앵커 롤을 하면서 매일 만난 인터뷰이를 포함하면 적어도 5천 명 이상은 되지 않을까 싶다. 인터뷰이를 만나면서 배운 '인터뷰, 이렇게 해라'가 아닌 '인터뷰할 때, 이런 것 하지 마라'의 열 가지 팁은 다음과 같다.

## 즉흥적으로 질문하지 말 것

사전 질문지에 의거해 차례차례 질문한다. 꼭 얻고 싶은 답변이 있더라도 즉흥적으로 질문하지 말고 약속된 질문을 진행하는 과정 속에서 원하는 답변이 나올 수 있도록 해야 한다. 인터뷰어가 즉흥적으로 질문하고 있다는 인상을 주는 순간 인터뷰이 또한 깊이 생각하지 않고 답하기 쉽다. 인터뷰는 생각 끝에 나오는 말이다.

### 긴장하지 말 것

'불안은 영혼을 잠식한다.'* 인터뷰어가 긴장하면 인터뷰이가 긴장한다. 긴장한 사람으로부터 정리된 답변을 기대하기 힘들다. 목소리가 떨리면 신뢰가 떨어진다. 마이크와 카메라 울렁증이 있는 인터뷰이가 예상보다 많다. 이런 경우 한동안 인터뷰 주제와 무관한 대화를 통해 불안감을 해소시켜 줄 필요가 있다. 본격적인 인터뷰에 들어가기 전 최근 본 영화나 읽은 책을 물어 보고 그에 대한 느낌을 듣는 방식이다. 사람들은 대체로 일상적인 질문에 편안하게 반응한다.

### 잘난 체하지 말 것

사람들은 잘난 체하는 사람 앞에서 입을 열지 않는다. 속으로 이렇게 말한다. "잘났어, 정말~" 질문자가 모든 것을 알고 있는 것처럼 말하면 답변자는 더 이상 말하고 싶지 않다. 인터뷰이는 호기심과 궁금증이 가득한 사람 앞에서 입을 연다. 잘난 체하는 사람 앞에서는 입을 닫는다. 이런 경험이 있다. 재미언론인 신분으로 북한 취재를 마치고 돌아온 저널리스트에게 나의 방북 취재 경험을 언급하면서 중간중간 추임새를 넣었더니 어느 순간 인터뷰이의 말 수가 줄어들기 시작했다. 아는 척 하기보다 모르는 척 하는 것이 낫다.

### 설렁설렁 듣지 말 것

앞서 언급했듯이 경청해야 한다. 마치 의사가 환자의 말에 귀 기울이

---

* Angst essen Seele auf, 라이너 베르너 파스빈더 감독이 1974년에 만든 영화제목이다.

듯 해야 한다. 아픈 사람은 누군가가 자신의 상처를 보듬어주길 바란다. 비지시적 카운슬링 창시자인 칼 로저스는 상대가 내 이야기를 경청해주면 새로운 세상을 볼 수 있게 된다고 말했다. 경청하면 상대는 자신이 잊고 있었던 부분까지 기억해 낸다. 라포 rapport, 두 사람 사이의 신뢰관계가 형성되면 상대는 마음을 열고 잊고 있던 기억까지 하나 둘 풀어내기 시작한다.

### 헷갈리는 질문하지 말 것

질문이 헷갈리면 답변도 헷갈린다. 헷갈리는 질문으로 얻고자 하는 답변의 핵심을 맞출 수 없다. 어떤 답변을 해도 좋은 개방형 질문을 할 때 이 같은 경우가 발생한다. 개방형 질문 후 폐쇄형으로 가는 방법을 적절히 활용해야 한다. 예를 들자면 "어떤 스타일의 후보가 선출돼야 한다고 생각하시나요?"라고 물은 뒤 "그렇다면 두 후보 중 누가 더 그 답변에 가깝다고 생각하시나요"라고 확인하는 방식이다.

### 어렵게 질문하지 말 것

쉽게 질문하라. 스트레이트 작성법의 3S simple, short, strightfoward 는 인터뷰 공식에도 그대로 적용된다. 난해한 질문은 난해한 답변을 낳는다. 지식의 저주 curse of knowledge 란 말이 있다. tip 요약하면 "전문가는 비전문가

> **Tip**
> 미국 스탠포드대학 칩 히스 교수가 의사소통을 설명할 때 자주 언급하는 인용이다. 그의 동생 댄 히스와 공저한 '스틱'(Made to Stick)에 자세히 나와 있다.

가 이것을 왜 이해하지 못하는지를 이해하지 못하는 사람들이다."라는 것이다. 방송은 초등학생부터 구순 노인에 이르기까지 누구나 이해할 수 있는 콘텐츠여야 한다. 질문을 이해하지 못하겠는데 어떻게 답변을 제대로 할 수 있겠는가. CNN의 피어스 모르간 앵커는 달라이 라마 인터뷰 당시 "스님께서는 여성에게 유혹을 느껴 본 적이 있습니까?"라고 단도직입적으로 물었다. 쉬운 질문에 답변도 쉽게 나왔다. "물론이죠. 하지만 내가 승려란 사실을 단 한시도 잊은 적이 없습니다."

### 목소리 깔지 말 것

목소리를 깔면 엄숙해진다. 엄숙해지면 부자연스러워진다. 엄숙주의는 솔직 담백하게 가는 지름길을 가로막는 가시덩굴로 가득한 우회도로다. 목소리 깔며 엄숙한 분위기 만들 시간에 중요한 질문 하나 더 하는 것이 낫다. 남성 인터뷰이보다 여성 인터뷰이를 대할 때 좀 더 명심해야 한다. 중저음으로 깔리는 남성의 목소리는 나름 매력적일 수 있을런지 모르지만, 그것은 조지 클루니가 나오는 영화 속에서나 가능한 일이다. 인터뷰 현장에서는 아니다.

### 개인적 의견 내지 말 것

"이건 개인적인 생각인데요…"라며 하는 질문은 인터뷰이의 공식의견을 가로막는 멍청한 질문 방식이다. 특히 공인을 상대로 인터뷰할 경우 절대 금물이다. 방송뉴스는 공공재다. 유튜브 개인 방송이 아니다. 개인적인 생각을 질문하는 순간 인터뷰어가 인터뷰이에게 끌려가는 빌

미를 주게 된다. 뉴스 앵커가 셀럽을 상대로 인터뷰할 때 공과 사를 구분하지 못한 질문을 하는 경우가 있다. 아마추어 때를 벗지 못했기 때문이다. 인터뷰어는 인터뷰이를 리드해야 한다.

### 취조하듯 묻지 말 것

인터뷰이는 피의자가 아니다. 취조하듯 묻는 순간 입을 닫는다. 주종관계 또는 상하관계로 진행하는 인터뷰는 인터뷰가 아니다. 사각 테이블 앞에서 얼굴을 빤히 쳐다보면서 '답정너' 방식으로 하는 인터뷰는 인터뷰가 아니다. 반대의 경우 역시 마찬가지다. 얼굴을 쳐다보지도 않으면서 필기만 하는 모습은 인터뷰이 마음으로 들어가는 문을 자물통으로 채우는 행위와 다름없다.

### 시선 돌리지 말 것

인터뷰 진행 도중 항상 인터뷰이로부터 눈을 떼지 말 것. 인터뷰어가 시선을 돌리는 순간 인터뷰이의 마음이 닫힌다. 눈은 보기 위한 것이지만 동시에 보여 주기 위한 것이기도 하다. 눈길이 돌아가면 마음도 돌아간다. 눈은 마음의 창이다.

> **Tip**
>
> **프로필 인터뷰를 위한 열 가지 팁**
>
> ① 나는 인터뷰이에 대해 90% 조사를 끝냈다.
> ② 하지만 90% 조사 이미지에 함몰돼 있지 않다.
> ③ 10%가 90%를 바꿀 수도 있다고 생각한다.
> ④ 답변 속에서 질문을 찾는다.
> ⑤ 나의 질문에 그녀가 공감하면 답이 나온다.
> ⑥ 디테일을 묻고 또 묻는다.
> ⑦ 곡사포 개방형 질문과 직사포 폐쇄형 질문을 병행한다.
> ⑧ 인터뷰 과정에서 '제목'이 나오면 성공이다.
> ⑨ 믿음이 있으면 설명이 불필요하고
> ⑩ 믿음이 없으면 설명이 불가능하다.
> 마지막 두 개는 믿음에 대한 토마스 아퀴나스의 정의다.

# 제 4부 앵커

앵커
# '위대한 신, 뉴스'의 얼굴, 앵커

**"사망 선고는 뉴스가 하는 게 아니야"**

미드 '뉴스룸'에는 긴급뉴스 생방송을 놓고 갈등하는 앵커의 모습이 리얼하게 그려진다.

가브리엘 기포드 하원의원과 보좌관들이 괴한의 총격을 받았다. 투산 대학병원으로 후송됐다는 소식이 전해진 와중에 NPR미 전역을 커버하는 라디

출처: HBO 드라마 '뉴스룸'

오 방송에서 의원 사망 소식을 전한다. MSNBC, FOX, CNN이 잇따라 속보로 사망 소식을 긴급 방송한다. 스튜디오 안에는 앵커 윌이 대기하고 있고 스튜디오 밖에선 빨리 사망 소식을 전하라고 주문한다. 윌은 주저한다. 스튜디오 밖에서 다그친다.

"빨리 사망 멘트 하라고! 매 초마다 천 명이 채널을 돌린다고!! 그게 이 바닥의 생리야!!!"

그때 한 뉴스 PD가 말한다.

"사망 선고는 의사가 하는 것이지 뉴스가 하는 게 아녜요."

윌이 전하는 1보,

"저희가 이제까지 파악한 것은 가브리엘 기포드 하원의원을 포함한 12명이 애리조나 투산 지역 마을회관에서 괴한 총격 때 부상을 입었다는 것입니다."

낙심하는 스튜디오 밖, 곧이어 의원이 생존해 있다는 소식이 전해진다. 이어지는 윌의 속보

"방금 들어온 소식입니다. 기포드 하원의원이 현재 수술 준비 중이라고 합니다. 지금 현장에 ACN 통신원이 파견되어 있습니다. 소식 전해 주시지요."

드라마 속의 이 시퀀스는 J.F.K 암살 당시 CBS 뉴스룸의 월터 크롱카이트가 전한 실제 상황의 앵커 모습과 거의 판박이다. 긴박한 상황 속에서 앵커의 대처가 어떠해야 하는 것인지를 보여주는 매뉴얼이다.

### 앵커와 기자

이번에는 드라마가 아니다. 실제 상황이다. 1963년 11월 22일이다. CBS뉴스의 J.F.K 대통령 사망 소식은 동부시간 오후 1시40분 'As the World Turns'라는 드라마가 방송되는 도중 화면이 갑자기 긴급뉴스를 알리는 판으로 바뀐다. 1보는 화면없는 음성으로 시작한다.

> CBS 긴급뉴스입니다. 텍사스 주 달라스에서 케네디 대통령의 차량 행렬에 세 발의 총성이 발사되었습니다. 케네디 대통령이 이 총격으로 심각한 부상을 입었다는 1보가 들어왔습니다.
>
> Here is a bulletin from CBS News: in Dallas, Texas, three shots were fired at President Kennedy's motorcade in downtown Dallas. The first reports say that President Kennedy has been seriously wounded by this shooting.

이어 월터롱카이트가 등장하고 2보를 전한다.

> ...케네디 대통령은 차량 행렬이 댈러스 시내를 떠나자마자 피격됐습니다. 대통령 부인은 벌떡 일어나 케네디 대통령을 잡았고, 달리는 차 안에서 "오! 노우!"라고 외쳤습니다. UP통신은 케네디 대통령의 상처가 치명적일 수도 있다고 말했습니다.
>
> ... President Kennedy shot today just as his motorcade left downtown Dallas. Mrs. Kennedy jumped up and grabbed Mr. Kennedy, she called, "Oh no!," the motorcade sped on. United Press [International] says that the wounds for President Kennedy perhaps could be fatal.

이후 그는 1시간 가량 긴급뉴스를 이끌어 간다. 그는 당황하지 않고, 단정짓지 않았다. 현장 취재기자에게 질문했고, 소스가 어딘지를 확인했고, 대통령이 사망했다는 현장 기자의 취재 내용을 전하는 순간에도 그러나 이것은 공식적으로 확인된 것은 아니라고 덧붙였다. 마침표 없이 끊임없이 이어지는 진행 멘트의 한 부분을 보자.

> 지금 시점에서 댈러스로부터 온 확인된 내용은 이렇습니다. 케네디 대통령의 사망 소식은 그가 총격을 받고 입원해 있는 병원의 응급실에서 나온 두 명의 신부로부터 확인한 것입니다. 현지에 나가 있는 CBS의 댄 래더 기자 역시 10분 전에 대통령이 사망했다고 보도했습니다.
> ~ that seems to be about as close to official as we can get at this time they did see the president just a few moments ago and this is the bulletin that has just cleared from Dallas that the two priests who were in the emergency room where President Kennedy lay after being taken from the Dallas Street Corner where he was shot say that he is dead our man Dan Rather in Dallas reported that about 10 minutes ago too.

크롱카이트는 대통령의 사망 여부를 현장 취재기자인 댄 래더에게 끊임없이 묻고 또 물었다.
"사망이 확실해?"
현장 취재기자의 팩트 취재를 바탕으로 사망 소식을 전할 때도 이렇게 덧붙인다.

"케네디 대통령이 사망했습니다. 하지만 아직까지 공식적으로 확인된 것은 아닙니다."Officially not confirmed 라고. 그리고 긴급뉴스 38분이 지난 다음 공식적인 인용을 통해 최종적으로 대통령의 사망 소식을 전한다.

> 텍사스 주 달라스에서 온 공식적인 소식입니다. 케네디 대통령이 중부 표준시로 오후 1시, 동부 시각으로 약 38분 전인 2시 사망했습니다.
> From Dallas, Texas, the flash, apparently official: President Kennedy died at 1 p.m. Central Standard Time, 2 o'clock Eastern Standard Time, some 38 minutes ago.

이후 월터 크롱카이트는 미국인이 가장 신뢰하는 인물 리스트에 오른다.<sup>tip</sup> 그가 한 말을 다시 소환해보자.

"나는 위대한 신, 뉴스를 경배했다."

오늘날 신의 권위를 대체한 뉴스, 그 뉴스의 얼굴이 곧 '앵커'다.

---

**Tip**

1963년 11월 22일 J.F.K 암살 당시 월터 크롱카이트는 CBS 뉴스룸의 앵커, 댄 래더는 달라스 현장 취재기자였다. 두 저널리스트가 전하는 생생한 라이브를 통해 미국인들은 J.F.K의 사망소식을 최초로 접했고, 이후 CBS는 미국 텔레비전 뉴스의 대표주자로 자리 잡는다. 앵커와 취재기자 사이에 묻고, 답하고, 확인하고, 보도하고, 정리하는 CBS 뉴스의 라이브 중계 영상은 지금 봐도 압권이다.

## 뉴스 콘텐츠의 최종 전달자

앵커는 방송사 뉴스를 대표하는 얼굴이다. 시청자는 앵커라는 창을 통해 뉴스를 접한다. 앵커는 앵커멘트를 통해 시청을 유도한다. 큐시트, 즉 뉴스 진행표에 따라 뉴스의 흐름을 정리하는 역할을 한다. 무엇보다 뉴스에 신뢰감을 부여하는 중요한 역할을 하는 사람이다. 앵커가 앵커멘트를 통해 "OOO기자가 보도합니다."라고 안내를 해도 시청자는 그것이 앵커가 취재 보도하는 것으로 판단하기 쉽다. 앵커에 대한 신뢰도는 뉴스에 대한 신뢰도와 비례한다.

마샬 맥루한1911~1980은 "미디어는 메시지다"라고 정의했다. 방송뉴스에 있어서 미디어는 곧 앵커라고 해도 과언이 아니다. 앵커는 곧 메시지이고, 앵커는 곧바로 방송사의 이미지와 직결된다. 앵커를 통한 뉴스 전달은 기존의 아나운서를 통한 뉴스 전달 방식과는 차이가 있다. 아나운서가 정확한 발음, 단정한 용모로 뉴스를 읽는reading 것이라면, 앵커는 뉴스를 보다 효율적으로 전달하기 위해 앵커멘트를 통해 뉴스를 얘기하듯telling 전달하는 것이다.tip 최근엔 '앵커 브리핑', '앵커의 시선'과

> **Tip**
>
> 리딩과 텔링의 차이라는 것이다. 나는 아나운서의 앵커롤에 관해 편견을 갖고 있지 않다. 쇼, 대담, 교양, 시사 프로그램 등 방송의 다양한 분야에서 활약하는 아나운서가 뉴스 앵커의 역할을 훌륭하게 소화해 내는 경우를 많이 보았기 때문이다. 시드니대학 언론인 연수 시절 앵커롤과 관련해 다음과 같은 에피소드를 접하며 많은 생각을 했다. 시드니의 한 유력 방송사 앵커우먼인 경력 11년 차인 제시카 로(Jessica Rowe)는 채널 10에서 10년 간 뉴스를 진행하다가 연봉 50만 달러 계약을 맺고 또 다른 민영방송사인 채널 9으로 자리를 옮겼다. '미모와 지성미'를 갖춘 이 앵커우먼은 이후 아침 간판 프로그램인 'Today Show'를 진행하면서 '부와 명예'를 함께 거머쥔 대표적인 커리어우먼의 상징이 되는 듯했다. 그러나 채널 9의 경영진들이 그녀에 대해 최악의 평가를 내리면서 분위기는 급반전됐다. 경영진 가운데 한 명이 "제시카는 뉴스 전달보다는 카메라 앞에서 웃기만 하는 멍청이(laughing stock)"라고 표현한 것이다. 그녀를 계속 앵커 자리에 앉힐 경우, 채널 9이 바로 멍청이 채널이 되고 말 것이라는 경고까지 했다. 앵커와 방송사 간의 관계 설정이 어떤 것인가를 보여주는 대목이다.

같은 형태로 앵커의 역할이 확장되는 추세다. 앵커멘트뿐만 아니라 현장성을 높이기 위해 스튜디오를 벗어난 앵커가 현장에서 생중계를 하는 장면은 이제는 익숙한 풍경이다. CNN의 앤더슨 쿠퍼나 크리스티나 아만포 같은 유명 앵커들이 재난이나 분쟁 현장에서 직접 마이크를 들고 라이브로 방송 진행을 하는 것은 이제 더 이상 낯설지 않다. 가히 앵커저널리즘의 시대다. 이 부분의 장단점에 관해서는 뒷부분에서 부연하겠다.

### 미국의 앵커 시스템

방송뉴스의 앵커 시스템은 미국에서 시작됐다. 앵커맨이란 표현 역시 1952년 미국 3대 지상파 방송ABC, CBS, NBC 가운데 하나인 CBS TV의 이브닝 뉴스에서 처음 나왔다. 그 주인공이 바로 앞서 언급한 월터 크롱카이트다.

월터 크롱카이트는 뉴스앵커의 기원이다. 앵커맨이란 용어가 그로부터 나왔다. '닻'Anchor이라 불리운 최초의 인물이었다. 시작은 미미했다. 대학시절 학보사, 지역신문 기자, 지역 라디오 방송 아나운서 겸 스포츠 기자가 그의 초창기 저널리스트 경력이었다. 이후 그는 34세 되던 해 CBS로 스카웃 된다. 그는 미국 CBS의 간판 뉴스 프로그램인 'CBS 이브닝 뉴스'를 1962년부터 1981년까지 19년 동안 진행했다. 1963년 J. F 케네디 대통령 암살사건 브레이킹 뉴스, 1969년 닐 암스트롱의 달 착륙 순간, 1972년 워터게이트 사건 등을 다루면서 '미국에서 가장 신뢰받는 공인'으로서의 입지를 확고하게 구축했다. 앵커로서의 가장 중요한 덕목이라 할 수 있는 '신뢰' 이미지를 처음부터 끝까지 가지고 갈 수 있었던 비결은 무엇이었을까? 그것은 바로 언론의 사명이라고 할 수 있는 '중립'의 가치를 잃지 않았기 때문이다. 그는 어느 한쪽에 치우치지 않았다. 중산층의 가치를 옹호했다. 그와 동시대를 산 존슨 대통령은 "크롱카이트를 잃는 것은 미국의 중산층을 모두 잃은 것"If I've lost Cronkite, I've lost Middle America이라고 말했다.*

뉴스란 무엇인가? 그것은 어느 한쪽에 치우치지 않는 불편부당성 impartialtility, 공정성fairness을 의미한다. 그가 수습기자들에게 조언한 다음과 같은 항목은 저널리스트의 덕목과 크게 다르지 않다.

- 자신에게 떳떳하라
- 머리로 기억하지 말고 가슴으로 느껴라
- 이웃의 잘못을 지적할 수 있는 용기를 가져라
- 사실 보도를 하면서 비난을 감내하는 용기를 가져라
- 동료들의 잘못을 지적할 수 있는 용기를 가져라
- 다른 시각으로 보도하는 것을 두려워 말아라
- 상사에게 올바른 소리를 할 수 있어야 한다
- 정직! 정직!! 정직!!! integrity

_National Press Club 창립 90주년 만찬 연설 중 19980405

---

* Wicker, Tom (January 26, 1997). "Broadcast News". The New York Times. Retrieved May 1, 2009.

댄 래더CBS, 톰 브로커NBC, 피터 제닝스ABC 등 이른바 3대 지상파 방송사의 '빅 3'가 군림하면서 미국의 앵커 시스템은 방송뉴스의 전성시대를 열었다. 나는 언론사 입사 5년차였던 1992년 CBS 뉴욕 뉴스룸을 견학했다. 그때 이미 댄 래더는 살아 있는 전설이었다. 당시 우리나이로 환갑이었던 그는 여전히 현역으로 앵커자리에 앉아 있었다. CBS 뉴스룸을 견학하는 사람들에게 댄 래더가 앉는 의자라며 기념촬영을 해 줄 정도였다. 살아 있는 전설이 된 의자에 앉아 보니… 월터 크롱카이트가 앵커의 덕목으로 전한 '정직·성실·믿음·프로정신'은 댄 래더에 와서 하나기 더 추기된다. 그것은 바로 '용기'Courage다. 그는 24년 동안 지켜온 앵커자리를 떠나며 클로징멘트를 이렇게 마무리했다.

"진실을 보도하기 위해 모든 위험을 감수하고 있는 나의 동료들에게, 그리고 시청자 여러분께 말씀드립니다. '용기'를 가지십시오."
to my fellow journalists in places where reporting the truth means risking all; and to each of you, Courage.

### 우리나라의 앵커 시스템

미국의 앵커 시스템을 거의 그대로 받아들인 우리나라는 1970년대 TBC 방송의 '안녕하십니까 봉두완입니다'를 시작으로 본격적인 앵커 시대를 열었다. 이후 1980~1990년대 KBS 최동호·박성범·이윤성, MBC 이득렬·강성구·엄기영, SBS 맹형규 앵커가 등장했다. 이들은 한결같이 취재기자를 거친 앵커들로 기존 아나운서들이 뉴스를 진행했던 것과는 다른 방식으로 뉴스를 전달했다. 앞서 언급한 대로 이들은 취재기자 시절 현장 경험을 바탕으로 보다 적극적으로 뉴스를 시청자들에게 전달하기 시작했다.

기존의 아나운서들이 취재기자가 써놓은 원고를 읽는데 충실했다면 앵커는 앵커멘트 작성을 통해 리포트의 핵심을 전달하기 위해 해설을 달고, 시청자에게 질문을 던지기도 하고, 특정 사안에 대한 앵커의 코멘트를 달기도 한다. 이 같은 앵커의 롤을 수행하기 위해서는 방송국 의사결정 라인에서 앵커의 입지가 중요하다. 의사 결정을 따르는 위치에서 때론 의사결정을 내리는 위치로 격상되어야 하는 이유가 여기에 있다.

지금까지 방송사 내 앵커의 직위는 부장 또는 국장의 직급에 있는 경우가 대부분이었다. 하지만 방송사 메인 뉴스 앵커는 방송사 내 의사결정권자 또는 그에 준하는 위치에 있는 경우가 일반적이다. JTBC 손석희 앵커의 사례에서 보듯이 해당 방송사의 사장이 앵커 롤을 맡기도 한다.

뉴스전문채널 YTN의 경우, 초창기 보도국 내에 앵커팀이 따로 없었다. 창사 후 7년이 지난 다음에야 앵커팀이 만들어졌다. 나는 초대 앵커팀장을 지내면서 뉴스전문 앵커 선발에 참여한 적이 있다. 앵커로 선발된 20대 중후반의 젊은 앵커들은 현장 경험이 없었다. 뉴스를 전달하는 프레젠터의 역할에는 큰 문제가 없었지만 뉴스의 맥락을 전하는 대목에서는 어려움을 겪는 경우가 적지 않았다. 뉴스 PD의 지시에 일방적으로 따르기만 해야 하는 앵커는 그 역할에 한계를 느낄 수밖에 없다. 그렇다고 해서 앵커가 일일이 팩트체크를 해가면서 뉴스를 진행할 수도 없는 노릇이다. YTN에는 시간대별로 다양한 뉴스 프로그램이 존재한다. 이 프로그램들을 진행하기 위해 복수의 앵커가 시간대별로 출연한다. 이들 앵커는 취재기자 출신인 경우도 있고, 처음부터 앵커로 선발된 젊은 앵커들도 있다. 따라서 독자적인 뉴스의 편집권을 행사하기보다는 뉴스 편집시스템에 의거해 뉴스 진행자, 뉴스 프레젠터의 역할을 충실히 하는 경우가 대부분이다. 논평의 기능은 최소화하고, 전달의 기능에 무게중심을 두는 것이다. 최근 들어 이 같은 롤에 변화가 생기기 시작했다. 앵커가 뉴스에 적극적으로 개입하기 시작한 것이다.

**앵커**
# 뉴스에 개입하는 앵커의 시선

### 앵커는 앵무새가 아니다

　전통적인 방송 뉴스프로그램의 형식은 오랫동안 변화가 없었다. '땡~' 하는 시보와 함께 타이틀이 돌고 긴장감을 높이는 헤드라인 뉴스가 전해지면서 앵커로 카메라 팬 또는 디졸브, 앵커의 오프닝멘트에 이어 본격적으로 앵커멘트가 전해진다. 이후 뉴스 프로그램은 천편일률적 진행으로 큰 변화 없이 날씨가 나올 때까지 앵커멘트-기자 리포트-앵커멘트-기자 리포트 다람쥐 쳇바퀴 돌듯이 반복된다. 일종의 휠 방식 진행이다. 똑같은 리포트, 똑같은 뉴스를 전하는 뉴스 진행자를 앵무새 같다고 폄하하는 배경이다.

　최근 앵커멘트 후 기자의 리포트가 이어지는 천편일률적인 리포트 전달 방식에도 많은 변화가 일고 있다. 앵커 리포트가 그중 하나다. 뉴스 전달자로서의 앵커의 영역이 확장되고 있는 것이다. 이같은 확장성은 앵커의 원조격이라 할 수 있는 월터 크롱카이트 시절부터 예견되어 있었다. 크롱카이트가 "그게 이렇지요~"That's the way it is~ 하면 시청자들은 고개를 끄덕이며 공감했다. 단순한 팩트 전달에서 해설과 논평의 기능까지 수행하는 앵커를 보며 시청자들은 공감했다. 크롱카이트는 베트남전이 한창이었던 1968년 "미국이 수렁에 빠졌다"고 지적했다. 반전, 평화 무드가 한껏 고조돼 있던 당시의 미국사회는 마치 자신들이 하고 싶은 얘기를 대신해준 크롱카이트에 열광했다. 당시 그는 '미국에서 가장 신뢰받는 공인'이었다.

### 앵커가 주도하는 뉴스룸

앵커는 이제 기자의 리포트를 소개하는 수준에서 한 걸음 더 나아가 앵커 스스로 해당 사안에 주도적으로 참여함으로써 시청자들의 이해를 돕는 데 적극적 역할을 하고 있다. 앵커멘트만 전달하는 방식에서 뉴스 프로그램 속에서 리포터 역할까지 겸하고 있는 사례가 늘고 있다. 시청자들은 앵커의 '입'과 함께 '눈'을 주목하기 시작했다. 그가 전하는 뉴스 내용 못지않게 뉴스를 바라보는 그의 시선에 무게가 실리기 시작했다.

▶**사례1 - KBS 앵커의 눈**

존엄사법 1년… "죽음은 당하는 게 아니라 맞이하는 거예요"

_KBS 20190203

**앵커**

2010년 1월 10일. 한 죽음이 있었습니다. 2010년 1월 10일 9시 뉴스: "국내 최초로 존엄사를 인정받아 지난해 6월 인공호흡기를 뗐던 김 할머니가 오늘 별세했습니다." 이 죽음이 우리 사회에 던진 고민, 바로 '품위 있는 죽음'이었습니다.
결국, 지난해 2월 4일 '존엄사법'이라 불리는 연명의료결정법이 시행됐습니다. 내일(4일)이 시행 딱 1년입니다. 환자가 회복 불가능한 사망 단계이고, 평소 연명치료를 거부한다는 뜻을 남겼다면, 무의미한 치료를 중단할 수 있습니다. 환자의 뜻을 알기 힘든 경우 가족 전원이 동의하면 됩니다. 지금까지 연명치료를 중단한 환자는 3만 5천여 명입니다. 한 해 사망자가 30만 명 정도인 걸 감안하면, 존엄사 비중이 작지 않습니다. 연명치료 중단으로 달라진 죽음에 대한 인식, 최유경 기자가 취재했습니다.

 방송 영상은 QR코드를 통해 볼 수 있습니다.

이 정도 길이의 앵커 멘트면 거의 짧은 리포트 수준이다. 단순히 과거 뉴스를 소환하는 리드멘트로 그치지 않고, 존엄사법에 대한 관심을 유도하고 있고, 현재 연명치료 중단 통계라는 팩트를 제시하고 있다. 대부분 앵커멘트에 이어 기자의 리포트에서 소화할 내용들이다. 이어지는 기자 리포트를 보자.

### 리포트

61살 강남수 씨는 대장암 말기입니다. 진단받은 지 이제 한 달, 너무 늦어버렸습니다.
"가만있어, 먹여 줄게."
항암치료를 시작했지만, 의료진은 이미 시한부 판정을 했습니다. 오늘 강 씨는 큰 결심을 했습니다. 의미 없는 치료는 받지 말자, 연명 의료 계획서에 서명을 했습니다.

**김선영_서울아산병원 종양내과 교수**: "심폐소생술, 혈액 투석하고 인공호흡기는 제가 일단 안 하시는 걸로 그렇게 설명을 드렸고 환자분도 동의하시는 거고요. (네.) 항암제는 일단은 저희가 유보를 해놓겠습니다."

앞으로 강 씨는 의학적 임종 단계에 접어들어도, 생을 연장하는 치료는 받지 않습니다. 의외로 고민은 길지 않았습니다. 생의 마지막 순간만큼은 가족과 함께 맞겠다는 바람이 컸습니다.

**강00 대장암 말기 환자**: "주위에 힘들게 연명하시다가 돌아가신 것 보고 '아, 그럴 필요 없겠다.' 가족이나 환자나 그래도 덜 고통스러울 때 편안하게 가는 것이 좋겠다 싶어서 그런 결심을 했죠."

100여 차례 마라톤을 완주할 정도로 건강했던 최 모 씨. 지난해 말 갑자기 쓰러져 의식을 잃었는데, 생전에 아무런 의사 표시를 하지 않아 연명치료를 중단시킬 수 없었습니다.

**윤00_최 씨 아내**: "중환자실에 올라가자마자 가망이 없다고. 내가 근데 왜 저렇게 붙들고 있느냐고 (그랬죠). (의사들이) 숨이 조금이라도 붙어 있으면 자기네 의무를 다해야 된대요."

연명치료 기간 동안 장기가 썩고 전신 욕창이 생겼습니다.

**윤00_최 씨 아내**: "모든 장기가 다 나가버리고 약만 투여하고 나중에는 몸도 그렇게 돼가는데 사람 진짜 너무 보기가 안타깝더라고요."

무의미한 연명의 고통을 지켜본 가족들은 스스로 사전연명 의료의향서를 썼습니다.

**최00_딸**: "내가 저렇게 누워있다고 하면 난 제발 나 좀 놔달라고 할 거 같아요. 죽음에 대한 그런 존중이라고 생각해요."

특별한 계기 없이 자발적으로 연명치료 중단을 결심하는 이들도 나오고 있습니다.

"애들한테 이제 좀 부담을 나중에 주게 될까 봐. (아, 자녀들에게 부담을 안 주려고?)"

4남매를 둔 팔순 부부는 자녀들에 대한 마음의 짐을 덜었습니다.

김OO_서울 도봉구: "이건 자식들이 권유를 해줄 수 있는 일이 아니잖아요. 그죠? 그래서 우리 스스로가 그냥 이렇게 해야 되겠다는 생각을 했죠."

김선영_서울아산병원 종양내과 교수: "나는 어떻게 죽음을 맞이할 것인가, 어떻게 삶을 마무리할 것인가에 대한 생각을 하실 수 있는 기회를 좀 더 많이 드리는 게 더 중요하다고 생각합니다."

이른바 존엄사법 시행 1년. 죽음은 당하는 게 아니라 맞이하는 것이다, 인식의 전환이 시작되고 있습니다. KBS 뉴스 OOO입니다.

앵커멘트의 문제 제기에 이은 기자의 실제 사례 리포트가 시청자들의 관심을 끈 뒤 또다시 앵커가 등장한다. 이번에는 뉴스의 핵심 내용 가운데 하나인 연명치료 중단과 관련해 앵커의 친절한 설명이 이어진다.

**앵커멘트**

어떻게 보셨습니까. 무거운 주제죠, 하지만 곰곰이 생각해볼 문제입니다. 다음 달 28일부터는 연명치료 중단이 더 쉬워집니다. 지금까진 본인의 뜻을 모를 경우, 배우자와 직계 가족 '전원'의 동의가 필요했습니다. 그런데 이제 배우자, 부모, 자녀만 동의하면 연명치료를 중단할 수 있습니다. 중단할 수 있

> 는 치료의 범위도 확대됩니다. 앞으로는 수혈이나 혈압약 투여, 심장이나 폐 순환 장치 사용도 멈출 수 있습니다. 이렇다 보니 연명치료 중단이 너무 쉬워지는 거 아니냐, 우려도 나옵니다. 환자 가족이 상속이나 보험금, 돌봄 부담 때문에 제도를 악용할 수 있다는 거죠. 지난 1년 동안 연명치료 중단 3건 중 1건이 환자가 아닌 가족이 선택했습니다. 절차가 완화되는 만큼 감시와 감독이 더 꼼꼼해야 하겠습니다.

## 사실 전달과 논평의 경계

이처럼 최근 들어 방송뉴스 프로그램의 앵커 역할의 확장성은 나날이 중대하고 있다. 리포터를 통하지 않고 앵커가 직접 취재, 보도하는 방식도 보편화되는 추세를 보이고 있다.

최근에는 '앵커 브리핑', '앵커의 시선' 등등의 타이틀을 달고 보다 더 적극적으로 앵커 메시지를 전달하고 있다. 이 대목과 관련해서는 찬반양론이 함께 한다. 뉴스 프레젠터로서의 앵커는 전달자 입장에 머물러야만 한다는 객관적 시각의 중요성과, 뉴스의 맥락을 짚어주는 역할자로서의 앵커는 그날 뉴스의 핵심을 전달하기 위해 주관적 시각을 보일 수도 있다는 주장이 공존한다. '나는 생각한다. 고로 존재한다'는 데카르트적 시각이 불특정 다수를 향하고 있을 때, 그리고 그 영향력이 막대할 때, 어느 선까지 앵커멘트를 할 수 있는 것인가 하는 부분이다.

있는 그대로의 팩트를 날것으로 전달하는 것과 해설을 통해 맥락을 짚어 주는 역할 중 어느 쪽에 무게를 두어야 할까. 거듭 확인한다. 앵커는 영어로 Anchor, "닻"이란 뜻이다. 닻은 바다에서 배의 중심을 잡아

주는 역할을 한다. 방송 앵커 역시 뉴스나 각종 시사 프로그램이 중구난방으로 표류하지 않고 중심을 잡을 수 있도록 하는 역할을 한다.

2003년 미국과 영국이 합동으로 이라크를 공격하면서 시작된 이라크 전쟁 당시, 토니 블레어 영국총리는 BBC 사장인 그렉 다이크에게 다음과 같은 편지를 보냈다.

"내가 보기에는 뉴스와 논평의 경계가 무너진 것 같습니다. 나는 당신이 지지 의견과 반대 의견, 뉴스와 논평, 이라크 정권의 목소리와 이라크 반체제 인사들의 목소리, 그리고 우리가 얻은 외교적 지지와 외교적 반대를 균형있게 보도하지 않았다고 믿고 있습니다."*

정부에 비판적 보도를 한 BBC에 불편한 심기를 토로한 것이다. BBC 앵커들이 중립적이지 않고 확대 해석을 하고 있다는 총리의 심중을 전달한 것이다. 사실 전달과 논평의 경계는 어디까지인가?

\* 그렉 다이크(2006) 〈BBC 구하기〉 (주)황금가지 p.428

### 앵커
# 앵커멘트와 에디토리얼

**"그게 이렇지요~"... "And that's the way it is~"**

뉴스 전달자로서의 앵커는 앵커멘트를 통해 진행자로서의 존재감을 드러낸다. 전설적 앵커맨 월터 크롱카이트는 CBS 이브닝뉴스 클로징에서 항상 "And that's the way it is~"라는 멘트로 뉴스를 마무리했다. "그게 이렇지요~", "세상이 그렇습니다" 하는 표현이다. 크롱카이트의 메시지와 호흡하며 살았던 당시의 미국인들은 앵커가 전하는 말로 하루를 마감하며 "아, 그게 그런 것이구나~" 하고 공감했을 것이다. 흔히 우리가 신문을 읽을 때 사실을 바탕으로 한 발생뉴스 뒷면에 담긴 의미를 사설이나 논설, 칼럼 등의 글을 통해 확인하는 경우가 많다. 신문의 외부 기고나 칼럼 말미에는 "이 기고는 본지의 편집 방향과 다를 수 있습니다."란 주석이 달리는 경우를 종종 볼 수 있다. 여기에서 말하는 '편집 방향'이 바로 해당 언론사의 제작 방침을 의미한다. 신문사의 논조는 바로 이 에디토리얼을 통해 드러난다. 방송사 역시 에디토리얼이 있다. 대표적인 것이 'BBC EDITORIAL GUIDELINES'이다.\* BBC는 이 가이드라인을 통해 공적 가치 구현을 위해 프로그램을 어떻게 제작해야 하는가 하는 내용을 전하고 있다.

\* QR 코드를 통해 가이드라인 다운로드 가능

## 누가 뉴스를 판단하는가

방송뉴스에서 앵커멘트와 에디토리얼은 어떻게 다른가? 방송뉴스의 앵커멘트는 신문의 사설과 논설 같은 에디토리얼과 차이가 있다.<sup>tip</sup> 에디토리얼이 해당 언론사의 입장과 견해를 보여주는 주장이라면, 앵커멘트는 뉴스의 키앵커를 잡는 객관적 내용의 전달이란 측면에서 차이가 있다. 판단의 주체가 다르다. 에디토리얼이 언론사의 판단이라면, 앵커멘트는 시청자의 판단을 돕는 것이다. 앵커의 판단이 아니다. 앵커의 주장이 아니다. 이 같은 앵커멘트의 특징이 최근 들어 변화하고 있다. 손석희 앵커가 진행한 JTBC 〈뉴스룸〉 앵커브리핑은 변화하는 앵커멘트의 속성을 보여주고 있다. 2014년 9월22일에서부터 2019년 12월 31일까지 5년 3개월 동안 947회 전파를 탄 〈앵커브리핑〉은 우리나라 방송사에서 전무후무했던 새로운 저널리즘을 보여준 것이라는 호평과 함께 저널리즘의 영역이 아닌 주관적 논평이라는 비판이 교차했다. 한 가지 사례를 보자.

▶ **사례1-필연은 우연의 옷을 입고 나타난다_20170523**

뉴스룸의 앵커브리핑을 시작합니다. 이젠 세상에 없는 전직 대통령과 그의 오랜 친구는 김광석의 '친구'라는 노래를 사이에 두고 만났습니다.

또 다른 오래된 두 사람의 친구 역시 오늘(23일) 변호사를 사이에 두고 나란

> **Tip**
>
> 웹스터 사전 편찬자로 유명한 노아 웹스터(Noah Webster)는 사설(editorial)의 뜻을 '공중을 상대로 한 연설'(Address to the Public)로 정의했다. 방송이 없었던 시절 그는 신문을 이렇게 정의했다. "신문은 뉴스만을 위한 매체가 아니다. 그것은 사회적 소통을 위한 공공의 도구이기도 한다. 이 매체를 통해 이 거대한 공화국의 시민들은 공공의 주체에 대해 서로 끊임없이 대화하고 토론한다."_아메리칸 미네르바 창간호, 1793.12.9.

히 앉았습니다. 뒷말을 울먹이며 흐릴 정도로 애틋한 관계였다지만 서로 눈조차 마주치지 않았다던 어색한 해후였습니다. 같은 날 서로 다른 친구와 대면하게 되었던 전직 대통령들. 오늘의 한국 현대사는 마치 누군가 미리 모든 것을 설계해 놓은 양 우연과 우연이 겹치고 포개지며 만들어지고 있었습니다. 돌이켜보면 한두 번이 아니었지요. 그가 감옥으로 내려가던 날 세월호는 뭍으로 올라왔고, 새 정부가 출발하는 날 귀가하지 못한 사람들은 돌아오기 시작했습니다. 정부가 4대 강을 온전한 모습으로 되돌리겠다 발표하던 날, 구명조끼를 입은 온전한 유해가 발견되었으며 전직 대통령의 서거 8주기를 맞은 날, 과거 그의 탄핵 소추안을 통과시켰던 또 다른 탄핵된 대통령의 첫 재판이 열렸습니다. 이 모든 것은 정말 우연일까…

"지금 당장"

독일의 통일은 이 한 마디에서 시작되었다고 합니다. 그것은 적어도 겉으로 보기에는 우연한 실수였습니다. 동독의 여당 관계자가 주민 여행 자유화 조치를 발표하는 과정에서 동독 주민이 서독에 갈 수 있게 되었다고 이야기했던 것이죠. 언제부터냐고 묻는 기자들 질문에 당황한 그는 즉흥적으로 "지금 당장"이라고 대답했고 "베를린 장벽 무너지다"라는 속보가 전 세계로 타전됨과 동시에 동독인들은 베를린 장벽으로 달려갔습니다. 그러나 "우연이라고 취급된 것은 우연이 아닌 필연이다." E. H. 카의 말처럼 그것은 꾸준히 추진해왔던 빌리 브란트의 동방정책과 자유와 통일을 향한 시민의 열망이 축적돼서 마치 우연과도 같은 필연을 가져왔던 것입니다. 역사란 그저 우연히 주어지는 것은 아닐 테니까요. 같은 날 서로 다른 장소에서 마주하게 된 오래된 친구들의 모습과 그 배가 올라오던 바로 그날, 하늘에 그림같이 걸려있

> 던 리본 구름. 그래서 많은 사람들은 단순한 논리로는 쉽게 설명하기 어려운 세상사를 두고 이렇게 말하고는 한다지요. "필연은 우연의 옷을 입고 나타난다." 오늘의 앵커브리핑이었습니다.

 오늘의 뉴스인 전직 대통령 이슈를 과거의 이슈였던 베를린 장벽 붕괴와 병치시키고, 그 이슈를 끌고 가기 위해 대중가요를 삽입하는 문화적 코드, 그리고 E.H 카를 언급하는 촌철살인성 '우연과 필연'... 메시지가 담고 있는 내용은 이성적이지만 그 내용을 풀어내는 방식은 다분히 감성적이다.
 이 같은 앵커멘트가 저널리즘의 영역인가? 크로스 오버한 시대에 특정 영역을 주관적 잣대로 재단한다는 것은 자칫 시대착오적일 수 있다. 분명한 것은 앵커브리핑 식의 포맷이 시청자들에게 큰 관심을 얻고 있다는 것이다. 〈앵커브리핑〉 이후 확산하고 있는 유사한 코너들이 이를 반증한다. 저널리즘의 영역을 확장했다는 평가가 나오는 배경일 것이다. 하지만 이 같은 형식의 앵커멘트는 손석희의 '앵커브리핑'이 시초가 아니다. '저널리즘의 새로운 지평', '앵커 저널리즘의 도래'와 같은 표현은 맞지 않다. 이미 전에도 이와 유사한 앵커멘트는 있어 왔다. 어느 특정 시점, 어느 특정인, 어느 특정 포맷이 얼마나 큰 울림과 공감을 얻어 냈는가 하는 차이일 뿐이다. 나는 지난 2002년부터 2003년 YTN에서 '뉴스포커스'라는 타이틀로 밤 시간 대 뉴스를 진행한 바 있다. 20년 전이다. 그날의 뉴스를 마무리하며 1분 안팎의 클로징멘트를 했다. 한 예를 들어 본다.

▶ 사례2-YTN 뉴스 포커스 클로징_2003년 9월22일

얼마 전 '결혼은 미친 짓이다'라는 제목의 자극적인 영화가 있었지요. 그런데 이 같은 제목에 고개를 끄덕이는 분들이 많은 것 같습니다. 한 법률정보 사이트에서 네티즌이 가장 많이 조회한 법률 관련 용어가 무엇인가를 알아보니까, 바로 '이혼'이었습니다. 지난 3년 동안 1,376만여 건의 검색어 조회 수 가운데 이혼이 1위였다는 것입니다. 서울시 한 구청 호적계에 근무하는 한 창구 직원이 이런 말을 하더군요. 놀랍게도 혼인신고보다 이혼신고 접수가 더 많이 들어오는 날이 있다는 얘기였습니다. 혹시 지금 컴퓨터 앞에 계십니까? 어떤 단어를 검색하고 계신지요? 내일 뵙겠습니다.

나는 선배들로부터 배웠다. 앵커는 주장을 하는 사람이 되어서는 안 된다고, 시청자들의 판단을 돕는 멘트를 하는 것이 앵커가 해야 할 일이라고 배웠다. 앵커는 선수가 아니다. 심판이다. 그것도 자신이 판결 내리는 심판이 아니라, 시청자들이 심판을 내릴 수 있도록 조력자 역할을 하는 것이다. 균형 감각을 잃지 않고 있는 그대로를 보여 주면서 시청자가 판단 내릴 수 있도록 돕는 것이다. 당시 16년차 현장 취재기자 입장에서 밤 시간대 고정뉴스 프로그램을 진행하면서 클로징멘트를 작성하는 나름대로의 기준은 다음과 같았다.

첫째, 그날의 이슈와 연관된 주제를 정한다.
둘째, 팩트에 근거해 멘트를 작성한다. 주관적 멘트 금지!
셋째, 구체적 수치 또는 인터뷰이를 통해 객관화한다.

넷째, 결론을 내리지 않고 시청자들의 판단을 구한다.

피터 드러커는 "내가 무슨 말을 했느냐가 중요한 것이 아니다. 상대가 무엇을 들었느냐가 중요하다."고 말했다. 이 말이 평범한 개인이 아닌, 매스 미디어 진행자가 했다면 그 영향력은 헤아릴 수 없는 영역까지 확장될 것이다. 앵커멘트를 통해 진행자의 입장과 견해를 전하는 것은 이제 새로운 방송 형식이 아니다. 내용도 다양해졌고, 시간도 늘었다. 중요한 것은 앵커의 입장은 팩트를 바탕으로 한 객관적 내용이어야 한다는 것이다. '뉴스룸'의 마지막 앵커브리핑과 '출발 새아침'의 마지막 오프닝멘트를 제시한다.

> ▶ **사례3-손석희 '뉴스룸' 마지막 앵커브리핑**
> 
> 시청자 여러분 뉴스룸의 앵커브리핑을 시작하겠습니다. 947회째를 맞는 올해 마지막 앵커브리핑은 또한 저의 마지막 브리핑이기도 합니다.
> '여윈 바늘 끝이 떨고 있는 한 바늘이 가리키는 방향을 믿어도 좋습니다.'
> _〈떨리는 지남철〉 글씨와 그림: 신영복, 자료: 돌베개
> 
> 그는 떨리는 것이 지극히 자연스러운 일이라고 말했습니다. 동그란 나침반 안에 들어 있는 지남철, 그 자석의 끝은 끊임없이 흔들리는데… 그 흔들림이야말로 가장 정확한 방향을 찾아내기 위한 고뇌의 몸짓이라는 의미. 선배 세대가 남긴 살아감에 대한 통찰은 그러했습니다.

"정지 상태에 머물러 있으면 부패와 타락에 이르지만… 끊임없이 움직인다면 어쩌면 영원히 지속될 수 있지 않을까"

_올가 토카르추크 〈방랑자들〉

폴란드 작가 올가 토카르추크 역시 끊임없이 움직이며 방황하는 존재들을 작품에 담았습니다.

"움직여. 계속 가. 떠나는 자에게 축복이 있으리니…"

_올가 토카르추크 〈방랑자들〉

삶이란 누구에게나 공평하게 불안정한 것이니 흔들리고, 방황하며 실패할지라도 그는 계속 움직여야 한다고 말합니다. 또한 교황 베네딕토 16세의 사임 과정을 담은 영화 〈두 교황〉은 그 움직임의 생존적인 의미를 담아냅니다. 나이 든 교황이 건강 때문에 스마트 워치를 차고 생활하는데, 그가 한동안 움직이지 않을 경우에 어김없이 알람이 울립니다.

"멈추지 마세요. 계속 움직이세요"

_영화 〈두 교황〉

그래야 비로소 살아있는 것이라는 그 냉정한 경고는 가톨릭의 수장인 교황에게도 또한 오늘을 사는 우리에게도 공히 해당되는 말이 아닐까… 수없이 올바른 목표점을 향해서 끊임없이 떨고 있는 그 나침반처럼 두려운 듯 떨리며 움직여온 우리의 2019년. 그리고 몇 시간 뒤 만나게 될 새로운 2020년 역시, 멈추지 않는 끊임없는 움직임으로 나아가시기를 바라며…

그 간의 앵커브리핑에서 가장 많은 분들의 사랑을 받았던 아일랜드 켈트족의 기도문을 보내드리는 것으로 뉴스룸의 〈앵커브리핑〉을 모두 마치겠습니다. "바람은 언제나 당신의 등 뒤에서 불고, 당신의 얼굴에는 항상 따사로운 햇살이 비추길…"

방송 전문은 QR코드를 통해 볼 수 있습니다.

### ▶ 사례4-'김호성의 출발 새아침' 마지막 오프닝

여러분 안녕하십니까. '출발 새 아침' 김호성입니다. 제가 '출발 새 아침'과 함께 출발한 지 꼭 446일째 되는 날입니다. 446, 딱 떨어지는 숫자는 아니지요. 하지만, 제가 오늘을 끝으로 진행자에서 청취자로 돌아가는 그런 아침이기에 조금은 각별한 것 같습니다. 그동안 정말 많은 뉴스가 있었습니다.

남북 정상과 북미 정상이 각각 서너 차례씩 만났습니다. 국회는 공전했고 여야는 대치했습니다. 소득주도성장, 국민소득 3만 달러 시대가 열렸지만, 최저임금 1만 원 시대의 꿈은 접혔습니다. 억대 연봉 44만 명 통계 저편엔 기본급 165만 원 컨베이어벨트에 끼인 비정규직 노동자의 죽음도 있었습니다.

'지연된 정의'와 '사람에게 충성하지 않는다'는 법조계, 글로벌 시장을 장악한 BTS와 칸의 그랑프리 봉준호 감독, 세계 정상 코앞까지 진출한 청소년축구대표팀, 일왕의 퇴위와 우경화로 치닫는 아베 정권, 그리고 최초로 드러난 달의 뒷면, 명암과 희비가 교차했던 15개월이었습니다.

어느 한쪽으로 치우치지 않는, 공정한 방송을 하기 위해 최선을 다했습니다. 그렇게 하는 것이 '희망 고문'에 절망하는 이 시대에 여전히 꿈꿔야 할 가치를 전하는 것이라고 믿었기 때문입니다. 하지만 저희는 때때로 한쪽으로 기울었습니다. 약자의 편에 서야 한다고 생각했을 때였습니다. 진행자로서 저는 항상, 제가 틀렸을 수도 있다고 생각했습니다. 그래서 늘 반대편의 입장에 주목해야 한다고 다짐하고 또 다짐했습니다. 그럼에도 청취자 분들의 기대에는 미치지 못했을 겁니다. 부족했기 때문에, 함께 하려고 했습니다. 지난 446일, 이른 아침 함께 힘차게 출발해 주신 청취자 여러분께 진심으로 감사드립니다. 7월 19일, '김호성의 출발 새 아침' 진행 마지막 날, 금요일 아침입니다. 지금 출발하겠습니다.

방송 전문은 QR코드를 통해 볼 수 있습니다.

### 앵커는 스타가 아니다

드레퓌스 사건을 둘러싼 '나는 고발한다'의 작가 에밀 졸라는 "예술가는 자신의 존재를 개입시키지 않으면서 실제 세계의 모습을 제시해야 한다"는 이른바 '과학적 객관성'scientific objectivity을 주창했다. 19세기에 나온 통찰이다. 21세기 뉴 미디어 시대에 팩트를 기반으로 한 진실 찾기라는 저널리즘의 가치에 어떤 교훈을 주는가 곰곰이 생각해 볼 일이다. 태생적으로 방송저널리스트는 '익명에의 열정'Passion for Anonymity 속에서 살아가기 어렵다. 얼굴을 드러내놓는 직업이기 때문이다. 그렇기 때문에 가슴속 깊이 '노블레스 오블리주'를 간직하고 있어야 한다. 인기인으로 영광을 누리고 싶으면 굳이 앵커가 될 필요가 없다. 〈트루스〉 영화 속 댄 래더로 등장하는 로버트 레드포드가 되면 될 일이다. 앵커는 스타가 아니다. 저널리스트다.

**앵커**
# 앵커를 꿈꾼다면 이렇게

### 나는 대한민국 뉴스채널 YTN 앵커팀장이었다

이 직책에 지금도 자부심을 갖는다. 팀장 때 뽑은 후배들이 지금도 YTN에서, 지상파에서, 종편에서 현장을 지키고 있는 것을 보면 뿌듯하다. 앵커를 꿈꾸는 미래의 저널리스트들이 많다. 퇴직 후 강단에서 그 꿈을 확인하며 미래의 앵커들에게 주고 싶은 조언을 생각해 보았다.

### 앵커의 자질 7가지

#### 어느 한쪽에 치우치지 않는 신뢰감

뉴스의 최종 전달자 앵커는 신뢰감이 있어야 한다. CBS 뉴스에 대한 시청자의 신뢰는 월터 크롱카이트에 대한 신뢰도가 결정적 요인이었다. 그가 뉴스앵커로 있는 동안 미국인들은 그가 전하는 뉴스를 믿었다. 그를 신뢰했기 때문이다. 신뢰감은 어떻게 만들어지는가? 어느 한쪽에 치우치지 않아야 한다. 특히 정치적 중립이 중요하다. 앵커가 폴리널리스트적 성향을 내비칠 때, 시청자는 그가 전하는 뉴스를 신뢰하지 않는다. 앵커라는 신분이 정계 진출의 수단이 되었거나 앵커라는 신분으로 정치적 지향성을 드러낼 경우, 시청자는 저널리스트로서의 그를 더 이상 신뢰하지 않는다.

### 정확한 발음과 분명한 고저강약

전달력은 앵커의 기본 소양이다. 앵커로서의 전달력 1순위는 정확한 발음이다. 정확한 발음에 실리는 멘트는 고저강약이 분명해야 한다. 또박또박 읽는 것은 아마추어다. 프로페셔널은 단어 단위로 리딩하는 것이 아니라 문장 전체를 콘트롤 하면서 전체적으로는 스피디하게, 그러나 중요한 내용 전달 부분에서는 적절한 포즈를 두고 리딩할 수 있어야 한다. 그러기 위해서는 내용을 꿰고 있어야 한다. 띄어쓰기를 잘한 글이 잘 읽히는 것처럼 띄어읽기를 잘한 말이 잘 들린다. "누가 내 머리에 똥 쌌어?"를 어느 곳에 포즈를 두느냐에 따라 누가who 강조되기도 하고,

무엇이what 강조되기도 한다. 셰익스피어 연극에 정통했던 배우 매크레디의 휴지Macready pause를 기억하기 바란다.tip 뒤에서 부연 설명하겠다. 어법에 맞는 글이 잘 읽히듯, 화법에 맞는 말이 잘 들린다.

### 당황하지 않는 순발력

 돌발적인 상황에 대처하는 능력은 생방송을 진행하는 앵커에게 중요한 자질이다. 당황하는 순간 시청자들의 신뢰는 떨어진다. 진행자가 사안에 대해 제대로 알지 못하고 있다고 판단하기 때문이다. 앵커가 모든 것을 다 알고 있을 수는 없다. 하지만 모른다고 당황하면 그것은 아마추어다. 시간을 벌기 위해 출연자에게 적절한 질문을 던질 줄 알아야 하고, 새로운 소식을 기다리는 동안 과거 뉴스를 언급하는 콘텐츠를 확보하고 있어야 한다. 인터뷰이가 황당한 답변을 하면 이를 교정하는 능력을 보여줘야 하고 역질문을 받을 경우 여유있게 답변하는 순발력을 보여줄 수 있어야 한다.

### 역경 속에서 만들어진 배려심

 시청자는 천편일률적인 앵커에 관심 없다. 판에 박은 듯한 외모, 평이하게 읽는 원고, 과도한 제스처에 몰입하지 않는다. 평균치는 기본이고

> **Tip**
> 윌리엄 찰스 매크레디(William Charles Macready, 1793~1873)는 서구 연극에 있어서 사실주의 무대의 개척자로 통한다. 셰익스피어 극에 정통했던 그는 매크레디 휴지(Macready pause)라는 테크닉으로 널리 알려져 있다. 무대에서 연기 도중 결정적인 대사를 앞두고 자신이 생각에 빠져 있다는 인상을 주기 위해 잠시 대사를 멈추는 방식을 말한다. 극이 진행되는 도중 어느 순간 그가 말을 멈추면 관객들은 숨을 죽이며 그의 다음 대사에 촉각을 곤두세웠다.

그만 보여줄 수 있는 방식, 그를 통해서만 느낄 수 있는 뉴스 진행에 매력을 느낀다. 상대에 대한 배려를 잃지 않으면서 뚜렷한 개성을 보여주는 캐릭터일 필요가 있다. 개성은 탄탄대로에서 만들어지지 않는다. 역경 속에서 만들어 진다. 24년 동안 CBS뉴스 최장수 앵커였던 댄 래더는 가난한 집에서 태어난 로컬스테이션 무명 라디오 방송국 DJ 출신이었다. 그는 이러한 핸디캡에 아랑곳하지 않고 케네디 대통령 암살, 워터게이트 사건 취재 현장에서 직선적이고 용기 있는 저널리스트의 개성을 보여주었다.

### 만용과 비겁 사이의 겸손한 용기

지나친 자신감은 만용이고 과도한 겸손은 비겁이다. 진정한 겸손은 용기 있는 자가 보여주는 것이다. 중용을 견지해야 한다. 미디어$^{Media}$는 말 그대로 중간$^{medius}$을 지키는 것이다. 자신감의 바탕은 믿음을 주는 언행에 있다. 내가 전하고자 하는 뉴스 내용을 정확하게 파악하고 있을 때 자신감이 만들어 진다. 뉴스를 읽고 또 읽고 그 내용을 확실하게 꿰고 있는 상태에서 겸손한 자세로 뉴스를 전할 때 시청자는 앵커를 신뢰한다. 뉴스는 팩트다. 그 팩트 위에서 만들어진 자신감은 출처가 불분명한 익명의 댓글에 흔들리지 않는다.

### 약자 편에 서는 적절한 공정성

앵커는 공정해야 한다. 논쟁적 사안일수록 균형감을 잃지 않아야 한다. 똑같이 시간을 배분하는 기계적 균형만이 최선은 아니다.$^{tip}$

2021년 노벨평화상 수상자인 필리핀 언론 '래플러' 설립자 마리아 레사는 이렇게 말했다.

"좋은 언론인은 균형을 찾지 않는다. 어떤 지도자가 전쟁 범죄를 저지르거나 시민들에게 노골적인 거짓말을 하고 있는데도 균형을 찾는다면, 그것은 거짓 등가성 false equivalence 의 오류로 귀결될 뿐이다."*

'적절한 공정성'Due impartiality을 견지해야 한다는 것이다. BBC는 이를 이렇게 정의하고 있다.

> 적절한 공정성, 그것은 약자 편에 서는 것이다. 적절한 공정성은 서로 다른 관점 사이의 '균형'이라는 단순한 문제 그 이상을 포함한다. 포용적이어야 하고, 광범위한 관점과 다양한 관점들이 적절히 반영되도록 보장해야 한다. 적절한 공정성은 모든 문제에 있어서 절대중립을 요구하지 않는 것이다. 적절한 공정성은 투표권, 표현의 자유, 법치주의와 같은 민주주의 기본원칙들로부터 이탈하는 것이 아니다.
>
> Due impartiality usually involves more than a simple matter

**Tip**

CNN의 대표 앵커 크리스티나 아만포 기자는 2023년 '콜럼비아 저널리즘 어워즈' 수상 연설을 통해 이렇게 밝혔다. "양쪽주의가 항상 객관적인 것은 아닙니다. 그것이 여러분을 진리로 인도하지는 않습니다. 잘못된 도덕적 또는 사실적 동등성을 그리는 것은 객관적이지도 진실하지도 않습니다. 객관성은 우리의 황금률이며 모든 측면을 따져보고 모든 증거를 듣는 것입니다. 하지만 동일성이 없을 때는 서둘러 동일시하지 않아야 합니다." 영어 원문은 다음과 같다. Bothsidesism is not always objectivity. It does not get you to the truth. Drawing false moral or factual equivalence is neither objective or truthful. Objectivity is our golden rule and it is in weighing all the sides and hearing all the evidence, but not rushing to equate them when there is no equating.

* 마리아 레사 (2022), 〈권력은 현실을 어떻게 조작하는가〉, 북하우스, p.114

> of 'balance' between opposing viewpoints. We must be inclusive, considering the broad perspective and ensuring that the existence of a range of views is appropriately reflected. It does not require absolute neutrality on every issue or detachment from fundamental democratic principles, such as the right to vote, freedom of expression and the rule of law.
> _BBC Editorial Guidelines 4.1

## 마음이 아파도 몸은 아프지 말 것

성철 스님께서 말씀하셨다. "딱 두 가지만 걱정해라. 지금 아픈가? 안 아픈가?" 건강을 잃으면 모든 것을 잃는다.

위 7가지 역량을 갖추었다면, 이제부터 비디오, 오디오 항목별 점검에 들어가보자.

## 비디오 킬드 더 라디오 스타 Video killed the Radio Star *

### 긴장하지 않는 진지함

링컨은 나이 마흔을 넘으면 자기 얼굴에 책임을 져야 한다고 말했다. 앵커가 되려면 신뢰감을 주는 자연스러운 표정이 나와야 한다. 신뢰감을 주기 위해 애써 진지한 표정을 지으려 하는 것은 패착으로 가는 지름길이다. 만들어진 진지함은 대체로 긴장한 아마추어 모습일 때가 많다. 진지하되 긴장하지 말 것!

---

* 영국의 뉴 웨이브 밴드 버글스가 1979년 발표한 노래 제목

### 깔끔한 머리 시원한 이마

머리는 단정하고 깔끔하게 한다. 이마를 가리는 헤어 스타일은 가급적 지양한다. 용모에 따라 편차는 있지만 기본적으로 머리칼이 이마를 가리는 만큼 신뢰도가 가려진다고 생각하라. 지나칠 정도로 이마를 훤히 드러낼 필요는 없지만 대체로 반듯한 이마가 드러날 때 신뢰도 함께 상승한다. 남자는 짧고 단정하게, 여자는 긴 머리일 경우 뒤로 묶는 것이 좋다.

### 얼어 붙지 말고 움직일 것

부동자세는 긴장을 유발한다. 움직여야 몸이 말한다. 리딩할 때 고개를 끄덕이는 방법으로 강약을 보여주면 효과적이다. 손을 쓰는 방법도 있다. 한쪽 손만으로 강조를 할 수도 있고, 양쪽 손을 다 쓰면서 강조할 수도 있다. 손을 특정한 방향으로만 쓰면 오히려 어색해진다. 적절하게 좌우 상하로 움직이면서 손을 쓰는 법을 익히도록 하자. 자신감이 붙으면 어깨와 얼굴 표정까지 동원하면 금상첨화. 하지만 뉴스란 장르는 어디까지나 팩트를 전하는 영역이므로 애써 연기까지 할 필요는 없다. 연기를 할 경우 신뢰도는 오히려 하강한다.

### 카메라를 사람보듯 하라

방송스튜디오 메카니즘에 익숙하기 전까지 다소 헷갈릴 수 있는 대목이다. 눈높이 맞추기는 카메라를 의식하는 데서부터 출발한다. 카메라를 사람이라고 생각하자. 카메라 렌즈를 사람 눈을 보듯 하자. 카메라를 보고 원고를 읽을 때 눈동자를 의식해야 한다. 원고가 좌우 방향으로 넓게 벌어질 경우, 눈을 돌리지 말고 고개를 돌리거나 어깨를 돌리는 방식으로 방향을 틀어 준다. 얼굴이 고정된 채 눈만 돌아가면 화면에 비치는 모습이 불안하게 느껴진다. 거짓말을 하고 있다는 인상을 주기 쉽다.

### 개성을 살리는 메이크업

메이크업은 개성인 동시에 몰개성이다. 개성 있는 메이크업은 장점이자 동시에 단점이다. 뉴스앵커의 경우 전형적인 모습이 있다. 그 전형을 따를 경우 몰개성이 되기 쉽다. 파운데이션, 그리고 눈썹과 입술을 그리는 방식은 사람에 따라 다르지만 대체로 천편일률적이다. 따라서 자신에 맞는 메이크업을 위한 부단한 노력이 필요하다. 거부감 없고 신뢰감 있는 메이크업은 단독으로 이뤄지지 않는다. 표정, 헤어스타일과 함께 유기체처럼 조화를 이루어야 한다.

## 오디오는 비디오보다 강하다

### 똑똑 떨어지는 발음

앵커는 발음에서 결판난다. 발음이 불명확하면 수려한 비디오, 윤기 나는 오디오 모두 필요 없다. 기본적으로 발음이 똑똑 떨어져야 한다. 똑똑 떨어진다는 것은 또박또박 발음한다는 것과 다르다. 또박또박 발음하되, 어린 학생 책 읽듯 하는 것이 아니라 고저강약이 분명히 느껴질 수 있도록 발음하는 것을 의미한다. 구두점을 정확히 지키는 것보다 문장의 구성 단위를 염두에 둔 포즈띄어 읽기 두기를 통해 분명한 발음으로 전달하는 노력을 꾸준히 해야 한다.

### 귀에 꽂히는 큰 목소리

작은 목소리로는 뉴스 전달이 어렵다. 목소리 볼륨은 커야 한다. 도-레-미-파-솔-라-시-도에서 '솔', 최소한 파# 음은 낸다는 생각으로 리딩해야 한다. 오케스트라 조율 시 오보에의 '라' 음정에 키를 맞추는 이유를 항상 생각하자. '라' 음은 인간의 귀에 가장 잘 꽂히는 음이다. 그만큼 구분하기가 쉽다.

### 생동감 있는 속도

방송뉴스 전달은 기본적으로 스피디해야 한다. 느린 것보다 빠른 것이 좋다. 느려지면 처진다. 뉴스의 생동감이 떨어진다. 생동감 없는 뉴스는 집중력이 떨어진다. 따라서 대화할 때보다 조금 더 빠른 속도로 리딩하는 것이 좋다. 여기에서 리딩reading이란 책 읽듯이가 아니다. 말하듯이, 즉 텔링telling이다. 스피드는 무조건 빠르게 읽는 것을 의미하지 않는다. 장거리 달리기를 할 때, 어느 지점까지 전속력으로 질주하고, 어느 지점부터 중간 속도로 가고, 또 다시 어느 타이밍에 전력질주 하느냐 하는 테크닉을 말한다. 정확한 발음으로 스피디하게 말하는 능력은 프로페셔널한 앵커의 필수 덕목이다.

### 화법에 맞는 끊어 읽기

끊어 읽기를 말한다. 20초 분량의 단신을 읽을 때 1/20 단위로 스무 개를 쪼개는 방식이 아니라 5/20-4/20-6/20-5/20 같은 방식으로 묶음 단위로 포즈를 두면서 리딩하는 방식이다. 띄어쓰기를 하지 않고 한 단어 한 단어를 모두 붙여서 쓴 글은 읽기도 어렵고 이해하기도 어렵다. 말도 마찬가지다. 띄어 말하기가 제대로 되어야 듣는 사람이 쉽게 이해할 수 있다. 띄어쓰기처럼 띄어말하기를 제대로 할 수 있을 때 청자가 화자의 뜻을 제대로 파악할 수 있다.<sup>tip</sup> 앵커의 원고를 보면 강조해야 할 단어나 문장 앞에 '/'표시를 해놓은 걸 볼 수 있는데, 바로 포즈 위치를 나타내는 것이다. 표시의 적고 많음에 따라 완급을 조절한다. '/'는 짧게, '//'은 길게, '///'은 아주 길게 하는 식이다.

### 호흡을 4배 정도 늘릴 것

호흡은 포즈 두기와 밀접하게 관련돼 있다. 뉴스 원고를 리딩할 때, 숨 가쁘게 읽지 말고 묶음 단위로 포즈를 두어가면서 읽기 연습을 해야 한다. 그러기 위해 복식호흡을 익히는 것이 도움이 된다. 복식호흡은 코로 숨을 들이 마시고 입으로 뱉는 방식이다. 4초간 코로 숨을 들이 마시고 3초간 멈췄다가 5초간 입으로 숨을 내쉰 뒤 3초 간 멈춘다. 이 동작을 되풀이 한다. 익숙해 지면 숨 멈춤 시간을 5초로 늘려본다. 이런 식으로 연습을 반복하면 복식호흡의 한 텀이 15~20초까지 늘어난다. 정상인의 1분 호흡 횟수는 15회 안팎, 복식호흡이 익숙해지면 1분에 4회 정

> **Tip**
> KBS 아나운서 실장을 지낸 전영우교수는 포즈를 두는 목적을 세가지로 정리했다. 첫째, 아이디어를 분리하고, 분리된 아이디어를 사고의 단위로 떼어놓기 위해, 둘째, 주요 아이디어를 들어내 놓기 위해, 셋째, 사고를 구성하는 화자의 시간을 얻기 위해서가 그 것이다. _전영우 '배우의 연기수업' 263쪽

도로 조절할 수 있다. 복식호흡이 생활화되면 4배 정도 숨이 길어진다. 호흡 조절이 용이해진다. 숨의 장단조절이 가능해진다. 호흡 조절을 통해 강약 고저를 병행할 수 있는 뉴스 리딩이 가능해진다. 뉴스의 전달력을 높일 수 있게 된다.

### 표준말이라는 한계

"중류사회에서 쓰는 서울말"이라는 정의에 함몰될 필요는 없다. 유명 앵커의 출신지를 살펴보면 서울이 아닌 경우가 부지기수다. 앵커들의 롤 모델 댄 래더는 미국 남부 텍사스 주의 비천한 집안 출신이었다. 하루 종일 유전 공사장 땡볕에서 블루 컬러로 일하는 잡역부의 아들이었다. 미국 남부 노동자의 사투리는 컨트리 억양으로 미 대중문화 콘텐츠에서도 종종 조롱거리가 되곤 한다.tip 그런 집안의 출신이 화이트 컬러의 상징인, 그것도 CBS 뉴스룸의 간판앵커가 되었다. 댄 래더, 톰 브로커와 함께 80~90년 대 '앵커 빅3'였던 ABC의 피터 제닝스는 고교 중퇴 학력으로 최연소 앵커 자리에 오를 수 있었다. 중류 사회의 수도권 말이 아니어도 문제될 것 없다. 지나칠 정도의 사투리가 아닌 개성 있는 억양과 말투를 가지고 전달력을 높일 수 있다면 이 또한 얼마든지 장점으로 만들 수 있다.

마지막 한 가지 더, 매일매일 뉴스와 함께 할 것.
일상화되지 못한 이상은 지속불가능하다.

**Tip**

컨트리 뮤직의 대표곡 가운데 하나인 'Okie From Muskogee'라는 노래는 "머스코기에 사는 우리는 마리화나도, LSD도 피지 않는다"(We don't smoke marijuana in Muskogee, we don't take no trips on LSD)로 시작된다. 남부 오클라호마 출신(Okie), 그 중에서도 깡촌인 머스코기에서 온 컨트리 보이를 비하하는 내용이다. 노래 전체 내용에는 그러나 남부 출신이라는 자부심이 가득하다.

# 제 5부 가짜뉴스

가짜뉴스
# "사진만 보내 전쟁은 내가 만들게"

### 바바리맨과 피핑 톰 사이에서

사람들은 드러내기를 좋아하는 만큼 엿보기도 좋아한다. 바바리맨이 될 것이냐, 피핑 톰이 될 것이냐는 취향의 문제다. 이 취향이 개인의 영역에 그친다면 그건 표현의 자유다. 간섭할 바 아니다. 하지만 공적 영역에 침투하고 그것이 또 해악을 끼친다면? 그건 재앙이다!

가짜뉴스를 둘러싼 수요와 공급의 법칙은 노출증과 관음증의 시선을 담고 롤러코스터를 탄다. 사람들이 정신을 차리지 못하는 사이 팩트는 왜곡되고 가치가 전도되고 진실이 뒤바뀐다. 가짜뉴스, Fake news, 황색 언론, 옐로 저널리즘, 열쇠구멍 저널리즘keyhole journalism, Gum-shoe journalism, 찌라시 언론, 카더라 통신, Gotcha journalism...tip

언제인가부터 저널리즘 영역에서 '뉴스'보다 '가짜뉴스'가 더욱 많이 언급되기 시작했다. '뉴스'에 있어서 '팩트'는 기본인데 기본이 없는 뉴스가 홍수처럼 쏟아지기 시작했다. '팩트체크'의 중요성이 강조되기 시작했다. 아이러니다.

'팩트'가 기본인 '뉴스' 시장에서 '팩트체크'를 해야만 하는 '가짜뉴스' 상품이 활개를 치고 있다. '가짜뉴스'Fake news의 기원과 종류, 그리고 대

> **Tip**
> 가짜뉴스: 사람들의 흥미와 본능을 자극하여 시선을 끄는 황색언론의 일종. 인터넷을 통하여 사기기사들이 급속도로 유포된다. _위키백과

표적인 팩트 체킹 단체들에 대해 알아보자.

## 보는 것이 믿는 것? Seeing is Believing?

두 개의 그림을 보자. '알프스를 넘는 나폴레옹'이란 같은 제목의 그림이다. 왼쪽은 자크 루이 다비드 1748~1825, 오른쪽은 폴 들라로슈 1797~1856의 작품이다.

다비드가 그린 '알프스를 넘는 나폴레옹'은 험준한 알프스 산맥을 넘으며 부대를 지휘하는 리더의 전형적인 모습을 보여주고 있다. 역동적인 알파벳 Z자 구도에 앞발을 치켜든 백마, 휘날리는 외투, 정상을 가리키는 리더의 손가락... 어디를 보나 영웅의 모습, 그 자체다. 오른쪽 그림을 보자. 윤기나는 백마 대신 노새, 그 위에 올라탄 초췌한 모습의 나폴레옹, 우울한 회색톤 배경... 패색이 짙은 느낌이지 않은가? 다비드의 그림은 연출이고, 들라로슈의 그림은 기록이다. 실제로 나폴레옹은 알

프스를 넘을 때 다비드의 그림에서처럼 백마를 타지 않았다. 노새를 타고 넘었다. 하지만 나폴레옹은 다비드에게 역사 속 영웅의 모습으로 자신을 그려달라고 주문했다. 한니발이나 샤를마뉴대제처럼. 그는 보여주는 것이 얼마나 커다란 영향력을 미치는 것인줄을 일찌감치 알고 있었던 정치인이었다. 또 하나의 사례를 보자.

'물레를 돌리는 간디'의 사진이다. 인도의 독립영웅 간디 역시 보여주는 것의 힘이 얼마나 대단한 것인지를 잘 알고 있었던 정치인이었다. 대영국제국을 상대로 비폭력 저항을 펼쳤던 간디는 이 사진 한 컷으로 그가 만나지 못한 수억 명의 인도인들을 자신의 리더십 안으로 끌어들일 수 있었다. 아래 사진은 뉴델리 간디 박물관에서 내가 직접 찍은 간디의 캐릭터다. 인도 사람들은 돌멩이 하나에서도 간디의 모습을 연상한다. 가히 '위대한 영혼'마하트마이라 할 만하다. 인도의 독립영웅 간디에게 매일 물레를 돌릴 여유는 없었을 것이다. 하지만 그는 이 멈춘 스틸 사진 한 장으로 온국민의 아이콘이 됐다. 보는 것은 믿는 것이란 확신은 진위 여지를 판단하기 이전부터 사람을 끌어 당긴다. 아이러니하게도 가짜뉴스의 함정이 바로 여기에 있다.

## 옐로 저널리즘

가짜뉴스를 언급할 때마다 회자되는 '황색 저널리즘'yellow journalism의 기원에 대해 알아보자. '옐로 저널리즘'은 '현대 저널리즘의 창시자', '신문왕'으로 일컬어지는 조지프 퓰리처1847~1911와 연관되어 있다. 퓰리처가 경영하는 '뉴욕월드'와 또 다른 신문재벌 윌리엄 랜돌프 허스트1863~1951의 '뉴욕저널'과의 과도한 경쟁 속에서 옐로 저널리즘이 탄생하게 된다.tip

흔히 미국 언론사에서 1830년대에서 1850년대 초까지를 '페니 신

> **Tip**
> 자본주의의 메카 미국에서 두 사람의 경쟁 관계는 '돈'을 버는 수단으로서 '미디어'의 위상이 어떠해야 하는 것인지를 복합적으로 보여주고 있다. 옐로 저널리즘이란 비판에 직면했던 둘 가운데 퓰리처는 '퓰리처상'이라는 이름으로 여전히 최고의 권위를 지키고 있고, 랜돌프 허스트는 영화 역사상 최고의 걸작으로 평가 받고 있는 '시민 케인'의 여전한 주인공이다. 순기능이 역기능을 압도한다.

문penny press 시대', 1860년대 후반부터 1900년까지를 '뉴 저널리즘new journalism 시대'라고 부른다. '황색 저널리즘'은 바로 뉴 저널리즘 시기 안에 있는 1896년부터 1901년까지 전성기를 구가한다.

허스트는 퓰리처가 발행하는 '뉴욕 월드'의 일요판인 '선데이 월드'에 대항해 '선데이 저널'을 창간한다. '선데이 월드'에는 '노란 꼬마'Yellow Kid란 만평이 인기리에 게재되고 있었는데, 바로 이 만화작가 리처드 펠튼 아웃콜트를 허스트가 '선데이 저널'로 스카웃해 가면서 두 신문 간의 양보할 수 없는 경쟁이 불붙기 시작했다. 팩트를 넘어선 과도한 풍자와 패러디는 '사실'과 '진실'의 간격을 갈수록 넓혀 놓았고 저널리즘의 영역에서 '옐로 저널리즘'이란 비판에 직면하게 되었다. 심지어 허스트는 이렇게 말하기까지 했다. "그림만 그려 보내라구, 그러면 전쟁은 내가 만들어 낼 게."You'll furnish the pictures and I'll furnish the war 카메라에 필름을 넣고loading, 피사체에 초점을 맞추고aiming, 셔터를 누르면shooting 사실을 그대로 전하는 팩트로 연결돼야 하는 데 정반대의 상황이 펼쳐질 수도 있는 것이다. 프레이밍을 통한 가짜뉴스의 탄생이다. 개가 꼬리를 흔드는 것이 아니라 꼬리가 개를 흔드는 'Wag the dog'tip은 오늘날의 영화 제목이 아니라 이미 현대 저널리즘의 태동기 때부터 있었다. 본말이 전도되는, 악화가 양화를 구축하는 가짜뉴스는 뉴 미디어의 시대 SNS 플랫폼을 타고 걷잡을 수 없게 번져가고 있다.

### Tip

영화 '웩더독(Wag the Dog)은 여학생 성추행 사건에 연루된 현직 대통령이 재선이 어렵게 되자 대중의 관심사를 돌리기 위해 있지도 않은 전쟁을 만들고, 여론을 조작하고, 그 거짓의 과정에 미디어가 깊숙이 개입하는 세태를 폭로하고 있다. 거짓 스토리 텔러의 핵심인물인 헐리우드의 명 PD 스탠리 모츠 역을 맡은 더스틴 호프만은 워터게이트 사건을 소재로 한 '모두가 대통령의 사람들'(All the President's Men)이란 영화에서 워싱턴 포스트의 칼 번스타인 기자 역을 맡았다. 한 영화에서는 가짜뉴스 창조자로, 또 한 영화에서는 진실을 폭로하는 취재기자로 나온 셈이다.

가짜뉴스
# 이런 것이 가짜뉴스

가짜뉴스의 뿌리는 옐로 저널리즘에 기반하고 있다. '사실'이 기본이 되어야 할 '뉴스'에 '거짓'을 보태 '진실'을 호도하는 것이 가짜뉴스의 본질이다. '가짜뉴스'는 크게 '오보'misinformation와 '거짓 정보'disinformation로 나뉜다. 가짜뉴스 판별에 적극 나서고 있는 비영리 팩트체크 단체인 First Draft 2022년 6월 IFL Information Futures Lab으로 개편는 가짜뉴스의 유형을 7가지 카테고리로 분류하고 있다.

### 잘못된 연결 False Connection

제목과 화면과 자막이 본문 내용과 일치하지 않는 경우를 말한다. '여교사 10명 중 7명 "성폭력 경험"'이란 제목 하의 신문 기사를 보자. 2016년 6월 16~17일 대다수 언론이 이 같은 헤드라인으로 보도했다

본문 내용은 "여성 교사 10명 중 7명이 교직 생활 중 성희롱을 당한 경험이 있는 것으로 나타났다."이다. 제목에서 '성폭력'이란 표현은 '성폭행'을 연상시킨다. 그러나 기사 본문의 내용을 확인하면 '성폭행'이 아닌 '성희롱'이 주된 내용이다. 헤드라인을 자극적으로 뽑아 독자를 유인하려는 의도가 강하다. 태산명동서일필泰山鳴動鼠－匹 류의 가짜뉴스들이

취하는 방식이다.

### 잘못된 문맥 False Context

실제 내용이 잘못된 맥락과 공유된 경우를 말한다. 진짜 내용이 가짜 문맥의 정보들과 함께 공유되는 사례들이다.

2014년 4월 16일 세월호 사건 발생 당시 상당수 언론들은 구조 작업 현장 보도를 하면서 '육·해·공군 총동원 입체 수색'이란 헤드라인을 달고 구조작업 보도를 했다. 세월호 진상조사 규명위원회의 조사 결과 입체적인 수색 작업이 이뤄지지 않았던 것으로 확인되었다. 현장 구조작업은 팩트였다 하더라도 형식에 그친 입체적 구조작업을 마치 일사불란한 구조작업이 펼쳐진 것처럼 보도해 실체적 진실 보도가 아닌, 보여주기식 보도의 전형을 보여준 가짜뉴스였다.

### 풍자와 패러디 Satire or Parody

해를 끼칠 의도는 없지만 오해를 일으킬 잠재력이 있는 경우를 말한다. 1938년 오손 웰스가 제작 감독한 CBS 라디오 단막극 '화성인의 침공'이 대표적인 사례다. 방송을 듣고 진짜 화성인이 침공한 줄 알고 놀란 당시 미국의 혼란상황은 두고두고 회자되었다. 동시에 미디어의 영향력을 확인한 순간이기도 했다. 특정 개인에게 해를 끼칠 의도가 없다 하더라도, 방송을 듣거나 보고 판단할 경우, 충분한 오해의 여지가 있을 수 있는 가짜뉴스다.

### 조작된 콘텐츠 Manipulated Content

본래의 정보나 영상을 조작해 뉴스 소비자를 속이는 가짜뉴스를 말한다. 5.18 광주민주화운동 당시 북한군의 개입설을 입증하겠다고 보도한 '광수' 관련 보도가 한 예다. 관련 보도 내용은 복수의 '광수'가 시민군 사이에 있었다는 폭로였으나 진상규명위원회 조사 결과 모두 가짜뉴스로 판명 났다. 진상위에 따르면, 보수 논객 지만원 씨가 '광수 1호'로 지목한 '김 군'은 북한군이 아닌 실존인물인 '차복환' 씨로 확인됐다. 확증편향을 부추기는 전형적인 가짜뉴스다.

### 호도하는 콘텐츠 Misleading Content

특정 이슈나 특정인을 프레이밍 하기 위해 정보를 오해의 소지가 있도록 만드는 경우를 말한다. 반유대주의 언론이 대세였던 19세기 말 프랑스 사회에서 벌어진 드레퓌스 사건이 대표적이다.

이른바 '프랑스판 간첩 조작극'이었던 드레퓌스 사건은, 보수주의적 색채가 짙은 가톨릭계열 신문인 '라 리브르 파롤'La libre parole이 특종보도하면서 알려지기 시작했다. 당시 유럽 사회는 반유대주의 정서가 강한 로마 가톨릭 교회 전통이 지배하는 분위기였다.tip 라 리브르 파롤은 1894년 11월 19일 "대역죄, 유대인 장교 체포"라는 헤드라인으로 드레퓌스 사건을 최초로 세상에 알린다. 반유대주의 정서에 기반한 이른바 확증편향에 치우친 전형적인 가짜뉴스였다. 반역죄의 근거로 제시된

**Tip**
라 리브르 파롤', '라 크루와', '랭트랑지장' 같은 신문들이 당시 가톨릭 계열의 대표적 신문이었다.

증거물의 필체가 드레퓌스와 흡사하다는 이유만으로 한 사람을 나락으로 떨어뜨린 가짜뉴스였던 것이다.<sup>tip</sup>

### 사기성 콘텐츠 Imposter Content

사실을 속이는 경우를 말한다. 사기성 의료상품 판매를 위한 거짓정보 만들기 등이 이에 속한다.

일주일 만에 기미 여드름 완전제거, 한 달 만에 10kg 감량 등과 같은 뉴스들이 대표적 사례들이다. 유명 브랜드의 로고를 교묘하게 변형 조작하거나 자극적인 헤드라인을 통해 콘텐츠 소비자를 기만하는 경우, 사기성 콘텐츠일 가능성이 높다. 영향력 있는 매체의 평판을 이용해 뉴스 소비자에게 잘못된 정보를 퍼뜨리고 이를 통해 이익을 취하기 위한 목적으로 악용된다.

### 날조된 콘텐츠 Fabricated Content

사실이 아닌 것을 사실인 것처럼 꾸미는 뉴스, 사실을 날조한 가짜뉴스를 말한다. 주로 유명인을 대상으로 근거없는 사실을 팩트인 것처럼 왜곡하는 사례들이 많다. 2016년 12월 미국 대선 당시 민주당 후보였던 힐러리 클린턴의 아동 성매매 현장 관련 보도가 대표적이다.

'피자 게이트'로 일컬어지는 이 가짜뉴스는 파워 유튜버 데이비드 시

---

Tip

1991년 '강기훈 씨 유서 대필 사건'의 보도과정에서 보여준 우리 언론의 태도와 유사하다. 강씨는 2015년 대법원 무죄 선고를 받았다.

맨David Seaman의 유튜브 채널을 타고 급속도로 확산되었다. 주요 내용은 힐러리가 워싱턴 근교의 코메트 펑퐁 건물 지하에서 아동 성매매 조직을 운영하고 있다는 첩보 관련 보도였다.

확인 결과, 힐러리와는 전혀 관련이 없었다. 거명된 해당 건물에는 지하도 없었다. 그러나 가짜뉴스 확산 과정에서 에드가 웰치라는 청년이 아이들을 구출하기 위해 해당 건물에 총기를 난사하는 해프닝까지 벌어졌다. 다행히 사상자는 발생하지 않았지만 가짜뉴스 여파로 인한 충격적인 사건으로 기록되었다.<sup>tip</sup>

많은 저널리스트들이 교과서로 받들고 있는 빌 코비치와 톰 로젠스틸의 '저널리즘의 기본원칙'The elemenets of journalism에는 취재보도의 5가지 기본원칙을 제시하고 있다. 가짜뉴스에 대한 백신이 될 수 있지 않을까 싶다.

- 절대로 없었던 것을 추가하지 말라.
- 절대로 수용자를 속이지 말라.
- 당신의 방법들과 동기에 대해서 최대한 투명하라.
- 당신 스스로가 한 취재에 의지하라.
- 겸허하게 접근하라.*

> **Tip**
>
> 셀럽이나 유명 정치인 등을 소재로 한 가십성 기사를 주로 다루는 타블로이드 신문들이 가짜뉴스의 진원지라는 지적은 예전부터 있어왔다. 고인이 된 팝 가수 마이클 잭슨은 '타블로이드 광신자'(Tabloid Junkie)라는 노래를 통해 이런 메시지를 던졌다. "당신이 잡지에서 읽었거나 TV에서 보았던 것들이 진짜라고 믿지 마세요"(you read it in a magazine or see it on the TV screen. Don't make it factual)

---

* 빌 코비치, 톰 로젠스틸 (2011), 〈저널리즘의 기본원칙〉_한국언론진흥재단, p.142

**팩트체크**
# 가짜뉴스 찾기

　희극왕 찰리 채플린이 '채플린 흉내내기 대회'에 나갔다. 심사 결과 진짜 채플린은 겨우 3등을 차지했다. 진짜보다 더 진짜 같은 가짜 채플린이 두 명이나 더 있었던 것이다. 우리 사회에 진짜보다 더 진짜같은 가짜뉴스들이 넘쳐나고 있다. 가짜뉴스의 저수지는 유튜브, 페이스북과 같은 SNS 소셜미디어들이다. 검증되지 않은 가짜뉴스가 SNS라는 거대 플랫폼을 통해 확대 재생산되고 있다. AP 통신은 SNS상의 가짜뉴스가 범람하는 요즘 "사실을 제대로 모으는 것 Getting the fact right 이야 말로 우리가 최우선순위로 지향해야 할 미션"이라고 밝히고 있다. 팩트체크의 중요성을 강조한 것이다.

## 대표적 팩트체크 단체들

### 국제팩트체킹네트워크 IFCN

　가짜뉴스로 인한 폐해를 막기 위한 노력은 다방면에서 적극적으로 진행되고 있다. 대표적인 팩트체크 단체라고 할 수 있는 국제팩트체킹네트워크 IFCN International Fact-Checking Network tip 의 강령을 보면 가짜뉴스를 판별하는 기준을 추론할 수 있다.

5가지 강령이란 불편부당함과 공정함, 취재원의 투명성, 자금 조달과 조직의 투명성, 방법론 공개, 기사 수정에 대한 열린 자세 등이다. 불편부당함과 공정함의 가치는 대표적 공영방송 BBC의 가치와 크게 다르지 않다. 취재원의 투명성은 공신력을 담보하는 장치로서 필수 불가결한 사안이다. 자금 조달과 조직의 투명성은 자본권력으로부터의 독립, 방법론 공개는 취재, 조사, 편집 과정의 투명성, 수정에 대한 열린 자세는 오보에 대한 정정보도의 중요성과 연결돼 있다.

### FactCheck.org

펜실베니아 대학 아넨버그 공공정책센터 The Annenberg Public Policy Center에서 운영한다. APPC는 출판업자이자 자선가인 월터 아넨버그가 펜실베니아대학교 내에 지역, 주, 연방 차원의 공공 정책 문제를 다룰 학자들의 커뮤니티를 만들기 위해 설립했다. 비정파적, 비영리적 소비자 옹호 단체로 저널리즘의 모범적 사례 적용을 통해 대중의 지식과 이해를 돕는 데 목적을 두고 있다. 주로 정치인들이 TV 광고, 토론, 연설, 인터뷰, 뉴스 보도를 통해 전하는 말의 사실적 정확성을 감시하고 있다.

> **Tip**
> '글로벌 팩트체킹 서밋' 10주년 행사는 2023년 6월 서울에서 개최됐다. 글렌 케슬러 IFCN 이사는 인사말을 통해 "많은 거짓말과 허위정보가 정교한 기술과 도구를 통해 확산되며 진실과 거짓의 경쟁이 오랜 기간 이어지고 있다"고 우려하면서 "때로 팩트체커들은 공격받지만 높은 기준과 명확한 근거에 기반한 팩트체크는 결국 독자들에게 지지를 받을 것"이라고 밝혔다.

### 국제도서관연맹 IFLA

국제도서관연맹 International Federation of Library Associations and Institutions은 정보를 필요로 하는 사람들의 이익을 대표하기 위해 1927년에 설립한 국제단체이다. 도서관을 통한 정보 제공이라는 전통적 가치를 견지해온 IFLA는 최근 들어 가짜뉴스 판별법 안내 등에 적극 나서고 있다. 글로벌 팬데믹 코비드 19 상황에서 코로나로 인한 가짜뉴스 혼란을 줄이기 위한 적극적인 활동으로 주목받았다.

### Full Fact

영국의 팩트체크 공익단체이다. 2009년 마이클 사무엘에 의해 설립되었고, BBC, ITV, Sky News 등과 파트너십을 구성하고 있다. '결정이 필요한 사람들에게 가장 올바른 정보를 제공한다'라는 목표를 세워놓고 있다. FF는 다음과 같은 8단계 절차를 통해 가짜뉴스 진위를 판별한다.

- 내용에 대한 정확한 판단과 이해
- 출처가 불분명할 경우 당사자에게 확인
- 증거 수집
- 전문가들에게 조언
- 기사 작성
- 게재 전 검토
- 기사 게재 레거시 미디어, SNS
- 가짜뉴스 발언자에 대한 정정 요구 및 캠페인 활동

FF는 정치인들의 발언이 팩트에 기반하고 있는 것인지 아닌지를 검증하는 시스템을 도입해 가짜뉴스 판별에 적극 나서고 있다.

### Africa Check

사상의 공개시장을 위한 열린 토론과 미디어의 정확성을 높이기 위해 2012년에 설립된 비영리 단체다. 남아프리카 요하네스버그에 있는 위트워터스랜드Witwatersrand대학교 저널리즘학과에 본사를 두고 있다. 케냐와 나이지리아, 세네갈에도 파트너십을 위한 사무실이 있다. 민주화의 걸림돌이 되는 정치인들의 거짓 진술을 폭로하는 데 앞장서면서 아프리카 대륙의 대표적인 팩트체커로서 신임을 얻고 있다.

### Tech 4 peace

이라크를 중심으로 활동하고 있는 중동 지역의 가짜뉴스 팩트체크 비영리단체다. "It ends with us"우리와 함께 끝납니다라는 슬로건을 표방하고 있다. SNS를 통해 유포되는 가짜뉴스의 출처 확인, 폭력을 조장하는 미디어 플랫폼의 허위 정보 진위를 가려내는 데 적극 나서고 있다.

### EDMO

European Digital Media Observatory의 약자로 2020년 6월 출범한 유럽 내 다국적 팩트체크 단체다. 유럽 내 30여 개 기관의 팩트체크를 종합해 월간보고서를 발행하고 있다. EU로부터 자금 지원을 받고 있다.

## 제 6부 저널리스트

**저널리스트**
# '차이의 계곡'에 다리를 놓는 일

### 다리를 건너자 다리가 무너졌다

 1994년 10월 21일 아침 7시 10분 나는 성수대교를 건너고 있었다. 그로부터 30분 뒤 다리가 무너져 내렸다. 개통된 지 불과 15년 만이었다. 32명이 사망하고 17명이 부상한 대한민국 역사상 최악의 참사 가운데 하나였다. 부실공사에 부실점검이 빚은 인재였다. 성수대교 붕괴는 새로운 2천 년을 맞이하기 전 국제사회에 대한민국의 현주소를 적나라하게 드러내 놓은 우리들의 민낯이었다. 다리는 양 끝단을 이어주는 인간이 만든 위대한 발명품이다. 단순한 기술이 아니다. 다리를 건설하는 것은 단절의 공간을 연결하는 일이다. 소통의 공간을 확장하는 것이다.
 아이슬란드를 여행할 때 링로드를 일주한 적이 있었다. 링로드는 아이슬란드를 반지 모양처럼 한 바퀴 도는 1,332km에 이르는 일주도로로 874년에 착공, 1,100년 만인 1974년도에 이르러서야 완공되었다. 1번 국도로 지정된 도로의 명물 가운데 하나가 총연장 880m의 스케이다라우 다리다. 이름 그대로 스케이다라우 강 양 끝단을 연결한다. 완공 전까지 사람들은 강을 건너기 위해 1,000km를 우회해야 했다. 1km도 채 되지 않는 다리가 1,000km를 연결하고 있는 셈이다.

## 교황, 다리를 놓는 사람

'교황'을 뜻하는 라틴어 폰티펙스Pontifex는 다리Pons와 만들다facere의 합성어다. "교황=다리를 놓는 사람"이라는 뜻이다. 교황을 신과 인간의 세계를 연결하는 메신저라고 할 때 인간과 인간을 연결하는 미디어의 역할 또한 비슷한 것이 아닐까 하는 생각이다. 미디어는 Media, 말 그대로 medius, 중간에 위치해 양쪽의 소통을 중재하는 중재자 즉 mediator 역할을 하는 것이기 때문이다. 다리는 단절의 공간을 공동체로 엮는다. 양극단의 적대적 관계를 중간지대의 확장을 통해 공생적 관계로 만드는 것이 언론의 역할이다. 부처는 열반에 들어가기 전 제자들에게 이렇게 말했다. "이제 너희는 공동체다. 너희 스스로에게 등불이 되어라. 너희 스스로에게 피난처가 되어라." 위기상황에서 등불과 피난처의 역할을 하는 것이 바로 미디어의 역할이다. 그것이 바로 신에 의탁했던 중세로부터 근대로 가는 길목에서 만난 신문의 역할이었다. 그 시대를 건너 방송의 시대가 펼쳐진 오늘날의 미디어 생태계는 어떠한가? 앞장에서 언급한 가짜뉴스의 범람은 오히려 위기상황을 부추기고 있다. 국제팩트체킹네크워크IFCN를 이끌고 있는 포인터연구소의 그레고리 파브르는 이렇게 말하고 있다.

"기자는 사람들에게 지금이 위기상황인지 아닌지를 알려줘야 한다. 기자는 시민들이 서로 대화하도록 도와야 하고, 다양한 목소리에 귀 기울여야 하며, 그들이 시민으로서의 역할을 제대로 하게 하기 위해 필요한 정보를 제공해야 한다. 기자는 사람

들이 '차이의 계곡'Gulf of differences에 다리를 지을 수 있도록 도와야 한다." tip

우리는 지금 '차이의 계곡' 사이에 놓인 튼튼한 다리를 갖고 있는가? '차이의 계곡'을 연결하는 미디어 다리를 통해 우리는 '차이의 계곡'을 건너고, 사실의 계단을 밟고, 마침내 진실의 문으로 들어 간다. 저널리스트의 '말'과 '글'은 팩트로 구축한 믿음의 다리다. 믿음의 다리는 팩트체크, 크로스 체크, 확증적 편향 배제, 객관적 시각으로 혼합한 레미콘으로 건설한다. 그것은 불순물이 섞이지 않은 콘크리트이어야 한디.

### 기자, 다리가 되는 사람

CBS 연수 기간이었던 1992년 봄 미국 뉴욕 주 롱아일랜드에 있는 한 중산층가정에 초대를 받은 적이 있다. 따스한 환대 속에서 가족들과 저녁 식사를 함께 하며 좋은 시간을 보내고 있을 때였다. 아버지와 딸 사이에 서로 다른 의견을 내세우는 것 같았다. 처음엔 웃고 떠드는 분위기였는데 시간이 갈수록 표정들이 안 좋았다. 지켜보던 어머니는 이제 그만들 하라고 했다. 처음이 아닌 것 같았다. 대화가 논쟁으로 번진 것은 LP를 통해 흘러나온 노래 때문이었다. 나도 익히 들어 알고 있는 존 바

> **Tip**
> 파브르는 2006년 4월 포클랜드 시 Oregonian 지의 연례 Fred Stickel 시상식 행사에서 '명예로운 기술을 연습하라(Practicing honorable craft)'라는 제목으로 이같은 견해를 밝혔다.

에즈의 '우리 승리하리라'We shall over come였다. 40대 초반이었던 딸은 이 노래를 부르면서 베트남전 반대 시위에 참석했었다며 자랑스럽게 말했고, 참전 용사였던 아버지는 애국자를 욕 보이는 그런 노래를 왜 듣느냐며 얼굴을 붉히고 있었다. 특정 이슈를 놓고 다투는 세대 간 갈등의 현장은 우리와 크게 다르지 않다고 느꼈다.

팝 역사상 최고의 듀오라고 평가받는 사이먼 앤 가펑클의 대표곡 가운데 하나인 '험준한 물결 위에 놓인 다리'bridge over troubled water 라는 노래가 있다. 이 노래가 나온 것은 베트남전이 막바지에 이르고 있었던 1970년 대 초였다. 잔잔한 피아노 선율로 시작해 웅장한 오케스트라 반주로 끝나는 발라드 풍의 이 노래는 달콤한 선율에 그치지 않고 가사를 통해 당시의 시대상을 반영하고 있다. 궁극적으로 베트남전으로 상처받은 사람들을 위한 노래였다.

> 험준한 물결 위에 놓인 다리처럼
> 나를 눕힐 것이다.
> Like a bridge over troubled water
> I will lay me down

기자는 양극단의 어느 한편에서 외치는 사람이 아니다. 양극단 사이 험준한 물결 위에 놓인 다리가 되는 사람이다.

현역 시절 나의 마지막 방송은 2019년 7월 18일이었다. '김호성의 출발 새아침' 클로징멘트를 인용하는 것으로 '뉴스'를 대하는 저널리스트의 생각을 대신한다.

오늘 마지막 엔딩곡은 사이먼 앤 가펑클이 부르는 '7 o'clock news'입니다. 예전엔 이 듀엣의 아름다운 하모니만 들렸는데, 언제인가부터 배경에 깔리는 라디오뉴스 내용이 뭐지? 하는 궁금증이 생기기 시작했습니다. 조금씩 크게 들려오는 7시 저녁 뉴스에는 마르틴 루터킹 목사와 닉슨 부통령, 베트남전, 살인범 검찰 송치, 그리고 유명 코미디언의 사망 소식에 이르기까지 66년 8월의 어느 날 다양한 뉴스를 전하고 있습니다. 세상은 사일런트 나잇, 이 노래처럼 고요한데 세상엔, 또 왜 이리도 안타까운 뉴스가 끊이지 않고 있는 걸까요?

매일매일 '출발 새아침' 진행하면서 좋은 소식을 전하려 했는데 나쁜 뉴스가 더 많지 않았나, 싶습니다. 편안함보단 불편함을, 고요함보다는 아우성을, 약자보단 강자의 소식을 더 전해드린 것은 아닌가, 하는 생각이 듭니다.

김호성이었습니다. 지난 446일 동안 청취자 여러분과 함께해서, 정말 행복했습니다.

방송 영상은 QR코드를 통해 볼 수 있습니다.

### 세월호
# '기레기'를 위한 변명

**뼈 아픈 단어**

34년 기자라는 직업으로 살다가 퇴직한 내게 가장 뼈 아픈 단어 하나를 꼽으라고 한다면 바로 '기레기'란 단어다.[tip] 언론사에 입사해 평기자, 데스크, 국장, 임원을 거치는 34년 동안 나는 '기레기'란 단어를 거의 들어본 적이 없다. 비교적 최근에 들었다. 도대체 언제부터 이 단어가 회자되기 시작했을까? 단언컨대, 그 시점은 세월호 보도 이후일 것이다. 심지어 누군가는 이렇게 말했다. "대한민국 언론보도는 세월호 보도 전과 후로 나뉜다."

언론은 세월호 보도를 어떻게 했을까? 나는 지난 2014년 한국방송기자연합회 저널리즘 특별위원회 재난보도분과 위원장을 맡았었다. 각 방송사 기자들과 함께 세월호 보도 관련 사례를 분석했고 그 결과물을 '세월호 보도… 저널리즘의 침몰'이란 제목으로 내기도 했다. 위원회는 "세월호 참사는 한국 방송 언론의 수준과 시청자들의 기대 사이에 얼마나 큰 간극이 있는지를 극명하게 드러낸 사고였다"라고 정의했다. 대표

---

**Tip**

기레기: '기자'와 '쓰레기'의 합성어로 대한민국에서 허위 사실과 과장된 부풀린 기사로 저널리즘의 수준을 현저하게 떨어뜨리고 기자로서의 전문성이 상당히 떨어지는 사람과 그 사회적 현상을 지칭한다. _위키백과

적 사례를 정리해보자.

### 역대 최악의 오보

세월호 참사는 "단원고 학생 전원 구조"라는 언론 역사상 최악의 오보에 기인했다는 주장이 여전히 공감을 얻고 있다. 구조하지도 않은 희생자 관련 소식을 팩트 확인 과정 없이 한 언론이 보도했고, 다른 언론들은 마치 경쟁이라도 하듯 이를 뒤따랐다. 보도 참사였다.

세월호 보도 참사는 "전원 구조"라는 속보 자막으로부터 시작됐다. 사건 발생 두 시간 정도 후인 11시부터 11시 반 사이 거의 대부분의 방송사가 연쇄적으로 씻을 수 없는 자막 오보를 이어갔다. '속보성'이 '정확성'을 추월하면서 빚어진 대한민국 언론 역사상 최악의 오보 참사였다. 1부 '뉴스'에서 인용한 '속도'보다 '전달'을 중요시했던 '로마의 우편 제도'를 기억하기 바란다. 방송통신심의위원회 자료에 따르면 모 방송국이 11시 1분 "학생 338명 전원 구조"라는 자막을 내보내면서 거의 모든 방송사가 그 뒤를 따랐다.

오보를 둘러싼 정황은 이러했다. 사고 당일 단원고등학교 강당에서 누군가가 "학생들이 전원 구조됐다"라고 말한 것을 모 방송국에서 사실 확인 없이 보도했고, 뉴스전문채널은 이를 그대로 여과 없이 받아 보도했으며, 경기도교육청은 이 보도를 근거로 '전원 구조' 문자를 학부모들에게 발송했다. 속보 경쟁에 휘말린 언론사들이 팩트체크 없이 경쟁적으로 오보를 양산하기에 이른 것이다. 이후 '학생 전원 구조', '선체 진입 성공' 등 검증되지 않은 언론보도를 정부 기관이 인용 확인함으로써 정부의 공식입장으로 확대 재생산되었다.

## 받아쓰기식 보도

언론은 현장 상황에 대한 정확한 팩트 취재 없이 정부가 내놓는 자료만 참고하며 입체적인 구조활동이 대대적으로 전개되고 있다는 식의 왜곡 보도를 이어나갔다. 상황이 급박하게 돌아가는 재난보도 현장에서 기자들은 팩트를 캐내고 분석하는 스페셜리스트가 아니라 정보를 받기만 하는 수동적인 존재가 되어 버리고 말았다.

▶ OOO 뉴스

"육해공 총동원, 하늘·바다서 입체적 구조작업"

**앵커멘트**

구조작업에는 해경과 해군의 함정과 헬기는 물론이고 민간 어선까지 모두 동원돼 하늘과 바다에서 동시에 입체적인 구조 작업이 펼쳐졌습니다.

**리포트**

사고 직후, 동원 가능한 모든 장비와 인력이 현장에 투입됐습니다. 가장 먼저 사고를 접수한 해경은 현장에 헬기와 경비함정을 급파해 곧바로 구조작업에 나섰습니다. 투입된 경비함정만 81척, 헬기 15대가 동원됐고, 2백 명에 가까운 구조인력이 배 안팎에서 구조작업을 벌였습니다. 군 당국도 육해공군 가릴 것 없이 전력을 총동원해 현장에 투입했습니다. 사고 직후 해군은 유도탄 고속함을 시작으로 20여 척의 함정을 현장 구조 작업에 즉각 투입했고, 해상 수색이 가능한 링스 헬기 등 항공기도 공중에서 수색과 구조를 도왔습니다.

수중 작전을 수행할 수 있는 해군 해난구조대 SSU와 해군 특수전여단 UDT/SEAL 소속 정예병력 170여 명도 구조에 들어갔습니다. 공군 역시 구명보트를 탑재한 수송기와 구조헬기를 사고 해역에 급파해 구조 지원에 나섰고, 육군도 특전사 신속대응부대 150명을 현장으로 보냈습니다. 구조작업에는 민간 어선과 행정선 등도 힘을 보탰습니다. 사고 직후 조업에 나섰던 민간 어선 등 10여 척이 구조현장을 누볐고, 시간이 지나면서 그 숫자는 수십 척으로 늘어났습니다. OOO 뉴스 OOO기자입니다

정말 육해공군이 총동원된 입체적인 구조작업이 이뤄졌을까? 당시 현장에 있었던 기자의 취재후기는 위 보도와는 상반된 입장을 전하고 있다.

사고가 발생한 지난달 16일 밤, 실종자 가족들이 모여 있는 진도군 실내체육관에 도착했습니다. 낮에는 헬기를 타고 현장 상황을 취재하러 사고 해역을 다녀오던 참이었습니다. 사고 해역에 도착한 시간은 사고가 발생한 지 7시간 이상이 지난 오후 4시 20분쯤이었습니다. 뱃머리 부분 일부만 수면 위로 드러나 있었는데, 구조작업은 제대로 진행되지 않고 있었습니다. 아니, 구조에 나선 인력이 너무 없었습니다. 잔인할 정도로 평온한 모습이었습니다. 밤늦게 진도군 실내체육관에 도착해 실종자 가족들의 상황과 수색 상황

> 을 중계를 통해 전달했습니다. 그리고 잔인하게도 실종자 가족들에게 지금 심정이 어떤지를 물었습니다. 그 사이 구조작업을 총괄하고 있던 해경은 잠수요원을 수백 명 투입해 대대적인 구조작업을 벌일 것이라고 발표했습니다. 많은 언론사들은 그 말을 그대로 받아서 썼습니다. 저 역시 마찬가지였습니다. 이후 가족들의 언론에 대한 불신과 비판은 커져 갔습니다. 체육관이나 체육관에 묶여 있는 기자들과 달리 배를 타고 헬기를 타고 구조 현장을 직접 갔다 왔기 때문에 오히려 더 정확한 정보를 가진 가족들이었습니다. 그러다 보니 대규모 구조작업이 이뤄지고 있다는 언론의 보도에 화가 날 수밖에 없는 상황이었습니다. \_2014.5.9 OOO 취재파일

세월호 보도는 현장 기자의 확인보다 현장상황을 호도하는 관계 당국의 보도자료를 받아쓰기만 한 보도참사였다. 무책임한 인용 보도는 물론 출처가 불분명한 보도도 적지 않았다. 익명의 취재원을 활용한 기사들이 대표적이다. "~알려졌다", "논란이 일고 있다", "~비판을 받고 있다."는 식의 보도들이다.

### 비윤리적, 자극적, 선정적 보도

재난보도는 남의 불행을 상품화하는 것이 아니다. BBC는 속보라는 이유로 희생자 명단조차 방송을 통해 알릴 수 없도록 규정하고 있다.

> 사람들이 죽거나 부상당하거나 실종된 경우, 그것이 합리적으로 실행가능하다면, 희생자의 가족이나 최근친 next of kin 이 그

사실을 BBC를 통해 알지 않도록 하는 것이 중요하다.

_BBC 제작가이드라인 11.4.7

When poeple have been killed, injured, or are missing, it is important that, as far as is reasonably practicable, next of kin do not find out from BBC output.

독일언론윤리강령도 "사고나 재난 시 언론은 희생자와 위험에 처한 사람들을 구하는 조치를 정보 제공보다 우선시해야 한다."라고 규정하고 있다. 세월호 참사 당시 언론들은 알 권리에 부응한다는 미명 하에 재난보도 현장을 마치 스포츠 경기 중계하듯 비윤리적이고 자극적인 선정성 보도를 경쟁적으로 이어갔다. 아래 뉴스가 전형적인 사례다.

▶ ㅇㅇㅇ 뉴스

"순식간에 기울어"... 사고 직후 영상 확보

**앵커멘트**
지금까지 여러 차례 전해 드렸지만, 세월호는 순식간에 기울어 바다에 침몰한 것으로 확인됐는데요,
사고 발생 직후, 세월호 내부 모습이 담긴 영상을 단독으로 확보했습니다. 함께 보시죠.

**리포트**

> 09시 08분
>
> 지금 보신 화면은 세월호에 승객이 휴대전화로 촬영한 화면인데요, 9시 8분쯤에 찍힌 것으로 추정되는 사진입니다. 신발도 가지런히 놓여 있고, 승객들도 눕거나 앉아서 TV를 보고 있습니다.
>
> 09시 11분 38초
>
> 하지만 불과 몇분 뒤, 배는 벌써 확연히 기울어졌습니다. 상당히 기울어져서 받침판 없이는 누워 있기도 힘든 상황, 구명조끼를 이제 막 입기 시작한 듯 서로 구명조끼 주고 받음.
>
> 09시 20분
>
> 마지막으로 9시 20분을 조금 넘긴 뒤의 영상입니다. 승객들도 이상을 감지. 구명정을 띄워야 하는 것 아니냐는 말이 오가고 조용하던 객실이 웅성거립니다.

2005년 허리케인 카트리나가 뉴올린즈를 강타했을 때, 현장 취재를 했던 타임즈-피카윤의 테드 잭슨 기자는<sup>tip</sup> 저널리스트로서의 재난 현장 취재와 휴머니스트로서의 피해자 구조 사이에서 갈등한 심정을 이렇게 표현했다.

"마지막으로 나는 다시 사진을 찍기 위해 힘을 불러 모았습니다. 그때는 다른 매체들이 도착하기 시작했습니다. 구조대원들

> **Tip**
>
> Ted Jackson은 뉴올리언스의 지역신문 The Times-Picayune의 사진기자로 1996년 퓰리처상을 수상했다. 2005년 허리케인 카트리나로 인한 신체적 파괴와 트라우마에 큰 관심을 갖고 뉴욕 타임스와 워싱턴 포스트 등 유력 일간지에 자신의 작품과 글을 발표해왔다. 뛰어난 포토저널리즘을 구현하는 사진기자로 평가되고 있다.

이 도움을 요청했습니다. 사진기자들은 더 가까이 줌렌즈를 들이댔습니다. 드라마틱한 상황을 찍기 위해서였지요. 이같은 상황에서 제 자신이 역겨웠습니다. 저는 카메라를 어깨에 걸치고 구조에 나섰습니다. 그때 나는 이렇게 생각했습니다. "나는 내 일을 끝냈어. 이젠 더 이상 하고 싶지 않아."라고 생각했던 것을 기억합니다. _테드 잭슨 타임즈-피카윤

Finally, I summoned the strength to begin taking pictures again. By now, other media were starting to arrive.
As rescuers begged for help, the photographers zoomed in tighter for the increasing drama. I disgustedly slung my cameras over my shoulder and started helping.
I remember thinking, "I'm done with this. I just don't want to do this anymore." _Ted Jackson The Times-Picayune

CNN의 유명 앵커 앤더슨 쿠퍼 역시 2010년 아이티 지진 현장에서 생중계 도중 피투성이가 된 소년을 구조하면서 인명 구조는 재난 보도에 앞선다고 밝힌 바 있다.<sup>tip</sup>

> **Tip**
> 앤더슨 쿠퍼는 지난 2018년 8월 18일 방한해 '진실을 위한 여정'이란 포럼에서 "상실에 빠진 사람들이 나를 구했다"고 말한 바 있다. 역설적이게도 그는 아이티에서의 이 사건으로 인해 재난현장에서 자신이 아이를 방패막이로 삼으려 했다는 가짜뉴스에 휩싸이기도 했다.

### 본질 희석식 보도

'구원파'라는 종교 단체가 등장하면서 세월호 보도는 본질이 희석되는 방향으로 흘러갔다. 해상 참사의 원인 규명과 책임 문제에 초점이 맞춰져야 함에도 시건의 본질을 벗어난 특정 종교 단체에 보도 프레이밍 하면서 흥미 위주의 보도가 양산되기 시작했다.tip

---

▶ OOO 8시 뉴스

'구원파' 뭐기에? "직원은 신자로… 헌금으로 사업"

**앵커멘트**
유병언 씨는 또 '기독교복음침례회'라는 단체를 이끌고 있습니다. 속칭 '구원파'로 불리는데, 유병언 씨 일가가 주요 계열사들을 이 구원파 신자들로 채우고, 이들의 헌금을 사업자금에 이용했다는 증언이 나왔습니다. 보도에 OOO기자입니다.

**리포트**
기독교복음침례회, 속칭 '구원파'는 지난 1962년 권신찬 목사와 권 목사의 사위인 유병언 전 회장이 설립한 기독교 단체입니다. 이단 문제를 연구하는 기독교 전문가들은 구원파가 특이한 교리를 갖고 있다고 말합니다.

---

**Tip**
언론중재위원회 통계에 따르면 세월호 이전 언론 조정, 중재 신청 건 수는 한 해 평균 2천여 건이었다. 그러다가 세월호 참사가 발생한 2014년에 무려 2만 건에 육박했다. 본질을 벗어난 가짜뉴스가 많았다는 반증이다. 통계에 따르면 언론 조정, 중재 신청은 2011년 2,124건, 2012년 2,401건, 2013년 2,433건, 2014년 19,048건이었다. 이 듬해인 2015년 5,277건을 기록했고, 이후 2020년까지 3천 대에 그쳤다.

> 탁지원_종교연구단체 '현대종교' 소장: 한 번 회개하면 더 이상 죄를 지어도 문제가 되지 않는다. 생활 속에서의 죄를 지어도 한 번 구원받기 때문에 그 구원이 취소가 되지 않는다라고….
> 외부 전문가들은 이런 교리가 사람들의 죄책감을 약화시킬 수 있는, 일종의 도덕 폐기론에 가깝다고 지적합니다.

### 국가는 나를 지켜줄 수 있는가?

출근길 아침 시사 프로그램 '김호성의 출발 새 아침' 진행 당시 출연자로 나왔던 경희대학교 이택광 교수는 이렇게 말했다.

"지금의 10대는 88올림픽이나 2002 월드컵과 같은 대형 이벤트를 경험하지 못한 세대예요. 그 대신 개인과 국가와의 관계를 세월호를 통해 경험한 세대이지요. '국가는 나를 지켜줄 수 있는가'에 대한 고민을 하기 시작한 세대입니다." _2019년 4월 15일 방송

바로 이 세대들이 '국가' 뿐만이 아니라 '언론'에 대한 책임도 묻고 있음을 나는 확인할 수 있었다. 한국기자협회가 주최한 '2014 전국 초중고 학생 논술대회' 심사를 맡으면서였다. 세월호 사태와 관련해 학생들이 언급한 대표적 키워드는 '안전', '늑장 구조', '리더십', '언론'이었다.

 심사평 전문은 QR코드를 통해 볼 수 있습니다.

지금 이 순간에도 지구촌 곳곳의 취재현장에서 재난 리포트를 만들기 위해 땀 흘리는 기자가 있을 것이다.

어제의 재난 현장에서 일상처럼 반복됐던 과오는 이제 끝내야 한다. 오늘의 재난 리포트를 통해 신뢰를 회복하는 실천이 그래서 중요하다. 그리고 그것은 지금 언론의 책임을 묻고 있는 미래의 저널리스트들의 몫이기도 하다. '세월호 보도... 저널리즘의 침몰' 보고서에 실린 4년 차 취재기자의 반성문으로 '기레기를 위한 변명'을 대신한다.

"우리는 '현장'에 있었지만 '현장'을 취재하지 않았습니다. 유가족들이 구조가 제대로 이뤄지지 않고 있다며 울부짖을 때 우리는 냉철한 저널리스트 흉내만 내며 외면했습니다. '현장'이 없는 정부와 해경의 숫자만 받아 적으면서요."*

기자로서 늘 평양이나 뉴욕 같은 현장 한가운데 있었던 나는 세월호 당시에는 현장으로부터 비껴나 있었다. 나는 그때 보도국 밖에 있었다. 취재 현장이 그리웠다.

---

* 세월호 보도... 저널리즘의 침몰 188쪽 _방송기자연합회

저널리즘
# 다른 의견을 가질 권리

## 열린 언로, 닫힌 소통

"별이 빛나는 하늘을 보고 갈 수가 있고 또 가야만 하는 길의 지도를 읽을 수 있던 시대는 얼마나 행복했던가? 그리고 별빛이 그 길을 훤히 밝혀주던 시대는 얼마나 행복했던가?"

_게오르크 루카치

34년 동안 언론인으로 살아오면서 나는 지금처럼 변화무쌍한 미디어 환경을 경험한 적이 없다. 세상은 이미 밤하늘의 별에 의지해 걷기엔 너무 복잡해졌다. 레거시 미디어보다 영향력이 더 큰 SNS의 시대가 열렸다. 소셜 미디어의 영향력은 나날이 커지고 있다. 여기에 AI까지 가세하고 있다. 무엇이 가짜뉴스인지 구분하기 힘든 세상이 펼쳐지고 있다.

2021년 언론인으로서는 최초로 노벨평화상을 수상한 필리핀 독립언론매체 래플러 Rappler tip의 발행인 마리아 레사는 수상소감을 통해 이렇

> **Tip**
> 래플러(Rappler)는 인터넷을 기반으로 하는 필리핀의 독립 언론으로 2011년 7월 마리아 레사가 설립했다. '떠들다'라는 'rap', '물결을 일으키다'라는 'ripple'의 합성어로 "사회변화를 위한 소셜 미디어"를 지향했다.

게 언급했다.

"소셜미디어는 더 위협적이다. 페이스북이 새 게이트키퍼가 되었다. 기존 언론 생태계를 파괴했다. 증오의 글들이 더 빨리 퍼진다. 여론이 양극화되고 진실은 찾을 수 없다."

자유를 얻었으나 그 자유가 버거워진, 그래서 인간은 누군가 대신 그 자유를 누릴 수 있게 해 줄 것을 기다려왔다. 그 역할을 신탁의 시대엔 '신'이, 또는 '신의 대리인'이 맡았을 것이다. 현대사회에서는 '언론'이 그 역할자 중 하나로 등장했다. 앞서 언급한 대로 다리를 놓는다는 뜻의 폰티펙스Pontifex가 교황이라면 미디어Media는 단어 그대로 중간에medius 위치해 극단을 연결하는 역할을 해야 한다. 우리는 그런 언론을 갖고 있는가? '신의 시대'에 인간이 신을 믿었듯이 '인간의 시대'인 지금 여기hic et nunc에서 사람들은 뉴스를 신뢰하는가? 월터 크롱카이트가 경배했던 뉴스라는 이름의 신을 우리는 갖고 있는가?

뉴스는 종교가 아니다. 경배의 대상도 아니다. 인간은 본능적으로 알기를 원한다는 아리스토텔레스 이후 인간이 중심되어 지성이 모든 문제를 해결할 수 있다고 믿은 르네상스와 계몽의 시대를 거치면서 신들은 황혼으로 지고 인간은 새벽으로 왔다. 그럼에도 우리는 여전히 별을 보고 길을 찾던 시대의 향수로부터 자유롭지 못하다. 방향을 제시하는 이정표가 옳은 길을 안내하지 못할 때, 또는 전혀 다른 방향을 가리키고 있을 때, 사람들은 길잡이를 더 이상 신뢰하지 않는다.

### 소피스트와 파워 유튜버

"피레네 산맥 이쪽에서의 정의는 저쪽에서의 불의다"라는 파스칼의 생각은 정의에 대한 신념을 독점할 수도, 해서도 안 된다는 표현에 다름 아니다. 신념은 강요가 아닌 자유이기 때문이다. 다양한 의견을 가질 권리, 표현의 자유, 저널리즘의 정신은 이렇게 펴져나갔다.

특정 개인이 다른 의견을 갖고 있다는 이유만으로 그가 핍박받는다면 정의로운 공동체는 실현 불가능하다. '정의로운 공동체' 없이는 '행복한 개인'의 삶도 기대할 수 없다. 다른 의견을 용납하지 않는 사회는 전체주의다. 전체주의가 지배하는 사회에서 민주주의를 기대할 수 없다.

미국의 수정헌법 제1조는 "의회는 종교를 만들거나, 자유로운 종교활동을 금지하거나, 발언의 자유를 저해하거나, 출판의 자유, 평화로운 집회의 권리, 그리고 정부에 탄원할 수 있는 권리를 제한하는 그 어떠한 법률도 만들 수 없다"라고 명문화하고 있다. 우리 헌법 역시 "모든 국민은 언론 출판의 자유와 집회, 결사의 자유를 가진다"21조 1항라고 규정하고 있다.

정의로운 사회는 다양한 의견이 공존하는 사회다. 다양한 의견이 공존하는 '사상의 자유롭고 공개적인 시장'을 펼치는 것이 바로 언론의 사명이자 역할이다. 열린 언로의 옥석을 가리고 닫힌 소통의 숨통을 트는 일이 곧, '차이의 계곡'에 다리를 놓는 일이다. 그것이 곧 '다른 의견을 가질 권리'를 지키는 저널리즘의 사명이다. 어찌 보면 우리는 그 저널리즘의 사명에 기대기 전에 이미 스스로 권리를 얻었다. 누구나 다 미디어가 될 수 있는 1인 미디어 시대가 도래한 것이다. 내 의견을 언제, 어디서나, 그것도 대단히 확장적으로 표현할 수 있는 자유를 얻은 것이다.

그렇다면 우리는 지금 다양한 의견이 공존하는 사회에 살고 있는가? 오히려 넘쳐나는 주장에 사회는 더욱 양극화되고 사회 공동체 구성원들은 편견과 선입견, 확증편향에 시달리고 있다는 진단이 곳곳에서 나오고 있다. 이것은 마치 고대 그리스의 민주주의가 꽃 피기 시작할 당시 논리적 사고로 진실을 전해야 할 소피스트들이 공동체에 이바지하지 않고 개인의 입신양명을 위해 궤변을 전하는 어용 지식인으로 전락한 사례와 크게 다르지 않다.

고대 그리스의 소피스트는 오늘날의 파워 유튜버였다. 하지만 소피스트 가운데에서도 절대진리의 도그마에 갇히지 않고 끊임없이 회의한 사람들이 있었다. 최초의 소피스트로 불리는 프로타고라스도 그 가운데 한 명이었다. 그는 신들이 있는지 없는지 알 수가 없다고 했다. 그러면서 "인간은 만물의 척도"라고 정의했다. 이것은 모든 것을 판단하는 기준은 '신'이 아니라 '인간'이라는 선언이다. 그때나 지금이나 인간의 판단은 저마다 다르다. 상대적이다. '다른 의견을 가질 권리'에 대한 생각은 이미 기원전에 싹튼 것이다. 이같은 생각이 막힌 절벽이 아닌 열린 길을 닦았다. 터널을 뚫었고, 다리를 놓았다. '다른 의견을 가질 권리'를 위해 새로운 장을 열어야 할 언론의 중요성은 언로가 막혀있던 과거보다 언로가 무한대로 열려 있는 지금, 여기에서 더욱 커지고 있다.

## '익명에의 열정'... 저널리즘 정신

저널리즘은 지금 이 팩트가 진실인가에 대한 끊임없는 문제의식이다. '얻을 수 있는 최선의 진실' the best obtainable version of the truth tip 을 찾아가는 여정이다. 뉴 미디어 시대에 넘쳐나는 정보의 홍수 속에서 '가짜뉴스'를 솎아내는 작업이다. 양극화가 극심한 상황에서 어느 한쪽 편 아닌 중간지대의 확장성을 넓히고 진실에 이르는 험한 가시덩굴 길을 페이브먼트로 닦는 일이다. 그것이 바로 저널리즘 정신이다.

6세기 초 서로마 말기의 철학자 보에티우스 475~535 는 이렇게 반문했다.

> 신이 존재한다면
> 악은 어디에서 오는 것이고,
> 신이 존재하지 않는다면
> 선은 어디에서 오는 것인가.
>
> _보에티우스 '철학의 위안' 중에서

'신의 시대'가 아닌 '인간의 시대'에서 팩트를 찾고 진실을 규명하는 작업은 '정의로운 공동체'에서 '행복한 개인'들을 위해 저널리스트가 해야 할 일이다. 태초에 스토리가 있었고, 그 스토리의 서사에 사람들의

**Tip**

이 말은 '워터게이트 사건'을 특종 보도한 칼 번스타인 기자가 한 말이다. 미국의 제 37대 대통령이었던 리처드 닉슨을 물러나게 하는데 결정적인 역할을 한 칼 번스타인은 가짜정보가 횡행하는 현실 속에서 저널리스트는 끊임없이 '취득 가능한 최선의 진실'을 찾는 노력을 다해야 한다고 강조했다.

마음이 움직였듯이, 오늘날의 저널리스트가 팩트의 조각을 맞추는 메신저로서 역할을 다한다면 '차이의 계곡' 건너 다른 의견을 가질 권리에 봉사하는 진실에 이르는 길을 열 수 있을 것이다. 그 가치는 유명세로 얻는 개인의 영광이 아닌 '익명에의 열정'Passion for anonymity 으로 얻어지는 공동선이 될 것이다.

"무기력을 극복할 수 있는 유일한 방법은 열정이다."

_아놀드 토인비

## 취재기

34년 저널리스트로 일하는 동안
가장 기억에 남는 현장은
2000년 평양, 2001년 뉴욕이었다.
두 곳의 취재기를 싣는다.
불혹 시절 기록한
내 젊은 날의 초상화다.

# 평양, 2000년 8월

### 첫째 날(8/15)_조선은 하나다

순안-4.25문화회관-개선문-천리마동상-옥류관-옥류교 옆-대동문-민속박물관-조선중앙역사박물관-대동강호텔, 해방산호텔-국립극장-당창건기념관-고려호텔

1250 김포 출발
1300 이륙
1354 평양공항 착륙
1700 단체상봉
2000 인민문화궁전 만찬

고려항공. IL62. 폭이 좁고 긴 형체. 냉방 탓인지 물이 천장에서 뚝뚝 떨어짐. 녹색 시트, 좌석은 좁은편. 기내 음악은 북 민요. 물수건, 금강산 샘물. 마분지 같은 지질로 만든 위생봉투. 스튜어디스의 기내 안내방송. 기내가 좁습니다. 기자동지 여러분 함축해서 앉아 주십시오.
167cm 수줍은 미소가 눈에 띄는 승무원 윤경희 22세.

위생실. 안내문구-담배를 피우지 마시오. 박띠를 매시오.
서울-평양 541km, 고도 7,500m 비행소요시간 1시간.
평양 기온 26도. 착륙 직전 아나운서 멘트
꿈결에도 그립던 혈육과의 뜨거운 상봉을 바랍니다.
장재언 북적위원장, 최원식 평양시민 인민위원회 부위원장.
평양공항, 100여 명 정도의 환영인파. 착륙 전 소나기가 내린 듯 활주로가 젖어 있었음. 평양 시내 진입 전까지는 시민들이 무덤덤한 표정으로 방북단 차량을 쳐다보는 듯 싶더니 평양 시내로 들어가자 간혹 시민들이 손을 흔드는 모습.

판문점 통일각 가는 길목에서 보았던 것과 똑같은 대형 벽화가 순안 평양비행장을 벗어나자 마자 거대하게 버티고 있었음- 위대한 수령 김일성동지는 영원히 우리와 함께 계신다. 슬로건. 평양시내 진입.

4.25문화회관-tv송신탑-평내면옥-개선문-김일성경기장-개선영화관-서평양백화점-모란봉-천리마동상-조선혁명박물관-학생소년궁전-평양대극장-만수대예술극장-1백화점-인민대학습당-김일성광장-로동신문-고려호텔
고려호텔-창광거리에 위치. 쌍둥이 빌딩으로 건립. 45층. 높이 140m, 총건평 8만4천평방미터. 1985년부터 영업 개시. 500객실. 호텔 앞 창광식당, 릉라식당 등.
평양 시내, 미용 리발, 체신소 등 표지판, 늘 화면을 통해 보던 교통 안

내원. 안내원 라운석 민경련민족경제협력연합회 참사.

지난번 장관급회담 참석 경험. 남측에 대해 잘 꿰고 있는 듯한 말투. 사회주의에서 관료들이란 나무의 그늘을 만드는 역할을 하는 사람들이다. 그늘이 커야 인민들이 잘 쉴 수 있다. 그런데 권위주의에 빠지면 오히려 잎을 갉아먹는 기생충이 된다, 라며 우리식 사회주의에 대해 강조. 아버님 고향이 평양이라고 말하자 관심을 가짐.

단체상봉-당초 예상했던 이선행 이송자 부부는 야마가 되지 못함. 따로 떨어져 상봉한데다가 이선행 할아버지 예상외로 덤덤.

이선행 할아버지의 부인 홍계옥 할머니 왈, 위대한 장군님의 배려로 이렇게 만나게 해주시니 고마움을 어떻게 표현할 길이 없습니다.

취재팀들 당황. 이리저리 뛰며 취재. 갑자기 상봉장 입구 쪽에 통곡소리가 들려옴.

김장녀 할머니 딸과의 상봉 감격적. 두 모녀가 부둥켜안고 우는 모습에서 자꾸 아내와 다희의 모습이 오버랩. 눈물이 쏟아져 나와 취재에 애를 먹음. 딸의 통곡, 어머니의 눈물.

### 홀몸으로 만난 딸

**앵커멘트**

평양에서도 남북의 이산가족들은 부둥켜 안은 채 반세기 생이별의 한을 풀었습니다. 특히 북에 남겨두고 온 딸을 찾아간 어머니, 이 모녀의 상봉은 가슴 저민 이산의 아픔을 녹여내리는 듯했습니다. 평양 공동취재단의 김호성 기자입니다.

### 리포트

**싱크-이렇게 만날 줄 믿었어요, 내가. 왜 인제 왔어요, 그리웠어요**

기억할 수 없는 어머니의 얼굴, 그리고 아가의 모습으로만 남아 있는 딸에 대한 기억. 모녀는 마침내 바닥으로 쓰러져 부둥켜 안고 오열했습니다. 1946년, 네 살난 딸을 황해도 친정에 두고 남편과 춘천으로 온 뒤 전쟁이 터져 생이별을 한 일흔아홉 살 김장녀 할머니는 딸의 울부짖음에 그저 하염없이 눈물만 흘렸습니다.

**싱크-어머니와 딸**

기억에도 없는 어머니 얼굴이지만 살아 생전 소원이 어머니라고 부르고 싶었다는 딸 앞에 김 할머니는 미안하다, 그동안 어떻게 살았느냐는 말만 되풀이 했고 딸은 이어 부모님을 대신해 자신을 키워준 삼촌마저 세상을 떴다며 눈물을 그치지 못했습니다. 헤어질 당시 딸과 함께 두고 온 아들의 안부를 묻자 오빠는 전쟁 중에 죽었다며 딸은 또 한 차례 오열했고 순간, 김할머니는 망연자실 했습니다. 함께 월남한 남편마저 15년 전에 세상을 뜬 뒤 홀몸으로 살아온 김할머니에게 딸은 54년 만에 새롭게 찾은 혈육이었습니다.

### 클로징

부둥켜 안고 통곡을 한들 이산의 아픔이 온전하게 지워지지는 않겠지만 분단에서 화해로 가는 길목에서 만난 이들에게 오늘밤은 평생을 다바쳐도 아깝지 않은 날로 기억될 것입니다. 평양에서 공동취재단 김호성입니다.

인민문화궁전 만찬. 사회주의 국가의 전형적인 건축 양식. 천장이 높고 웅장한 분위기, 그러나 왠지 한편으로 썰렁한.

낯익은 북측 인사들. 평양신문 박형철 기자를 조우. 정상회담 준비접촉 당시 만났던 친구, 인터뷰를 하자고 했으나, 안된다고 거절.

테이블에 함께한 민경련 인사 한 명, 노동신문 김흥교 선생—정상회담 준비접촉 당시 북측 단장, 그외에 북적 관계자 한 명. 김선생, 특유의 북한 어투로 계속 술을 권함. 술을 마셔야 기사가 더 잘 써진다니, 기자선생이 술을 못마신다느니, 등등 하며 갈구길래, 세상에 팔불출 팔불출 해야 술 잘마신다고 자랑하는 자만큼 더 한 팔불출이 없는 거라고 우리 아버님이 말씀하시더라고 했더니 조금 조용해짐.

평양은 어두웠다. 울란바타르가 생각남. 프레스센터에 네스카페 커피 비치. 새벽 1시 취침.

### 둘째 날(8/16)_통곡보다 더 큰 침묵

고려호텔-대동강선착장-대동강-양각섬 양각도호텔-쑥섬-만경대 선착장-하선-만경대-청춘거리 체육촌-보통강역-낙원거리-서평양호텔-4.25문화관-김일성 종합대학-단군릉-고려호텔

오전 7시 기상. 호텔 2층 식당에서 아침 식사

국밥, 장조림, 룡성 배단물, 신덕샘물, 케이크, 자두, 호박무침, 더덕, 김,

개별 상봉 취재-이환일, 한재일, 채성신, 최경길, 최태현, 최성국

'아내는 말이 없었다' 리포트 제작.

침묵보다 더 진한 감정 표현은 없다. 통곡보다 더 큰 침묵의 진실.

"위대한 장군님의 배려로 이렇게 만나게 됐다."라고 말할 때 보다 아

무 말 없었을 때 전달되는 진실의 의미.

최태현 할아버지 아들-뭔가 못마땅한 표정, 기자들이 들어가자 선물을 꺼내러 가는데, 아버지 좀 가만 앉아 있으라우요, 선물을 건네자, 시계는 무슨, 저도 있어요.

최성록 할아버지 딸-50년 만에 만난 것은 모두 장군님의 덕분이 아니겠어요. 통일이 되는 그날을 위해… 딸의 말을 들은 최 할아버지는 그래, 나는 남측이니까, 김대중 대통령께 감사하고… 85년도 지학순 주교의 '수화의 이산가족'이란 표현이 떠오름.

## 아내는 말이 없었다

### 앵커멘트
상봉에 맺힌 사연은 저마다 드라마같은 내용이지만 그 가운데 부부 상봉은 당사자들의 감회가 남달랐습니다. 반세기 동안 쌓인 그리움의 표현은 그러나 통곡이나 오열이 아닌 침묵이었습니다.

### 리포트
**싱크-최태현 할아버지 상봉 현장**
아내는 말이 없었습니다. 반세기 만에 만난 아내, 곱고 희던 섬섬옥수는 어느새 거칠게 변했고 검은 머리는 파뿌리가 됐습니다. 열네 살 때 결혼해 꼬마 신랑 대접을 받으며 신혼을 보낸 예순아홉 살 최태현 할아버지. 두 살 더 많은 누님같던 아내는 50년 세월에 옛모습을 잃었습니다.

눈물 대신 흐르는 침묵, 최 할아버지는 재회를 기약할 수 없었던지 선물로 가져온 시계를 아내의 손목에 채워주며 건전지까지 건넸습니다.

**싱크-이거 하나 끼우면 1년 반 내지 2년은 가**

두 명의 딸과 함께 아내를 만난 최성록 할아버지는 자식들 앞에 의연함을 잃지 않으려 애써 가족들의 안부를 거듭 묻기만 합니다.

**싱크-그래, 누가 지금 살아있다구? 아! 그랬어...**

그러나 반세기 만에 아내의 손을 잡고 반지를 끼워줄 때 최할아버지는 더 이상 슬픔을 가누지 못했습니다.

**최성록 싱크-이 손좀 봐, 당신한테 뭐라 말을 못하겠어. 내가 죄인이야, 나를 용서해줘요!**

### 클로징

이번 방문단 가운데 아내를 만난 사람들은 모두 열일곱 명. 남편의 탄식보다 더 큰 아내의 침묵으로 이곳 고려호텔은 단체상봉 이후 또 한 차례 뭇사람들의 심금을 울리고 있습니다. 평양에서 공동취재단 김호성입니다.

점심 식사후 오후 3시 대동강. 170m 주체탑. 150m 높이의 분수.
평양이 고향인 이산가족 할아버지 할머니 선상에서 옛고향 기억하며 환담하는 모습.
임선근 할아버지- 순안이 고향인데 평양공업 실습학교에 다녔다. 해방 전엔 대동교 하나와 철교만이 유일한 다리였는데 그때 당시 일부가 결빙돼 있었다. 6·25때 끊기는 바람에 도강에 어려움 많았다. 겨울철에 도강할 때 어려움 많았다. 12월 5일 이었는데 일부는 해빙이 되기도 해서 정말 곤란했다. 평양은 정말 많이 변했는데 그저 변하지 않은 것은 만수대 언덕과 칠성문 정도인 것 같다.

　대동강에서 바라보는 평양 시가지는 고려호텔과 유경호텔을 대척점으로 치밀하게 계획된 도시라는 인상을 받음.

　1시간 반을 유람한 뒤 만경대 구역에 도착. 광복거리에서 청춘거리로. 광복거리는 지난 89년에 진행된 제13차 세계청년학생축전을 앞두고 건설된 계획도시.

　놀이시설인 만경대 유희장은 모든 기구가 올 스톱. 안내원 왈, 목요점검있는 날이어서 가동이 되지 않고 있다는 설명. 우리 청룡열차 같은 기구의 레일 위에 멈춰선 기차. 멈춘 성장?

　만경대가 있는 광복거리를 거쳐 체육시설이 밀집돼 있는 청춘거리. 1988년 9월3일 준공.

　청춘거리는 26만 7천 평방미터에 축구경기장과 9개의 종목별 실내경기관, 피로회복관, 체육인식당, 호텔이 밀집.

　만경대학생소년궁전－엄마가 어린이를 안고 있는 모습을 형상화 해 건축했다는 설명을 듣고 보니, 아주 그럴싸 했음.

　김주석 생가를 지나쳐 체육시설이 밀집돼 있는 거리를 거쳐 단군릉.

　단군릉－평양 체류 일정의 둘째 날 참관 행사 하이라이트인 단군릉 참관은 이산가족들에게 우리는 한민족이라는 민족 단일성을 강조하기 위한 북측의 배려에서 마련된 행사인 듯.

　평양시내에서 승용차로 40여 분 떨어진 평양시 강동군 문흥리 대박산 기슭에 위치한 단군릉은 북측이 단일민족 강조를 위해 역사적인 문화재 발굴한 사실을 자랑하는 대표적인 명소.

이미 단군 관련 기념사업을 추진하는 남측 학술단체 등과도 교류를 하고 있다고 북측 관리가 전했다. 참관에 앞서 기자와 동행한 리유선 민화협 연구위원은 단군에 대한 역사적인 재평가와 새로운 인식이 필요하다는 점을 수차례 강조. 그는 일제시대 민족말살정책 차원에서 단군에 대한 역사적 사실을 금기시하는 풍토로 인해 단군에 대한 평가가 절하됐다고 설명.

북측은 1993년 단군릉 발굴에 착수, 단군과 단군의 부인 유골을 발굴했으며 이를 정밀한 측정을 통해 5011년 전 것으로 확인했다고 설명. 북측은 당시의 유골 일부가 그대로 보존될 수 있었던 원인으로 대박산 기슭 일대가 화석화 지대이면서 가열성 광물층이 남아있는 지층이었기 때문이라고 해설.

45헥타르의 면적에 마련된 단군릉 초입에 들어서면 높이가 70m에 이르는 단군릉이 우뚝 솟아있다.

초입에 버티고 좌우 다섯 개씩 서 있는 문 기둥은 고인돌을 연상케하는 거대한 돌조각상으로 제작된 것으로 최고 10m 높이에서부터 최저 1.5m 높이까지 모두 열 개가 자리잡고 있다.

문기둥을 통과하면 석인상 구역이 나타나는데 치산치수와 지방사업 등을 관장하는 8명의 신하들이 버티고 있고 이들을 지나치면 네명의 단군 아들이 릉을 지키고 있다. 릉에서 내려오는 순서대로 왼쪽편에 맏아들 부루와 셋째아들 부우, 오른쪽 편으로 둘째아들 부소와 넷째아들 부여가 서로 마주보고 있다.

　석인상 구역을 통과하면 무덤구역이 나타난다.

　단군릉과 그 앞에 상돌, 분향로가 자리잡고 있고, 릉앞의 좌우 양쪽에 두 개의 망주석과 석등 네모서리에 네 개의 범상과 청동검탑이 세워져 있다.

　릉은 고유한 조선식 건축술과 전통적인 조선식돌계단 무덤형식에 맞게 9개의 돌계단으로 만들어져 있다.

　무덤 안에는 단군부부의 유골이 발굴된 부분을 연이어서 복원한 상태로 유리관 안에 보존돼 있다. 유리관 안에 아르곤 가스를 주입해 보존상태를 유지한다는 설명.

　돌아오는 길 김일성 광장에 학생들 가득 모여 매스게임 연습하는 모습.

　안내원 왈, 애들이 저거 한 번 하면 키가 부쩍 커요. 운동도 되고 아주 좋아요. 현상을 바라보는 이 격차!

　평양의 거리 특징-인적이 뜸한 듯 싶다가 길목을 돌아서면, 갑자기 수많은 사람들이 모여있는 식. 개인은 없고 집단만 존재하는 느낌. totalism. 물론 대동강 변의 한가한 시민들의 모습, 공원 벤치 연인들의 모습이 눈에 띠지 않는 것은 아니었으나, 전체적으로 볼 때 평양은 맑고 깨끗함과 썰렁함과 규격화된 도시라는 인상.

　저녁 8시 조선중앙TV 시청하는 고려호텔 매대 점원. 눈물을 글썽이며 TV 시청하는 모습. 점원 김금련 인터뷰-이번 이산가족 상봉을 보면서 어서 빨리 통일이 돼야겠다는 생각을 했어요. 임수경 언니도 생각나구...

저녁식사 후 일 종료 11시. 호텔 지하 가라오케. 민경련 참사 라운석, 한인덕 등.

휘파람, 반갑습니다 말고 평양에서 부르는 비틀즈, can't take my eyes off you, 그리고 아침이슬. 그 어떤 정치적 통제도 문화의 유입을 막을 수 없다.

라운석 참사-이제 평양에선 KBS보다 YTN 더 알아줘요. 지난번 장관급회담 때 전금진 단장이 YTN 틀어봐라 했어요. 아주 좋습디다. 띄워 줄려구 하는 멘트였으나, 어찌됐든, 지난 장관급회담 당시 신라호텔에서 YTN을 보긴 본 모양.

## 셋째 날(8/17)_한눈에 밟히는 평양 시가지
호텔-주체사상탑-청년중앙회관 춘향전 참관-옥류관

오전 일정 개별상봉팀과 주체사상탑참관팀. 서의동과 참관팀에 합류.

주체사상탑-1982년 4월15일 제막. 170m. 위부분 목화 높이만 20m. 김일성 주석 탄생 70돌 맞아 건립. 70년을 날 수로 계산해 25,550개 화강석으로 제막. 단수는 앞뒷면 18개씩, 좌우 17개씩 해서 일흔 계단은 일흔 살 상징. 입구에 각 국으로부터 온 기념석을 붙여 놓음.

안내원 진옥순45. 주체사상탑, 개선문 관리 강사

모래지층이어서 탑 건립에는 적당치 않았으나 김 주석께서 장소를 정해주신 뒤 땅을 파보니 거대한 암반층이 나왔다며, 천길 땅 속도 훤히 들여다보니는 위인이라고 설명. 주체!!!??

엘리베이터 ㅈ-ㄱ-1-2-3-4-5-6-7-8로 층 표시. ㅈ은 지하,

ㄱ은 기단을 의미한다고. 전망대에 오르자 평양 시가지가 한눈에 들어옴.

### 리포트
눈에 밟히는 고향

### 앵커멘트
기다려온 반세기를 생각할 때, 순간 같은 기간에 불과했지만 이번 방문일정 동안 북측은 방문단에게 평양 곳곳을 둘러볼 수 있는 기회를 마련했습니다. 방문단들은 평양의 심장부라 할 수 있는 승리거리를 비롯해 신시가지인 광복거리와 청춘거리를 둘러봤고 대동강을 유람하며 향수에 젖기도 했습니다.

### 리포트
반세기 전, 대동강을 건널 때 평양의 모습은 지금 몰라보게 변했지만 실향의 세월을 달랜 향수는 여전했습니다. 대동강철교는 예전 그대로의 모습이지만 평양 중심부를 흐르는 대동강엔 그동안 옥류교와 능라교 등 네 개의 다리가 더 들어섰습니다. 한눈에 들어오는 평양. 숲으로 뒤덮인 모란봉은 여전히 예전 그대로이지만 곳곳에 들어선 고층건물로 평양은 이미 옛 모습과는 많이 달라졌습니다. 뿔처럼 솟아오른 324m의 105층 유경호텔과 방문단 숙소인 고려호텔은 먼발치 어느 곳에서나 눈에 들어오는 초고층 건물로 이정표 구실을 합니다. 낙하산처럼 펼쳐진 능라도경기장과 대동강을 바라보고 있는 인민대학습당, 평양냉면으로 유명한 방문단 환송연 장소인 옥류관의 청기와

> 지붕은 이제 낯설지 않습니다.
> **인터뷰_진옥순(관광안내):** 저기 저곳이 양의 뿔처럼 생겼다고 해서 양각도 라고 부르지요…
> 눈에 밟히는 오늘의 평양을 바라보며 이산가족들은 흩어짐의 세월이 그만큼 길었다는 사실을 다시 한차례 절감합니다.
>
> 클로징
> 옛고향에 대한 기억을 떠올리며 평양 곳곳을 둘러본 방문단은 그동안 멀게만 느껴졌던 남과북의 거리가 한층 가까워졌음을 실감했습니다. 평양에서 공동취재단 김호성입니다.

관람 후 방명록을 내놓으며 한 줄 쓰라고 권하길래 앞부분을 뒤적여 봤더니, 박지원 장관의 친필도 있었음.

-어릴적 듣던 아버님의 고향을 직접 한눈에 조망할 수 있게 돼 무척 고맙고 반갑습니다. 서울과 평양이 이웃처럼 왔다갔다 할 수 있게되길 빕니다, 라고 씀.

돌아오는 버스안에서 개인 안내역을 맡은 민화협 리유선 연구위원이 질문.

아버님이 평양 분이신가 보죠?

-네, 순창이시죠. 아버님이 두고 오신 고향은 아들이 먼저 찾아오는 불효를 범한 셈이에요, 라고 답변.

또 다른 질문-남한에서 가장 유명한 언론인은? OOO주필 아닌가요?

하길래.

영향력 있는 신문의 주필이니까, 그렇다고 할 수 있겠지요. 하지만 요즘엔 꼭 그렇지도 않아요. 특히 최근 남북 관계 분위기에서는 김 주필 같은 사람들은 비난도 많이 받지요. 그런데 내가 말하고 싶은 것은, 바로 그런 사람이 지금 비난을 받고 있다는 것에 대해, 그래, 그것 봐라, 하며 박수를 칠 일이 아니라, 남한 사회에는 소위 반통일 세력이라 해서 하루 아침에 몰아쳐야 한다라고 주장하는 것도 역시 환영받지 못한다는 다양성의 인정이에요. 그렇구만요,라고 답변하며 고개를 끄덕.

오후 청년중앙회관에서 춘향전 관람.

극장 안에 들어서자 북한 특유의 박수로 방문단을 환영. 형식적이라기보다는 마음이 우러나는 환영으로 느껴짐. 극장 정면 중앙에 '위대한 수령 김일성 동지의 혁명사상으로 더욱 철저히 무장하자' 좌우로 '위대한 수령 김일성 동지는 영원히 우리곁에 계신다', '위대한 영도자 김정일 장군님을 결사 옹위하자'

무대커튼-초록색 나무와 그 위로 은하수, 별이 그려져 있는 괜찮은 분위기의 그림.

춘향전은 김일성 훈장을 수상했다는 국립민족예술단의 공연. 무대와 객석 사이에 연주단. 사랑사랑 내사랑아로 오프닝이 흐르며 커다란 푸른색 대형부채가 우에서 좌로 흘러 나오며 붉은 글씨로 춘향전. 제1장 광한루의 봄. 1장 마감 무렵 '빈부귀천 원쑤로다.'

김원찬 할아버지 소감-50년 전 흥남에서 이런 가극을 봤거든, 견우와 직녀였는데 옛날 생각난다. 공연관람 후 환송만찬장으로 이동 중 버스 안에서 라 선생이 말을 걸어옴.

-선생 어떻습디까?

=아주 잘 봤습니다. 개인적으로 공연 좋아하거든요.

-아 그래요,

=춘향전이 사실 사랑이야기지만 그 안에 다 있잖아요. 계급 타파같은 메시지도 있고

-그렇지요. 그 안에 모든 거이 다 있지요.(이 사람들은 자신들의 생각과 일치하는 발언을 하면 어린아이 같은 눈빛으로 사람을 대한다)

=러시아 문학에 푹 빠졌던 적 있었거든요

-그래요?

=도스토예프스키 작품은 거의 다 읽었습니다. 제 꿈이 정년 이후 말년에 그의 작품 다시 한번 읽어보는 겁니다.

-어떤 작품을?

=카라마조프가의 형제들, 죄와 벌, 가난한 사람들, 백야...

-아! 백야도 읽으셨군요

라 선생은 백야를 읽었다는 말에 거의 동지애를 느끼는 표정으로 반가워했다.


옥류관으로 가는 길에 당 탑을 지나침. 망치와 붓, 낫을 움켜쥐고 있는 형상을 한 석상.

조선인민의 모든 승리의조직자이며 향도자인 조선노동당 만세라는 구호. 당이 지배하는 시스템의 일단을 엿봄. 아파트 촌을 지나침. 아파트 옥상에 '우리 식대로 살아가자'. 대동강 공급소란 간판에는 탁아소

유치소라는 간판. 금릉동굴 통과. 동굴 위가 모란봉이라는 설명. 옥류관에서의 만찬. 평양시 인민위원회 량만길 위원장 주최. 본관이 1960년대에 지어진 부속건물까지 모두 만 명을 수용할 수 있다는 대형 식당. 냉면 15원. 7불 정도. 평양냉면의 맛보다는 최경길 할아버지의 말이 뇌리에 박힘. −마누라가 내일이면 당장이라도 죽을 것 같아. 앞으로 서신교환이라도 했음 좋겠어.

저녁 리포트 마감 뒤 지하 가라오케에서 장 총재 주관하는 술자리.
노래하는 사람들이 2불씩 내자, 여 접대원 왈, '여기는 아직 이런 체제가 되지 않았습니다.'
자! 이건 아주 중요한 인식이다. '아직'이란 표현에 담긴, 내일의 변화 가능성!
울란바타르의 모습이 오버랩. 사회주의 그 이후 10년을 눈으로 목격한 울란바타르 기억이 새삼스러움. 울란바타르 시가지 벽에 써있던 낙서 'Nirvana kurt cobain 1967−1994' 같은 젊은 목소리가 평양 시가지 어느 벽 모퉁이에 낙서로 등장하기 시작하면 이 곳도 변화하기 시작하리라. american graffiti 같은. 변화에 대한 무조건 적인 긍정은 아님. 사회주의는 자본주의가 지니지 못한 숱한 장점도 있다는 사실을 잊지 말 것… 문제는 '우리식' 운운하는 도그마인데, 하긴 과거 우리도 '한국적 민주주의'라며 세상과는 담 쌓고 살았으니까.
아랫것들 일찌감치들 도망가고, 북측 인사들도 사라지고, 최후의 3인만 남음. 평양에서의 마지막 밤. 조용히 지내고 싶었으나 늘 그렇듯 세상은, 개인을 허락하지 않음.

## 넷째 날(8/18)_헤어지기 위한 만남
고려호텔-평양 공항-서울

오전 8시 프레스센터 집결. 서울로 가져갈 선물로 술 몇병 삼. 복무원이 거스름돈을 주는데 자투리를 영광담배로 주길래 안피면 어떻게요 했더니, 그냥, 기념으로 간직하세요.

호텔 2층에서 아침식사. 여 종업원에게 동무와 동지의 차이점이 뭐냐고 질문.

-그저 흔히들 동무라고 부르지요. 우리같은 사람들은 동지라는 말 거의 안써요. 동지라는 것은 뭐랄까, 동지,라고 일단 말을 하면 어금니 양쪽이 뻐근해지는 느낌이 전해올 정도로 뭔가 비장하고 그렇거든요, 그럴 때 쓰는 호칭이라 우리같은 사람들은 거의 쓸 경우가 없지요.

10시10분부터 호텔로비에서 마지막 작별 상봉. 헤어짐을 앞두고 또 다시 눈물바다. 고려호텔 직원들도 슬픔을 참지 못하는 듯 눈물. 차창을 사이에 둔 또 다른 이별. 내 이제 너를 언제 다시 만날 수 있을까.

치매에 걸려 의사소통이 제대로 되지 않던 최경길 할아버지의 아내, 말없이 그저 한없이 눈물만 뚝뚝 흘렸음. 아들-아부지가 가지 않으면 어무이가 저렇게까지 되갔어?

이 마르지 않는 눈물들. 헤어지고, 만나고, 또 다시 헤어지고!

세상에는 이렇게 헤어지기 위한 만남도 있습니다, 라는 표현을 써야 겠다고 생각.

평양공항. 북측 안내원들과의 이별. 얼굴이 익숙해진 탓인지 이젠 서로들 자유롭게 농담까지. 북측 이산가족들은 벌써 떠나고 없었음. 활주로에서의 기념촬영.

기내 인터뷰-이재경 할아버지-이젠 마음의 장벽을 허물 때가 왔어.

김포도착.

KE818 PYONG YANG라는 사인이 그리 낯설지 않게 눈에 들어옴.

세상이 보이기 시작하는 것 같다고 느낀 내 젊은 날, 그 이후,

내 눈과 귀를 타고 내 머리로 들어와 걸러지고 걸러진 뒤 마침내 내 가슴에 들어온, 그러나 평소에 선뜻 떠오르지 않던 헤어짐과 만남에 관한 그 모오든 문장을 지난 나흘 간 모두 소진해 버린 뒤…

세상이 쬐끔, 기우뚱해 보이다.


사족-이산가족 취재의 현장을 서술어로 스케치하는데 개인의 역량이 미치지 못함을 솔직히 고백해야겠음. 실제로 평양 취재 당시 방송스타일 구어체의 기사 작성에 몹시 애를 먹음. 명사형으로 뚝뚝 끊기기만 하는 이 목메어오는 감성! 기자의 기본 덕목인 냉철한 이성의 끈을 가능한 한 놓지 않으려 했으나 주체할 수 없는 감성의 벽 앞에서 번번이 주저 앉았음. 이산의 한이 풀리게 되는 날 쉽게 쉽게 기사도 쓰여질 수 있게 되길 바라며…

한국기자협회 2013 취재이야기 공모 우수상
# 2001년 9월 11일 '뉴욕의 가을'… 그 어디에도 낭만은 없었다

### 9월 11일 화요일 "America under Attack"

오전 8시45분. 샤워를 마치고 나와 습관처럼 호텔방 TV를 켰을 때 화염에 휩싸인 월드트레이드센터가 눈에 들어왔다. 묵음 상태로 무덤덤하게 화면만 보면서 "미국도 민방위 훈련을 하나"라고 생각하던 나는 화면 하단 자막을 보는 순간 화들짝 놀랐다.

'planes were hijacked before crashed.'

이때 왜 느닷없이 사무엘 헌팅턴의 '문명의 충돌'이 떠올랐을까? 서울 뉴스센터를 연결하기 위해 호텔 전화 버튼을 연신 눌렀지만 불통. 9시3분, 월드트레이드센터 남쪽 건물에 또 한 대의 비행기가 충돌하는 모습을 본 나는 만사를 제치고 노트북을 먼저 챙겼다. 나는 호텔로부터 5블록 떨어진 UN대한민국대표부 건물로 내달렸다. 맨해튼의 아침은 벌집을 쑤셔놓은 듯했다. 한승수 외교부장관 UN의장 취임식 취재를 위해 동행한 뉴욕 첫날의 아침은 그렇게 시작됐다.

오전 10시. 월드트레이드센터 남쪽 건물이 무너지기 시작했다. 모든 통신 수단은 여전히 불통. UN대표부 건물에서 전화통을 붙들고 있기를

1시간여. 10시 15분, 마침내 전화 연결 성공.

"두 대의 비행기가 월드트레이드센터에 충돌했습니다." 전화 연결 리드를 이렇게 시작한 나는 "이번 사태는 테러로 보인다고 CNN은 보도했습니다"로 이어졌다. 첫 번째 전화 연결을 하는 중간 중간에도 나는 연신 CNN을 모니터했다. 10시29분, 두 번째 월드트레이드 센터가 주저앉았다. 이후 1시간 단위로 피해 상황 속보를 전달하기 시작했다. 속보라는 표현보다는 현지에서 매 시간 전하는 반복 리포트라는 표현이 더 정확했다. 왜냐하면 내가 할 수 있는 일은 미국 언론이 전하는 내용을 중계하는 수준이었기 때문이다. UN대표부로부터 호텔로 돌아와 새벽 2시까지 무려 열두 차례나 전화 연결 리포트를 반복했다. 밤이 깊을수록 맨해튼 도심을 질주하는 소방차량의 사이렌이 더욱더 크게 들렸다.

### 9월 12일 수요일 "한인 실종자를 찾아라"

맨해튼의 아침은 조용했다. 마지막 전화 연결 이후 자는 둥 마는 둥 새벽을 지새운 뒤 오전 7시 호텔 문을 나섰다. 에디 머피를 닮은 듯한 흑인에게 월드트레이드센터로 가는 길이 어디냐고 물었다. "거기 가서 뭘 하려고 그러냐? 이른 아침부터 죽을 각오하고 나왔냐?"면서 반농담조로 흑인 특유의 빠르고 알아듣기 힘든 발음으로 계속 말했다.

렉싱턴 애브뉴에서 현장으로 연결되는 남쪽 방향으로 걷다가 옐로 캡을 잡았다. 월드트레이드센터 앞까지 가서 현장을 본 다음, 다시 돌아오길 원한다고 하자 황당한 표정으로 나를 쳐다본 택시기사는 14번가까지 내려갔다가, 도로를 가로막은 펜스를 가리키며 더 이상 못 간다고 말했다. 택시에서 내린 나는 현장 쪽으로 계속 접근했지만 열 블록쯤 내려가다 보행자 통제 라인에 막히고 말았다. 그곳에서부터는 경찰이 일일이 신분을 확인하며 해당 지역 거주민들만 들여보냈다. 외부인 출입은 철저히 통제하고 있었다. 멀찌감치 떨어져 있는 현장의 구름 같은 연기가 눈에 들어왔다. 라파예트 스트리트로 좀 더 내려갔다가 하우스턴 스트리트를 통해 브리커 스트리트 역에서 6번 지하철을 타고 돌아왔다.

UN의장 취임식 취재를 위해 동행했던 KBS와 MBC 취재기자들은 현지 특파원 팀에 합류해 본격적으로 현장 접근을 시도했지만 그들도 나처럼 여전히 주변을 맴돌기만 했을 뿐, 현장 접근에는 성공하지 못했다. 뉴욕시 당국은 현장에 가장 가깝게 접근 취재할 수 있는 권한을 NY1과 같은 로컬 방송사에 허용했고, 그보다 좀 더 떨어진 현장 취재를 CNN과 NBC, CBS, ABC와 같은 뉴스전문채널과 지상파 방송사에 한해 허용했다. 신문기자들은 현장에서 한참 떨어진 구역에 머물러야 했고, 외신 기자들은 현장 주변 접근조차 불가능했다. 어떻게 취재를 해야 하나 난감해하고 있을 때 서울 데스크로부터 취재 지시가 떨어졌다.

"테러의 이유가 뭔지, 미국이 어떤 대응을 준비하고 있는지 그건 중요하지 않아. 다 여기서 커버한다. 현지에서는 무조건 한인 피해 규모, 그것만 먼저 파악해! 피해자가 얼마나 되는지, 그게 제일 중요해! 뭔 말인지 알지? 현장화면 신경 쓰지 마. 공중파처럼 카메라 기자 있어봤자 소용없어. CNN 화면이면 충분해. 명단! 실종자 명단! 빨리 확보해! 총영사관에서 서울 본부로 보고하기 전에 미리 빼내! 오케이?"

뉴욕 대표부 건물 7층과 5층 상황실을 오르내리며 피해자 명단 파악에 주력했지만 총영사관 측은 프라이버시 이유를 들며 명단 공개를 주저했다. 신경전 끝에 총영사관 관계자 수첩에 있는 4명의 명단을 빼내는 데 성공. 이후 나는 한두 명씩 실종자 명단을 추가하기 시작했다. 서울 외교부 기자실에서 철야 대기를 하고 있던 후배에게 실종자 명단을 전달하면서 YTN은 새벽 3시 뉴스부터 명단보도에 들어갔다. 마침내 저녁 6시, 우리시각으로 13일 오전 7시, 37명의 실종자 명단을 국내 방송 사상 최초로 보도하기 시작했다. 호텔로 돌아왔을 때 시간은 새벽 2시, 하루 종일 신발을 벗지 못한 발은 퉁퉁 부어 있었고 눈은 침침했다!

## 9월 13일 목요일 '미국, 보복을 말하다'

오전 6시 기상. 눈만 뜨면 NY1<sup>뉴욕 원 로컬채널</sup>을 트는 것이 습관화됐다. 사건발생 초반에는 주로 CNN을 틀었는데, NY1이 훨씬 디테일하고 팩트도 정확했다. 특히 스케치 기사를 쓰는 데 결정적 도움을 받았다. 예를 들자면 NY1은 "오늘 밤 브로드웨이 뮤지컬 '시카고'는 맨 마지막 부분을 각색해 이번 사고의 희생자를 추모하는 내용으로 무대에 올렸습니다"하는 식으로 9·11과 연관된 다양한 보도를 했다.

사건 발생 사흘이 지난 아침까지도 현장접근은 여전히 불가능했다. 이제부터는 현장과 연계된 또 다른 현장을 찾는 방법을 찾기로 했다. 렉싱턴 애브뉴 51번가에서 지하철 E선을 타고 D선으로 갈아탄 뒤 센트럴파크에 도착했다. 센트럴파크에는 이번 사태의 희생자 임시 추모단이 마련됐다. 추도객들은 꽃과 양초, 사진들을 추모단 앞에 가지런히 놓으며 오열했다.

　내게는 센트럴파크하면 오버랩 되는 두 인물이 있다. 한 명은 '호밀밭의 파수꾼'을 쓴 J.D.샐린저이고, 다른 한 명은 존 레논이다. '호밀밭의 파수꾼' 주인공 홀든이 얼어붙은 공원 호숫가에서 '그 많던 여름날의 오리떼는 다 어디로 갔을까'하고 걱정하는 장면을 생각하면 나는 항상 '연민'이란 게 어떤 것인가를 느낄 수 있었다. 존 레논은 또 어떤가? 공원 내 그가 묻혀 있는 '스트로베리필드'에는 그가 노랫말로 평화를 염원한 'IMAGINE' 표석이 자리 잡고 있다. 천국도, 종교도, 나라의 경계도 따로 없는 진정한 평화를 꿈꿨던 그의 얼굴이 떠오른 것은 왜였을까?

　"난 테러에 대해 잘 몰라요. 무지ignorance는 부끄러운 게 아니에요, 오만arrogance이 죄악이지. 눈에는 눈 이에는 이, 보복이라구요? 피는 피를 부를 뿐이에요. 지금은 미국이 정신을 차려야할 때에요."
　자신을 팻 다운즈라고 소개한 일흔 두 살의 할머니가 말했다.

　현지 언론들은 사건 발생 이후 실시한 여론 조사 결과 '보복 찬성'이란 결과가 압도적으로 나왔다며 이를 헤드라인으로 보도했다. 하지만 현장에서 만난 많은 사람들은 보복만이 능사가 아니란 주장을 펴는 경우가 예상 외로 많았다.

　센트럴파크로 가던 방향의 역순으로 호텔로 돌아오는 길에 그만 낭패를 보고 말았다. 렉싱턴 에브뉴 53번역을 놓치고 만 것이다. 지하철 승객 인터뷰를 시도하려다가 이상한 녀석 아닌가 하는 오해만 받고 당황한 나머지 어쩔 줄 몰라 하다가 그만 루스벨트 섬 밑으로 통과하는 이스트 리버를 건너가 버리고 말았다. 맙소사!

지하철 플랫폼에는 무기를 소지한 경찰관들의 모습이 눈에 많이 뜨였다. 퇴근시간대 뉴욕의 지하철은 비좁은 통로에 출구로 나가려는 시민들로 말 그대로 인산인해를 이루고 있었다. 이 같은 장소를 타깃으로 또 다른 테러가 준비되고 있다면? 미국의 보복은 또 다른 보복을 낳고 결국 그 피해자는 무고한 시민들이 될 것이 아닌가 하는 생각이 들었다.

맥도널드로 저녁을 대충 때운 뒤 시내 스케치를 위해 로커펠러 광장으로 나갔다. NBC뉴스센터 전광판에 흐르는 붉은 스크롤 "부시, 우리는 21세기 첫 번째 전쟁에서 승리할 것이다."
부시의 메시지는 보복 공격이 임박했음을 시사하고 있었다. 미국은 과연 이번 사태를 제대로 풀어나가고 있는 것일까? 패트 할머니 말대로 결국 피는 피를 부를 뿐이 아닐까?

호텔로 돌아오기 전 성 베드로 성당에 들렀다. 내부로 들어서니 높은 천장 가득 현악의 선율이 맴돌고 있다. 파헬벨의 캐논을 연주하는 4명의 바이올리니스트들은 한결 같이 검은 상복 차림이다. 기도하는 사람들 가운데는 눈물을 흘리는 사람들도 간혹 눈에 띈다. 마치 얼굴이 해체

된 피카소의 '우는 여인' 같은 표정으로….

## 9월 14일 금요일 '소수민족들의 불안'

작은 맨해튼에는 전 세계가 들어 있다. 멜팅 포트라는 별명에 걸맞게 뉴욕 맨해튼에는 다양한 인종이 공존한다. 택시를 타고 "렛츠 고우 투…" 어물거릴라치면 금방 "한국에서 오셨어요?" 하는 코리안아메리칸에서부터 조르바를 닮은 그리스 주방장에 이르기까지 그 모습들이 실로 다양하다.

유엔 대표부에서 돌아오는 길에 부하라Bukhara라는 레스토랑이 눈에 띄길래 한동안 쳐다봤다. 전 세계인이 모여 사는 곳답게 맨해튼에는 낯선 지명을 상호로 내건 레스토랑들이 곳곳에 자리 잡고 있다. 레스토랑 입구에 있는 이마 한가운데에 점을 찍은 여인에게 부하라가 우즈베키스탄에 있는 도시가 맞느냐고 물으니, 그곳을 어떻게 아느냐고 반문한다. 2년 전 실크로드를 취재할 때 이틀 동안 묵은 적이 있었다고 하니 무척 반가워하며 어디서 왔느냐고 묻는다.

"한국에서 왔다. 칼란 미나레트에도 갔었다"
"어릴 적 그곳 주변에서 놀며 자랐다. 카라반들이 사막의 등대로 삼았던 곳이다."
"이슬람들이 불안하겠다"
"많이 불안하다. 우리는 테러에 반대한다. 간밤에 백인들한테 공격을 당한 사람들도 있다"

테러의 여파는 글로벌 시티에 사는 소수민족들 마음 구석구석에까지 미치고 있었다.

### 9월 15일 토요일 '밀려오는 피로와 자괴감'

사태 발생 닷새 만에 처음으로 9·11 현장에 접근했다. 뼈대만 남은 월드트레이드센터, 그것은 마치 자코메티의 브론즈를 보는 듯했다. 사람들은 성지 순례자인양 말없이 주변을 맴돌았다. 그 많던 벽돌과 강철과 사람들은 모두 다 어디로 간 것일까?

군중 속의 침묵이 한없이 무겁게 내려앉고 있었다. 현장 주변 델리샵으로 보이는 주인 없는 가게엔 먼지만 뽀얗게 쌓이고 있었다. 허름한 가게의 깨어진 유리창 안쪽으로 "WE'RE OPEN"이란 안내판이 을씨년스럽게 흔들리고 있었지만 정작 사람의 모습은 보이지 않았다.

신문 가판대에서 뉴욕 타임스 한 부를 샀다. "보이지 않는 적-먼지 Invisible enemy-Dust"라는 헤드라인이 눈에 들어왔다. 주변에 마스크를 한 행인들이 부쩍 눈에 많이 띄었다. 뉴요커들은 눈에 보이는 파괴된 도시 한가운데서 눈에 보이지 않는 또 다른 적과 싸우고 있었다.

근 일주일 동안 제대로 잠도 자지 못한 상태에서 1인 취재를 강행한 탓인지, 오전부터 몸이 으슬으슬 떨려왔다. 오한과 두통이 겹치는 것 같았다. 오후 내내 꼼짝 못하고 호텔에 눌러 앉아 수차례 전화 연결만 했다. 현지 자체 화면 없이 전화로만 연결하는 내 리포트가 시청자들에게 얼마나 비주얼하게 전달될 수 있을까? 내가 전하는 현장 곳곳의 디테일 묘사에 무덤덤하게 깔리고 있을 평면적인 CNN 화면을 생각할 때마다 착잡했다. 오디오만으로도 비디오가 느껴지는 전화연결용 워딩을 어떻게 할 것인가, 기사를 쓸 때마다 고민했다.

"사태 발생 이후 주민들을 불안하게 하는 것은 추가 테러의 위협입니다. 한인 밀집지역인 퀸즈 플러싱 지역의 경우 어젯밤 추가 테러가 있을 것이란 허위 제보로 경찰이 출동하는 사태가 있었습니다. 3,500여 한인들이 모여 사는 스테튼 아일랜드의 경우 오늘 현재까지도 교통편이 두절돼 사실상 주민들의 발이 꽁꽁 묶여 있는 상태입니다. 맨해튼 현재 분위기, 이렇습니다. 곳곳의 건물과 상점, 아파트에 성조기가 내걸리기 시작했습니다. 성조기를 단 차량들도 눈에 많이 띄고 있습니다. 월스트리트 증권시장은 월요일 개장하는 것으로 최종 확정됐습니다. 1차 세계대전 이후 최장 시간 폐장 기록입니다. 미국인들이 가장 좋아하는 이번 주말의 풋볼게임은 취소됐습니다. 베이스볼게임 메이저리그 역시 마찬가지입니다. 오늘 현재까지도 TV는 일체 광고방송을 내보내지 않고 있습니다. 그리니치빌리지. 세인트빈센트 병원 등 5개 병원 헌혈센터는 여전히 붐비고 있습니다. 실종자를 찾아달라는 벽보가 전신주를 비롯해 곳곳에 나붙기 시작했습니다."

화면에 대한 아쉬움이야 어느 정도 그러려니 하고 넘어갈 수 있었지만 문제는 팩트였다. 특히 현장 이면의 보이지 않는 팩트들을 찾아내기란 일개 외신 기자의 입장에서 불가능에 가까웠다. 그래서 지금까지 서울로의 전화 연결 멘트의 상당 부분은 "CNN 보도에 따르면" 혹은 "로컬 채널 뉴욕1 보도에 따르면"이었다.

부끄럽게도 나는 9·11 취재에 관한 한, 미국 방송사를 구성하는 또 다른 하나의 벽돌 another brick in the wall 일 뿐이라는 자괴감이 밀려왔다. 현장의 팩트와 그 이면을 확인 취재하는 독립된 저널리스트가 아닌, CNN의 릴레이 리포터 수준? 가치중립적 입장을 지지하는 저널리스트로서 나는 "어느 한 사람에게 테러리스트는 또 다른 사람에게 자유를 위한 투사일 수 있다"는 정의에 동의한다. 그럼에도 테러리스트에게 반론권은 없다. 그렇다면 테러는 누가 규정하는가? 나의 뉴욕 9·11 취재는 가치중립적인가? 사태 발생 당일과 그 이튿날 구조된 5명 이외에 추가 생존자 소식은 더 이상 들려오지 않았다.

## 9월 16일 일요일 'Ground Zero · Ground Hero'

성 베드로 성당에서 희생 소방관 추모 미사가 있는 날이다. 사태 발생 첫날 구조작업을 위해 현장에 투입됐던 소방관 3백여 명이 매몰됐다. 성당 밖 도로변까지 가득 메운 인파들이 추기경의 강론을 들으며 눈시울을 붉힌다. 미사 도중 소방차가 성당 앞으로 미끄러져 들어왔고, 사람들은 박수로 환영했다.

미국 사람들은 정말이지 세레모니에 능하다. 그 큰 슬픔 속에서도 감

동의 이벤트를 만들어내는 것을 보면…. 미국인들에 있어서 소방관은 말 그대로 불과 싸우는 사람, 단어 그대로 'firefighter'들이다. 타워링이나 백 드래프트 등 영화를 통해 느낀 것이지만 소방관들은 희생의 상징적 존재들이고 바로 그 타인에 대한 희생을 대단한 가치로 여기는 아메리카니즘의 전형이다.

미사를 집전한 에드워드 추기경은 WTC 현장은 'Ground Zero'가 아니라 'Ground Hero'라고 표현했다. 히어로? 영웅? 미국의 영웅 만들기는 그러나 또 다른 전쟁을 준비하는 과정이 아닌가 하는 생각이 들었다. 전쟁 발발 시 "돌격 앞으로!" 명령에 적진으로 뛰어드는 것은 용기인가, 애국심인가, 의무인가 아니면 광기인가?

**9월 17일 월요일 '일상으로의 복귀'**

뉴욕 월가 정상화, 증권거래소 9시 30분부터 영업 개시, 초반 주가 폭락세, 베이스볼 게임 재개, 맨해튼은 증권시장 개장을 시점으로 일단 사고 현장을 제외하고는 정상화 단계로 진입하기 시작했다. 사람들은 예전처럼 'DON'T WALK' 빨간 교통신호를 무시한 채 바삐 횡단보도를 건넜다. "DON'T WALK means RUN!"이라며 익살을 떨던 9·11 현장에서 만났던 CBS의 한 기자가 생각났다. 뉴요커들은 다시 바쁘게 움직였고 맨해튼은 참사 일주일 만에 일상으로 돌아오고 있었다.

사건 발생 하루 전날, 저녁 무렵 맨해튼 어느 한 귀퉁이에서 듣는 엘라 피츠제럴드의 '뉴욕의 가을 autumn in new york'은 로맨틱했다. 그러나 그 여유작작함 뒤로 기습해 오는, 예정된 가을의 허리춤을 파고든 계절은 복병의 창끝 같은 인디언썸머였으니…. 뉴욕의 가을은 뜨거웠고 나는 그 뜨거운 양철지붕 위의 한 마리 고양이였다!!!

출처: 한국기자협회

English version_9.11 Memoir

9.11 취재기 영어 버전이다. 2006년 호주 시드니 대학에서 저널리즘 공부를 할 당시 피처스토리를 가르쳤던 마크 모듀 교수가 첨삭지도한 내용을 바탕으로 정리한 것이다. 내가 제출한 피처스토리 마지막 페이지에 빨간펜으로 다음과 같은 코멘트를 단 그의 격려에 힘입어 귀국 후 영문 버전을 완성했다.

Kim, this is a GREAT story. Your use of diary form to discuss how you dealt with 9.11 is excellent.

# Autumn in New York

### The First Day

The hands of the clock stood at quarter to nine.

After taking a shower, I turned on the TV same as usual without sound. There was something new on. At first I thought it was a fire accident. But it didn't matter to me. I packed my Compaq ready to go out for my interview. Han Seung-soo, Minister of Foreign Affairs and Trade for South Korea, was the newly appointed Chairman of the UN. Three Korean reporters accompanied him to New York to cover his inauguration. I was one of them.

No sooner had I got to the door than the plane hit the tower. At that moment, the scroll under the monitor seized my eyes: "Planes were hijacked before crash."

Oh! My God! That was the twin tower, the World Trade Center!

Suddenly I thought of Samuel Huntington, "the clash of the civilization." But I didn't have enough time to really think. I push the phone button over and over again. I couldn't get line. I ran to the South Korea's UN consulate building five blocks in front of the UN. That morning, the streets of Manhattan were upheaval. It seemed upside down and inside out. My first day in America was 9.11.

Ten to ten, the first tower started to collapse.

I was trying to do my best from the consulate to connect to my newsroom in Korea, but I couldn't.

Around quarter past ten, the line was connected: "Two planes crashed World Trade Center." That was my first lead, and I continued. " According to CNN, it might be terrorism." As I hung up the phone, the second tower was falling down.

After reporting twelve times by phone from New York to Seoul since the two towers fell down, it was 2 A.M. Fire engines were running in the heat of the night. The darker, the louder. I was a sleepless in Manhattan.

### The Second day

"Please tell me the way to World Trade Center?"

An Afro-American gazed at me before replying: "You wanna die? Are you insane?"

Walking south from Lexington Avenue, I caught a yellow cab.

"Let's go to World Trade Center!"

The driver stared me like the Afro-American but he didn't say anything.

"After checking, I want to go back to my hotel."

At 17th avenue there was a barricade fence. The driver said: "We cannot go further. You wanna go back now?"

Getting out I walked down the avenue, approximately ten blocks before there was something like cloud in the distance. I was trying to gather facts. But the place was still far away so I came back to my hotel without any real details.

The desk from Seoul wanted me to figure out how many Koreans and how many victims could be identified as soon as possible.

"Hi Kim, it is not important what is the reason and how the US government will respond against terrorism, just focus on Koreans, right? Well done, so far!"

In gathering and organizing the news, I had to depend on on-the-spot broadcast of CNN. Shame on me! I was just a relay reporter of US media. Where is my point of view?

Fortunately, my base camp, the Korean Consulate, had some merits for newsgathering beyond the street: using phone and fax anytime I wanted, contacting consul about domestic issues related to the WTC easily…

Six P.M the second day, seven A.M the third day in Korea, I snatched a list of names from the Consulate; Koreans missing in the WTC, 37 names in all. I connected to the news line directly and aired the names first followed by other Pens and Mics. What a poor journalists. Exclusive!

### The third day

Get up at 6 A.M

I was accustomed to turning on local channel NY 1 (New York 1) because CNN's reports were too broad to gain details. For example, in NY 1: "Tonight the musical Chicago prepare to special stage for the victims of 9.11." CNN emphasized the terrorism, anti-terrorism, George Bush's address and so on.

Take the E line at 51st Lexington avenue, transmit D line, arrive at Central park.

There was memorial service for the victims. Candles, flowers, photos…this is my first time in Central park. But I know here owing to two people: one is J.D. Salinger, who wrote "The catcher in the Rye"; the other is John Lennon. When the harsh winter has come, Holden, the teenager protagonist of the Catcher in the Rye, worries about the ducks. When he finally reaches the lagoon, the ducks are gone, which makes Holden think about death. I learned from him what sympathy is.

What about John? His image in New York was printed in my high school days when I looked at monthly pop magazines. H e was leaning on against wall, wearing black leather, and smoking. H e got a name not only famous pop star but also peace activist at that time with "Imagine." His song captivated me. Right after that, he murdered somewhere in New York and now there is "Strawberry Fields Memorial" for him in the Central Park. I learned from him what the real peace is: "imagine there's no heaven, (…) no countries, no religion."

"I don't know about terrorism. Ignorance is not a shame, but arrogance is sin. I don't know why the president stresses the war," said, an old woman,

"Retaliation? Eye for an eye, teeth for teeth, but remember this. Blood calls blood. It's time to wake America," she mumbled giving her sadness to unknown victims.

I dropped by St.Patrick's Cathedral on my way back to hotel. Inside of the Cathedral was dominated by silence. But there was something new, some kind of bitterness after the war. There were sobbing among the prayers. A woman who resembles Picasso's "weeping woman" was falling down tears without sound. Four violinists were playing Cannon. It was beautiful sound but I felt something different. Ironically, it reminds me of some kind of warfare fanfare, which announces "Holy War." Holy war? For whom?

**The fourth day**
There are many cities in small Manhattan.

As I went back to hotel, I stopped in front of the restaurant named "Bukhara."

"Bukhara", the ancient city of Uzbekistan. Yes, I know there, that was planted in my memory.

"Is it right Bukhara is in Uzbekistan?" asked to waitress who has red mark between the eyebrows.

"How did you know that?"

"I also know Samarkant."

"You came from?"

"Korea, South."

"When did you travel my country?"

"Two years ago. I was passing the Silk road at that time."

Serving water, she sat down beside me, and asked me.

"You may know there well rather than me, cause I left my hometown for a long time ago."

"Very nice. Especially, Minaret was so beautiful."

"You even know the Minaret?"

"Yes, it is like lighthouse in oasis city, isn't it?"

"It sure is. We used to call it Kalyan Minaret. It means Great Minaret. Caravan can find the route in the middle of the desert because of the light from Minaret. I used to play with my friends there."

"Did you? Fantastic! Anyway, you, Islam are under trouble, aren't you?"

"Yes, all the bad things came from terror. I hate it? I don't care about Osama bin Laden"

And she continued her assertion: "As you know, we, most Islam are opposite on terrorism basically, but to be honest, we are scared after 9.11. Some Islam were attacked in lower Manhattan from white people last night."

The touch of terrorism licks the minorities living in this global city.

### The fifth day

I walked to lower Manhattan, and very close to "Ground Zero" for the first time.

Nothing. That was nothing but a bone structure around WTC. It seemed like Giacometi's bronze sculpture. I had nothing to say when I stood in front of the wreck of the tower. Where have all the bricks, irons, actually people gone? There was no more news for survivors except five people who saved their life at the first and second day. People walked in row after row like pilgrims without a word. Silence! I felt some kind of horror from the silence of the mobs.

I found a Deli store's signboard written by Korean around the corner of the Wall Street, the signboard was hung over from the roof, and the windows were broken.

"We're open." But nobody was there inside. The street was dominated by gray tone. It seemed like ghost city. God bless the Fallen Tower wrapped with death ashes.

I picked up New York Times at Newsstand; "Invisible enemy-Dust," headline warned the toxic dust near ground zero. The war is continuing, and the fear is remaining, particularly at the lower Manhattan.

Got a fever and cold.

### The sixth day

At St. Patrick's Cathedral, the New York held a mass in memory of the fire fighters who lost their lives. To Americans, fire fighters jumped into the fire to save the lives and more than 300 never came back. "They symbolize the sacrifice, which is the highest value of Americanism," said Cardinal Edward. But I have some skepticism about that. What does standing front line mean when the war has broken? Is it "courage" or "patriotism" or "obligation"?

The Cardinal named the WTC not as a "Ground Zero" but as a "Ground Hero." Hero? Whose hero and hero for whom? Once again, I asked myself: "What is the difference between fire-fighter and freedom fighter? As a journalist, I have bared in my mind the definition: "One person's terrorist is another person's freedom fighter." However, in the real place, real situation, and real broadcast, I have used the black and white logics without consideration. Following my broadcasting, they, Islam fighters, were absolutely terrorists. "According to CNN, the terrorists...." As far as my audience is concerned, I'm a messenger of American point of view.

At that time, I was just another brick in CNN. What a shame on me!

### The seventh day

Reopen Wall Street, and restart Baseball.

New Yorkers has been coming to daily life one after another since the day broke. The people, New Yorkers, walk, run, cross the streets, take the trains, read a newspaper, and watch news sign board same as usual, as if nothing was happened a week before. Will they remember or forget? An English proverb came out of my memory; "Vows made in storms are forgotten in calms." But Bush will probably remember: " None of us will ever forget this day. Yet, we go forward to defend freedom and all that is good and just in our world," he said, the first day. He also mentioned "Crusade" when the WTC destroyed. Not always, but many times religion has justified the war in the name of "holy war." But all that wars is terrorism, because it kills the people, civilians, specifically non-combatants. And after that? I was thinking about North Korea, the half of my country, at the moment.

Eating McDonald late in the evening got a call from Seoul: "Come back!"

Just before a day of 9.11, the song, "autumn in New York" sung by Ella Fitzgerald waved to my ear smoothly and tenderly around a corner of Manhattan, in the evening. But, suddenly, the season, which attacked the tranquility, was not autumn but summer, what is called "Indian summer." Autumn, in New York, was hot! And I was "a cat on a hot tin roof."

## 에필로그

나는 지난 2012년부터 2016년까지 방송기자연합회 저널리즘특별위원회 위원으로 활동했다. 방송사 일선 기자들과 저널리즘 관련 학부 교수들의 모임체였다. 현업에 있는 기자들과 언론학자들이 실제 방송 사례들을 꼼꼼하게 분석했다. 늦은 밤까지 토론하며 그 결과물을 '방송뉴스 바로하기'란 책으로 펴냈다. 저널리즘특별위원회는 전국을 순회하며 저널리즘 스쿨을 통해 책의 내용을 전파했다. 중심 내용 가운데 하나가 '정치적 중립'에 관한 이슈였다. 언론은 정치권력, 살아 있는 권력에 대해 비판적 입장을 견지해야 한다. 기본 중의 기본이다. 당시는 보수집권 여당의 시절이었다. 우파 진영의 매체들은 나를 '좌파 언론인'으로 분류했다. 권불십년, 화무십일홍, 영원한 권력은 없다. 정권이 교체됐다. 좌파언론인으로 찍혔던 상당수의 언론인들이 정치권으로 진입했다.

진보 정권이 들어선 이후 언론사 사장을 포함한 의사결정 라인이 순식간에 바뀌었다. 적폐 언론인이란 낙인이 내게 찍혔다. 억지 춘향격이라 생각했는지 좌파 진영은 내게 글자 하나를 추가했다. '신적폐'가 됐다. 좌파언론인으로 지목됐던 내가 하루아침에 신적폐 언론인이 된 것이다. 보수권력일 때는 좌파 언론인, 진보권력일 때는 적폐 언론인, 내 의지와 상관없이 붙여진 이 주홍글씨에 저널리스트로서 자부심을 갖는다. 중간지대에 있었다는 존재증명이기 때문이다. 거듭 확인한다. 나는 좌우로 움직인 적이 없다. 중간에 있었다.

진보와 보수의 정치 권력이 교체되는 과정에서 적지 않은 언론인들이 좌우로 물타기를 했다. 권력의 부침에 따라 정치적 편향성을 드러냈다. 폴리널리스트가 됐다. 방송뉴스가 좌우로 흔들렸다. 폐해가 컸다.

퇴직 후 나는 대학에서 학생들을 가르치고 있다. 교단에 서있는 동안 어느 한쪽으로 쏠리지 않으려고 했다. 내가 틀릴 수도 있다고 늘 생각했다. 학생들을 통해 좌우에 치우치지 않고 중간지대를 확장할 수 있는 가능성을 보았다. 미래의 저널리스트들과 함께한 시간 속에서, 행복했다. 힐링의 시간이었다.

말은 하는 사람의 것이 아니라 듣는 사람의 것, 글은 쓰는 사람의 것이 아니라 읽는 사람의 것이다. 저널리스트의 언어는 '말이 되는 글', '글이 되는 말'이어야 한다고 믿는다. 그 말과 글은 양극단을 잇는 다리가 되어야 한다. 80년대 수습기자 시절 언론인 연수를 받으며 들었던 언론계 대선배의 말씀이 지금까지 내 마음 속에 남아 있다. 고인이 되신 최석채선생께서 이런 말씀을 하셨다. "나의 시대는 가난했다. 그러나 공동선을 위한 희생정신이 있었다." 양극단 사이에 다리를 놓으라는 가르침이 아니었나 싶다. 나는 그런 언론인으로 살았는가?

앞서간 자에 대한 믿음이 길을 만든다.

# 찾아보기

## ㄱ

| | |
|---|---|
| 가짜뉴스 | 24, 208, 213~217 |
| 간디 | 211 |
| 갑골문자 | 18 |
| 거짓정보 | 213 |
| 게오르크 루카치 | 240 |
| 계몽의 시대 | 20, 241 |
| 공정성 | 175, 198~199 |
| 과학적 객관성 | 194 |
| 균등한 시간 배분 | 81 |
| 그게 이렇지요 | 179, 186 |
| 그렉 다이크 | 185 |
| 그리말디인 | 16 |
| 글래디에이터 | 152~153 |
| 기레기 | 229, 239 |
| 길가메시 | 19 |
| 김명호 교수 | 112 |
| 끊어 읽기 | 204 |

## ㄴ

| | |
|---|---|
| 나폴레옹 | 209 |
| 남북정상회담 | 88 |
| 노블레스 오블리주 | 194 |
| 뉴스 | 20~26 |
| 뉴스 뒤 뉴스 | 121 |
| 뉴스룸 | 168, 180, |
| 뉴스와 논평 | 185 |
| 뉴스의 시대 | 24~25 |
| 뉴욕 | 92 |
| 뉴욕 월드 | 211 |

## ㄷ

| | |
|---|---|
| 단신 | 29~30, 50~68 |
| 달라이 라마 | 163 |
| 댄 래더 | 148, 176, 205 |
| 데스크 | 33 |
| 데카르트 | 20 |
| 도널드 럼스펠드 | 126 |
| 독일언론윤리강령 | 234 |
| 딥 스로트 | 127 |

## ㄹ

| | |
|---|---|
| 래플러 | 240 |
| 랜돌프 허스트 | 211 |
| 로버트 카파 | 68 |
| 리드 | 30, 131 |
| 리딩과 텔링 | 173 |
| 리포트 | 29, 71~85 |

## ㅁ

| | |
|---|---|
| 마늘밭 110억 원 | 98 |
| 마라톤 전투 | 27 |
| 마리아 레사 | 199, 240 |
| 마이클 잭슨 | 217 |

| | | | |
|---|---|---|---|
| 마크 펠트 | 151 | 선데이 저널 | 212 |
| 매크레디 휴지 | 197 | 성철 스님 | 200 |
| 문화평론 | 122 | 세월호 | 117, 229, 239 |
| 미국신문편집인협회 | 22 | 소피스트 | 242~243 |
| 미디어 | 25, 137, 173, 225 | 속보 | 28, 98, 110, |
| | | 수습기자 | 29, 175 |
| | | 스탠드 업 | 74 |
| **ㅂ** | | 스토리 | 16~19 |
| 바바리 맨 | 208 | 스트레이트 | 29~35, 43, 48, 66 |
| 바이 라인 | 74 | 싱크 | 89~91, 251, 253~254 |
| 박종철 | 43~44, 98, | | |
| 반구대 암각화 | 17 | | |
| 발라드 | 22~23 | **ㅇ** | |
| 발로 쓰는 기사 | 78 | 아리스토텔레스 | 21, 31, 128 |
| 밥 딜런 | 23 | 알랭 드 보통 | 25 |
| 버트란트 러셀 | 23 | 알렉산드르 아스트뤽 | 132 |
| 보스턴 글로브 | 44 | 알타미라 동굴벽화 | 17 |
| 보에티우스 | 244 | 알파벳 | 18 |
| 부러진 화살 | 112 | 앤더슨 쿠퍼 | 174, 236 |
| 불편부당성 | 96, 128, 175 | 앵커 | 168~206 |
| 브릿지 | 74 | 앵커멘트 | 186~194 |
| 빌 코비치 | 221 | 언론수용자조사 | 25~26 |
| | | 언론중재위원회 | 237 |
| | | 엄홍길 | 154 |
| **ㅅ** | | 에디토리얼 | 186~194 |
| 사이먼 앤 가펑클 | 227 | 에밀 졸라 | 194 |
| 상동인 | 16 | 에세이 | 123 |
| 상형문자 | 18 | 에피소드 | 136 |
| 선데이 월드 | 212 | | |

## 찾아보기

| | |
|---|---|
| 역삼각형 기사체 | 124 |
| 옐로 저널리즘 | 211~212 |
| 오디세우스 | 58 |
| 오딧세이아 | 58 |
| 오바마 | 148 |
| 오보 | 213 |
| 오스트랄로피테쿠스 | 16 |
| 오징어 게임 | 36 |
| 오프닝 | 74 |
| 온 마이크 | 71 |
| 용기 | 128, 176, 198 |
| 우크라이나 | 138 |
| 워터게이트 사건 | 127, 151, 26, 172 |
| 월터 크롱카이트 | |
| 웩 더 독 | 212 |
| 유발 하라리 | 127 |
| 이방인 | 119 |
| 이산가족상봉 | 87~90 |
| 익명에의 열정 | 194, 244, |
| 익명의 제보자 | 127, 151 |
| 인터뷰 | 148~165 |
| 일리아스 | 18, 22 |
| 임동혁 | 150 |
| 임페리얼 포스트 | 27 |

### ㅈ

| | |
|---|---|
| 자유론 | 21 |
| 자크 루이 다비드 | 209 |
| 저널리즘 | 29, 125, 187, 211 |
| 저널리즘의 기본원칙 | 221 |
| 적절한 공정성 | 198~199 |
| 조셉 퓰리처 | 21 |
| 조지 갤러웨이 | 134 |
| 존 바에즈 | 227 |
| 지식의 저주 | 162 |
| 직립원인 | 16 |

### ㅊ

| | |
|---|---|
| 차이의 계곡 | 226, 242, 245 |
| 찰스 매크레디 | 197 |

### ㅋ

| | |
|---|---|
| 카메라 만년필론 | 132 |
| 카뮈 | 119 |
| 카사블랑카 | 56 |
| 크로마뇽인 | 16 |
| 크로스 체크 | 20, 34, 117, 226 |
| 클로징 | 74, 190, 227 |

### ㅌ

| | |
|---|---|
| 타블로이드 광신자 | 217 |
| 탐사보도 | 121 |
| 테드 잭슨 | 235 |
| 테러리스트 | 96, 134, 275 |
| 토니 블레어 | 185 |

| | | | |
|---|---|---|---|
| 토마스 제퍼슨 | 21 | 호모 사피엔스 | 16 |
| 토인비 | 245 | 호모 에렉투스 | 16 |
| 톰 로젠스틸 | 221 | 회고 | 121~122, |
| | | 회화문자 | 17 |

**ㅍ**

| | | | |
|---|---|---|---|
| 파워 유튜버 | 242 | 1987 민주화 | 43~44, 98 |
| 팩트 | 29, 33, 39, 43, 110, | 3S | 32, 162 |
| | 125, 148, 244 | 5W1H | 30, 33, 39, 152~153 |
| 페이디피데스 | 27 | 9.11 | 92~97, 130 |
| 평양 | 86 | | |
| 포즈 | 196, 203~204, | Africa Check | 221 |
| 폴 들라로슈 | 209 | BBC | 96, 185, 200, 234 |
| 폴리페모스 | 57, 152 | CBS | 148, 169~176 |
| 프레스 | 24~25 | CNN | 28, 94~95, 174 |
| 프로타고라스 | 243 | EDMO | 221 |
| 프로필 인터뷰 | 165 | E.H.카 | 122~123 |
| 피어스 모르간 | 163 | FactCheck | 219 |
| 피처스토리 | 120, 124, 130 | Full Fact | 220 |
| 피터 드러커 | 191 | IFCN | 218 |
| 피핑 톰 | 208 | IFLA | 220 |
| | | J.F.K | 169~170, 172 |

**ㅎ**

| | | | |
|---|---|---|---|
| | | J.S.밀 | 20~21 |
| 허리케인 카트리나 | 235 | KISS | 31~32, 49, 56 |
| 현장 스케치 | 55, 91, 136 | SNS | 218, 240 |
| 형평성의 원칙 | 81 | Tech 4 peace | 221 |
| 호메로스 | 18, 22 | YTN | 26, 28, 195, 258, |

찾아보기 291

**말이 되는 글
글이 되는 말**

초판1쇄 발행 | 2024년 2월 20일

지은이 김호성
펴낸이 이동석
펴낸곳 일파소
디자인 김성훈

출판등록 2013년 10월 7일 제2013-000294호
주소 서울특별시 영등포구 영등포로 231-1, 3층 (07250)
전화 02-6437-9114 (대표)
e-mail info@ilpasso.co.kr

ISBN  979-11-982051-6-2 (03070)

---

책값은 뒤표지에 있습니다.
파본은 구입하신 서점에서 교환해 드립니다.
이 책을 무단 복사, 복제 전재하는 것은 저작권법에 저촉됩니다..

spera